Christian Ankowitsch

Warum Einstein niemals Socken trug

*Wie scheinbar Nebensächliches
unser Denken beeinflusst*

Rowohlt · Berlin

5. Auflage Juli 2015
Copyright © 2015 by Rowohlt · Berlin Verlag GmbH, Berlin
Gesetzt aus der TriniteNo2CB2Gr11 RomWid (PageOne) bei
Dörlemann Satz, Lemförde
Druck und Bindung CPI books GmbH, Leck, Germany
ISBN 978 3 87134 793 1

Inhalt

III. Teil Wahrnehmen, lernen und verstehen 115

In dem es um die Frage geht, wie wir uns in einer chaotischen Welt zurechtfinden – unsere Aufmerksamkeit lenken – sinnvolle Zusammenhänge herstellen – wie der Körper uns dabei hilft, uns zu erinnern – warum wir mit den Händen ganz ausgezeichnet denken – und weshalb Kinder aufmerksamer sind, wenn sie aus dem Fenster starren.

IV. Teil Neue Ideen entwickeln, urteilen und handeln 211

In dem es um die Frage geht, warum geschlossene Augen das Kreativsein fördern – was auf harmlosen Zugfahrten alles geschehen kann – wie saubere Hände unsere moralischen Urteile beeinflussen – warum ein Holzstuhl uns zu harten Verhandlern macht – wie unsere Schreibhand die Welt in Gut und Böse teilt – und wie wir uns eigene Sprachbilder und Wörter ausdenken können, um endlich alte Probleme zu lösen.

V. Teil Deshalb trug Einstein niemals Socken

In dem es um die Frage geht, warum bestimmte Kleidungsstücke uns sorgfältiger denken lassen – was Menschen auf die Frage antworten, ob sie Hitlers Pullover anziehen würden – welchen Grund es hatte, dass Einstein keine Socken trug – und in dem es schließlich darum geht, ungeduldigen Lesern 12 + 1 kompakte Hinweise zu geben.

Beipackzettel
Was Sie von diesem Buch erwarten und mit seiner Hilfe
tun können. Und was nicht.

Wer in die Apotheke geht und eine Schachtel Tabletten
kauft, bekommt erst einmal etwas zu lesen. Und zwar die
Packungsbeilage. Auf der steht, was wir von den Pillen erwarten dürfen und welche etwaigen Nebenwirkungen sie
haben können. Warum gibt es so etwas eigentlich nicht für
Bücher? Gute Frage. Ich will einen Anfang machen – auch
wenn dieser Beipackzettel nicht auf ausgedehnten klini-
schen Studien beruht, sondern bloß den Versuch eines
Sachbuchautors darstellt, über seine Ansprüche Auskunft
zu geben.

Was also können Sie von diesem Buch erwarten? Es
bietet Ihnen eine überraschende Erklärung, wie wir Menschen fühlen, denken, entscheiden und handeln. Die zentrale These lautet: Unser Gehirn arbeitet nicht unabhängig und selbstherrlich, wie man immer wieder behauptet.
Im Gegenteil, es wird durch unseren Körper, unsere Umgebung und konkrete Situationen maßgeblich beeinflusst
(so wie das Gehirn unseren Körper beeinflusst, die Umgebung die konkrete Situation etc. – also immer schön im
Kreis herum). Das führt zum Beispiel dazu, dass wir Aufgaben besser lösen können, wenn wir dabei gestikulieren,
oder bessere Ideen haben, wenn wir uns in hohen Räumen
befinden.

Darüber hinaus bietet Ihnen dieses Buch viele Hinweise, wie Sie Ihr Leben ein wenig zum Besseren ändern
können. Und zwar durch leicht verständliche, leicht an-
wendbare, wirkungsvolle, nur wenig Zeit benötigende,

ohne viele Worte auskommende und vor allem elegante Interventionen. Sie können auch «Tricks» dazu sagen, das trifft die Sache auch, klingt aber nicht so – elegant.

Viele dieser Hinweise haben mit Ihrem Körper zu tun. So werden Sie zum Beispiel den Ratschlag finden, grundlos zu lächeln, wenn Sie Ihre Laune aufhellen, und sich aufrecht hinzustellen, wenn Sie Ihr Selbstbewusstsein stärken wollen. Klingt sehr einfach und trivial. Ist es auch. Was nichts daran ändert, dass diese Interventionen sehr gut wirken und wissenschaftlich belegt sind.

Damit Tipps wie diese plausibel werden, habe ich aufgeschrieben, auf welchen Annahmen sie beruhen. So können Sie selbst entscheiden, ob Sie mir folgen oder über den Ratschlag, in schwierigen Situationen einfach zu lächeln, einfach lächeln – abschätzig oder amüsiert, je nachdem.

Nein, ich habe jene Hinweise (Interventionen, Tricks) weder frei erfunden noch entwickelt. Vielmehr habe ich sie recherchiert, also aus vielen glaubwürdigen und wissenschaftlich abgesicherten Quellen zusammengetragen und geordnet. Und ich habe sie möglichst unterhaltsam aufgeschrieben. In den Fußnoten steht, woher welcher Trick und welche These stammen. Keine Angst: Sie müssen das Kleingedruckte nicht lesen, um dem Buch folgen zu können. Sie sind zur Sicherheit da, falls es Ihrerseits Fragen nach dem Kleingedruckten gibt. Ein Blick hinein lohnt sich aber allemal, weil dort der ein oder andere interessante Hinweis versteckt ist.

Noch ein Wort zu den Lesern, die ich beim Schreiben dieses Buchs vor mir gesehen habe (und immer noch sehe, denn das Schreiben eines Buchs ist nie abgeschlossen; noch Monate nach dem Druck denke ich über bestimmte

Passagen nach). Ich sah und sehe Leserinnen und Leser vor mir, denen es Spaß macht, an ihren intuitiven Überzeugungen zu rütteln. Probehalber. Immer wieder. Zum Beispiel an dem Glauben, dass Intelligenz die Frage eines möglichst effektiv trainierten Gehirns ist. Diese Annahme ist weit verbreitet, aber nachweislich falsch. Schon allein deshalb, weil unser Gehirn kein Muskel ist, den man wie im Fitnessstudio trainieren könnte. Unser Gehirn ist vielmehr ein hochkomplexes Organ, ein Meister des Vernetzens, dessen Arbeit maßgeblich von unserem Körper beeinflusst wird. Für solch ein Wunderwerk gelten andere Gesetze als für den simplen Bizeps.

Was die oben angesprochenen Ratschläge betrifft, habe ich an Leserinnen und Leser gedacht, die im Wesentlichen gut über die Runden kommen, so wie ich auch (einigermaßen zumindest). Die sich mit gelegentlichen Rückschlägen beschäftigen müssen, das aber irgendwie schaffen. Die sich also recht erfolgreich durch den Alltag improvisieren, aber nicht davon überzeugt sind, alles vollkommen richtig zu machen.[1] Für genau diese Leser passen die Tipps sehr gut. Denke ich zumindest.

Zur Behebung ernsterer Probleme jedoch eignen sie sich nicht! Auch wenn ich zum Beispiel zeige, dass man mit Trampolinspringen depressive Verstimmungen mindern kann. Es wäre jedoch fahrlässig, Entsprechendes grundsätzlich in Aussicht zu stellen. Da braucht es schon professionelle Hilfe. Und die findet man sehr selten in Büchern, sondern meist bei ausgebildeten Körperpsychotherapeutinnen oder Ärzten.

In diesem Sinne: Eine unterhaltsame und erhellende Lektüre wünscht Ihnen

Ihr Dr. Ankowitsch

PS: Ach ja, eben erreicht mich die Frage: «Wie kamen Sie auf die Idee zu diesem Buch?» Schön, dass Sie sie stellen. Also: Ich kann mich noch genau an den Moment vor vielen Jahren erinnern, als ich in der «Neuen Zürcher Zeitung» einen kurzen Artikel las.[2] Darin hieß es, unsere Intelligenz hänge auch davon ab, wo unsere Arme angebracht sind, und nicht bloß davon, ob wir fleißig Kopfrechnen geübt haben. Dass also unser Körper ein Wörtchen dabei mitzureden hat, wie wir fühlen, denken und handeln. Seither ließ mich die Idee nicht mehr los. Ohne dass ich es sogleich realisierte, fing ich zu recherchieren an, indem ich weitere Zeitungsausschnitte, Studien und Bücher sammelte, die sich allesamt um die Frage drehten, in welchem Verhältnis Kopf und Körper zueinander stehen. Noch heute hebe ich entsprechende Artikel auf, speichere viele Webseiten ab, die weitere überraschende Antworten versprechen. Obwohl das Buch längst geschrieben ist. Aber wer weiß, was noch kommt.

I. Teil
Grundsätzliches über
Kopf und Körper

In dem es um die Frage geht, warum wir mit dem
linken Knie denken – warum wir alles gleichzeitig
machen und das sehr in Ordnung ist – welche
Vermutungen Philosophen über Geist und Körper
angestellt haben – warum es sinnvoll ist, ein wenig
Karussell zu fahren – und wie es sein kann, dass wir
deutlich mehr Möglichkeiten haben, an unserem
Leben etwas zu ändern, als wir gemeinhin glauben.

Was man findet, wenn man einem Genie den Kopf aufsägt

Ein Gehirn, was sonst. Dieses Gehirn mag es in sich gehabt haben, aber von außen betrachtet ist es – nun ja, ein wenig ... Aber lesen Sie selbst.

Wenige Stunden nachdem Albert Einstein gestorben war, begann Dr. Thomas Harvey sein blutiges Werk. Er setzte einen Schnitt über Einsteins Stirn, zog die Kopfhaut nach hinten, nahm eine Säge und öffnete den Schädel. Das Ziel seines fieberhaften Tuns: Er wollte das Gehirn des Genies in seinen Besitz bringen. Jenes Organ also, dem die revolutionärste Entdeckung seiner Zeit entsprungen war: die Relativitätstheorie.

Der Pathologe musste heimlich zu Werk gehen, denn Einstein hatte verfügt, dass er unmittelbar nach seinem Tod verbrannt und seine Asche an einem geheimen Ort verstreut werden sollte. Vielleicht hatte er schon geahnt, dass jemand auf die Idee kommen könnte, in ihm herumzustochern und nach den Ursachen seines Genies zu forschen. Und nun stand da, an diesem Morgen des 18. April 1955, ein Herr im weißen Kittel – und tat genau das: Er stocherte in Einsteins Gehirn herum.

Wie Thomas Harvey genau vorgegangen ist, kann niemand sagen: Er war allein[1], und befragen lässt er sich auch nicht mehr, da er 2007 gestorben ist. Doch allzu lange kann es nicht gedauert haben, bis er Einsteins Gehirn erbeutet hatte. Es ist eine Sache von Minuten, den Schädel eines Menschen aufzusägen, die Hirnbasis, an der das Rückgrat anschließt, zu durchtrennen und den grauen Zellklumpen aus dem Schädel zu nehmen.

Diese wenigen Schritte haben dazu geführt, dass wir noch heute auf die Überbleibsel des wohl berühmtesten Gehirns der Welt starren können. Sie drehen und wenden und untersuchen, nochmals untersuchen und nochmals. Genau das war der Wunsch von Thomas Harvey: Er wollte dem Geheimnis von Einsteins Genie auf die Spur kommen. Und das konnte doch nur in seinem Gehirn stecken: in dessen Aufbau, vertrackter Konstruktion und gigantischer Leistungsfähigkeit.

Ich kann mir vorstellen, wie Thomas Harvey an jenem Morgen von einem Hochgefühl durchflutet war, elektrisiert von der Aussicht, Antworten auf eine Menge entscheidender Fragen zu bekommen: Wie würde es aussehen, das Gehirn eines Genies? Wie würde es konstruiert sein? Was ließe sich daraus für die Erklärung menschlicher Intelligenz ableiten? Und was würde die Welt wohl zu seiner, Harveys, Entdeckung sagen?

Und tatsächlich: Kaum hatte Thomas Harvey das Gehirn des Genies auf eine Waage gelegt, zeigte sich etwas Sensationelles: Einsteins Gehirn wog nicht, was vergleichbare Männergehirne wiegen, sondern es war rund 145 Gramm – leichter! Nicht ganz das, was Dr. Harvey erwartet hatte. Und es sollte nicht die einzige Enttäuschung bleiben, denn schon ein flüchtiger Blick auf Einsteins Gehirn ergab – wieder nichts Außergewöhnliches. Vielmehr sah es aus wie alle anderen menschlichen Gehirne auch. Im Kopf des Genies steckte ganz offensichtlich Konfektionsware!

Doch so leicht ließ sich der Pathologe nicht entmutigen. Was sagt schon das Äußere! Sicher enthüllte sich des Hirns Geheimnis erst, wenn er tiefer vordrang. Dr. Harvey nahm also das Organ, legte es in eine Formalinlösung und fotografierte es aus allen möglichen Perspektiven. Dann begann er damit, es in 240 je ein Kubikzentimeter große Stücke zu zerschneiden; diese Stücke wiederum filetierte er und fixierte die dünnen Streifen auf Glasplatten, damit er sie unter dem Mikroskop untersuchen konnte. Ganze zwölf Wochen lang war er damit beschäftigt. Dann nahm er die Glasplatten und schickte sie an Kollegen, um deren Expertise einzuholen; einen kleinen Teil der Präparate behielt Harvey für sich. Doch was sich beim ersten Blick auf das Einstein'sche Denkorgan angekündigt hatte, setzte sich fort: nirgendwo etwas Besonderes.

Die Kollegen entdeckten nichts, was den Weg in die Öffentlichkeit gelohnt hätte, und so geriet Einsteins Hirn in Vergessenheit und Dr. Harvey, der räuberische Pathologe, wandte sich anderem zu. Bis er 23 Jahre später von dem Journalisten Steven Levy wieder aufgestöbert wurde. Prompt schrieb der einen Artikel über seine Entdeckung. Der wenig überraschende Titel: «Ich fand Einsteins Gehirn».[2] Das war aber schon das Aufregendste an der Sache, denn der alte Pathologe, der seinen Teil des Einstein'schen Gehirns im Büro aufbewahrte, gut versteckt in zwei großen Einweckgläsern, räumte gegenüber dem Journalisten ein: «Ich habe nichts Spezielles an dem Gehirn entdecken können.»

Erst vor kurzem tauchten weitere Teile des über alle Welt verstreuten Organs wieder auf; berichtenswert wären allein die abenteuerlichen Wege, die sie genommen hatten. Ein Bericht jüngeren Datums spricht zwar von vergrößerten Arealen im präfrontalen Cortex, relativiert die Feststellung aber durch jede Menge Wenns und Abers.[3]

Faktum: Bis heute gibt es keine stichhaltigen Beweise für die These, dass sich die Genialität von Albert Einstein an dessen Gehirn ablesen ließe. Es gibt keinen Genieknubbel, kein Nobelpreiszentrum, kein Princetonareal. Nichts. Vor den Fachleuten lagen und liegen bis heute die verstreuten Teile eines ziemlich normalen Gehirns eines überhaupt nicht normalen Mannes.

Wie kam es also, dass Einstein so revolutionäre Ideen hatte? So anders dachte? So klug? In schwierigen Fällen ist es ratsam, ein paar Schritte zurückzutreten, den Blick vom (scheinbar) Wichtigen ab- und dem (scheinbar) Nebensächlichen zuzuwenden. Nur so, als Versuch. Weiter ratlos Einsteins Gehirn anstarren, das können wir später immer noch. Gut? Gut.

Und? Was entdecken wir? Erst mal die Lebensgeschichte eines sehr interessanten, liebenswerten Menschen, der allerhand erlebt hat, vor den Nazis aus Deutschland fliehen musste, in Amerika eine neue Heimat fand und als ziemlich eigenwillig galt. Typ verschrobener Wissenschaftler. Trivial, aber wahr. So war Einstein dafür bekannt, wann immer es ging, nein, nicht nachzudenken, sondern zu schlafen. «Ich gehöre zu den Leuten, die – vor die Alternative gebracht: gut essen oder gut schlafen – sich für das gut schlafen entscheiden.»[4] Weiterhin war Einstein, obwohl an Sport ansonsten nicht interessiert, ein begeisterter Segler. Mit der Besonderheit, dass er seinen Gästen schon mal von seinen aktuellsten Theorien erzählte, während er die Ruderpinne hielt. Ein Zeitgenosse schilderte das später so: «Während seine Hand das Ruder hält, erläutert Einstein mit Freude seinen anwesenden Freunden seine neuesten wissenschaftlichen Ideen. Er führt das Boot mit der Geschicklichkeit und Furchtlosigkeit eines Knaben. Er hisst die Segel selbst, klettert im Boot herum, um die Taue und Leinen zu straffen, und hantiert mit Stangen und Haken, um das Boot vom Ufer abzulegen. Das Vergnügen an dieser Beschäftigung spiegelt sein Antlitz, es klingt in seinen Worten und in seinem glücklichen Lachen wieder.»[5]

Eine weitere Tätigkeit, der Einstein mit Leidenschaft nachging, war das Geigenspiel. Seine Begeisterung stand in einem gewissen Missverhältnis zu seiner Virtuosität, was ihn nicht daran hinderte, auf Reisen für Bekannte kleine Konzerte zu geben. Es gibt viele Schilderungen seiner Auftritte, bei denen er mit Hingabe, aber nicht ganz taktsicher spielte. Der Pianist Arthur Schnabel soll sogar, nachdem Einstein mehrfach seinen Einsatz verpasst hatte, gestöhnt haben: «Um Himmels Willen, Albert, kannst du nicht zählen?»[6] Einsteins erwähnte Vorliebe fürs Schlafen harmonierte aufs beste mit seiner Gewohnheit, ausgedehnte Spaziergänge zu unternehmen und eher bescheiden zu essen: «So lebe ich fettlos, fleischlos, fischlos dahin, fühle mich aber ganz wohl dabei. Fast scheint mir, dass der Mensch gar nicht als Raubtier geboren ist.»[7]

Auch der Augenblick seiner bahnbrechenden Entdeckung zeichnet sich durch große Beiläufigkeit aus. Weder brütete Einstein über komplexen Formeln, noch tigerte er im Labor auf und ab. Vielmehr tat er – nichts Besonderes: «Ich saß auf meinem Stuhl im Patentamt in Bern.» Das war's auch schon. Ruhig dürfte es dort im schweizerischen Patentamt zugegangen sein, wo Einstein als technischer Experte erst dritter, dann zweiter Klasse arbeitete. Und eher entspannt. Und dann geschah es, wie Einstein in einem Vortrag erzählte, den er 1922 im japanischen Kioto hielt: «Plötzlich hatte ich einen Einfall: Wenn sich eine Person im freien Fall befindet, wird sie ihr eigenes Gewicht nicht spüren. Mir ging ein Licht auf. Dieser einfache Gedanke beeindruckte mich nachhaltig. Die Begeisterung, die ich da empfand, trieb mich dann zur Gravitationstheorie.»[8]

Und schließlich war da Albert Einsteins vielzitierte Angewohnheit, sich nachlässig zu kleiden, sein Haar von seiner Frau Elsa Löwenthal schneiden zu lassen und – meist keine Socken zu tragen. «Wozu Socken?», antwortete er, fragte man ihn danach: «Sie schaffen nur Löcher!» Womit wir endgültig bei jenen Anekdoten gelandet wären, die nur dann hervorgekramt werden, wenn jemand zeigen will, dass Einstein trotz aller Klugheit noch von dieser Welt war. Aber als Erklärung für seine intellektuelle Brillanz? Dazu taugen Geschichtchen über Einsteins Geigenspiel, Segelleidenschaft und sockenloses Leben sicher nicht.

Doch – warum eigentlich nicht? Gut, es klingt nicht sehr wahrscheinlich, aber warum nicht für einen Moment annehmen, dass die zitierten Nebensächlichkeiten mehr waren als nur belangloses Beiwerk? Dass sie irgendetwas zu tun hatten mit seinem Denken? Dass also seine Begeisterung fürs Geigenspiel seine kognitiven Fähigkeiten beeinflusst haben könnte? Dass ihn seine Spaziergänge in eine Stimmung versetzten, die seinen kombinatorischen Fähigkeiten guttat (wie wir das im Kapitel übers Denken noch sehen werden)? Dass das entspannte Herumsitzen im Schweizer Patentamt ihn mit seinem kreativen Unbewussten in Kontakt brachte, dass er plötzlich Personen sah, die sich im freien Fall befanden und daher ihr eigenes Gewicht nicht spüren konnten (wie uns das Kapitel über Kreativität zeigen wird)? Dass seine Anspruchslosigkeit nicht nur eine Marotte war, sondern seine Ideen beeinflusste? Denkbar wäre es, denn sagte Einstein nicht einmal: «Auch glaube ich, dass ein schlichtes und anspruchsloses äußeres Leben für jeden gut ist, für Körper und Geist.»[9]

Nein, ich will jetzt nicht behaupten, Einstein verdanke die Entdeckung der Relativitätstheorie seinen wackeligen musikalischen Fähigkeiten und dem Spaß am Segeln. Unsinn! Es waren seine kognitiven Fähigkeiten, die seine revolutionären Entdeckungen hervorbrachten, mit deren Hilfe er sie zu schlüssigen Theorien formte, in Formeln goss und der Welt zu erklären versuchte.

Ich will auf andere Fragen hinaus. Sie lauten: Wie lösen wir eigentlich unsere Probleme? Wie erklären wir uns die Welt? Wie beurteilen wir andere Menschen? Uns selber? Wie erinnern wir uns? Wie werden wir kreativ? Wie planen wir? Und vor allem: Welche Rolle spielt dabei das Gehirn? Funktionierte Einsteins Gehirn (das sich von unserem nicht unterschied) tatsächlich wie eine perfekte Denkmaschine, die ihren Job macht, unabhängig davon, was drumherum passiert? Das sich weder von Essgewohnheiten, Musik noch von eigenartigen Klamotten beeinflussen lässt? Das sich von unserem Körper, unseren Gefühlen und unserer Umgebung strikt abzuschirmen weiß und ungestört sein mehr oder weniger genialisches Werk verrichtet?

Oder werden kognitive Fähigkeiten nicht vielmehr vom Körper mitgeformt? Durch Äußeres? Schrullige Gewohnheiten? Die Art, wie wir uns bewegen? Mimik und Körperhaltung? Eigenheiten beim Sprechen? Den Raum, in dem wir unserem Beruf nachgehen? Die Gefühle, die uns durchfluten? Die Kleidung, die wir tragen? Die Art, wie wir auf dem Sofa lümmeln? Sprich: Durch all jene Nebensächlichkeiten, die angeblich keine Rolle spielen beim Klugsein und Nachdenken?

All jenem – Kopf oder Körper oder Umwelt oder Gefühle oder Socken? – will ich mich in diesem Buch widmen. Und zwar gleich auf der nächsten Seite. Schließlich haben wir nicht ewig Zeit, eine Antwort auf die alles entscheidende Frage zu finden: Warum trug Albert Einstein keine Socken?

Wir denken mit dem linken Knie

Wer sich eine halbe Stunde ins weiche Bett legt und nicht mehr bewegt, beginnt zu denken, er sei ein Kartoffelsack mit einem Hubbel oben dran. Schuld ist unser Gehirn: Es braucht den Körper, um bei Verstand zu bleiben.

Wollen Sie etwas zum Gelingen dieses Buchs beitragen, dann legen Sie es am besten beiseite und gehen kurz auf die Straße. Sie brauchen nur ein wenig Mut dazu, denn meine Bitte lautet: Stellen Sie den Leuten da draußen diese einfache Frage: «Hat unser Körper ein gewichtiges Wörtchen dabei mitzureden, wie klug wir sind?» Lust auf dieses kleine Experiment? Ja? Fein! Wir lesen uns gleich wieder.

Ah, da sind Sie ja schon wieder! Ich gehe davon aus, dass Ihnen die meisten dasselbe geantwortet haben. Und zwar «Nein!». Was so viel bedeutet wie: «Nein, unser Körper hat nichts damit zu tun, wie klug wir sind. Denken ist Aufgabe des Gehirns. Doofe Frage!» Das war zu erwarten. Klingt ja auch plausibel; was sonst als die Fähigkeiten unseres Gehirns sollte dafür zuständig sein, wie wir Probleme lösen? Jetzt wissen Sie aus eigener Erfahrung, wie weit diese Ansicht verbreitet ist und dass alle, die etwas anderes behaupten, das gut begründen müssen. Richtig ist nämlich das genaue Gegenteil: Der Körper hat ein Wörtchen dabei mitzureden, wie klug wir sind – und zwar ein ziemlich gewichtiges.

Und das kommt so: Denken ist nicht die exklusive Aufgabe des Gehirns, bei der ihm der Rest des Körpers staunend zusieht. Denken ist Teamwork. Es wird dabei von den Sinneseindrücken, Bewegungen und Haltungen unterstützt. Sprich: vom Körper. Hier ein paar der unzähligen Forschungsergebnisse, die diese These nahelegen:

- Wir können uns Neues besser aneignen, wenn wir dabei die rechte Hand zur Faust ballen oder ein wenig spazieren gehen.
- Kinder lernen schneller sprechen, wenn die Eltern beim Vorlesen deutlich gestikulieren.
- Menschen schätzen die Größe des Eiffelturms falsch ein, wenn sie nach links geneigt dastehen.
- Wir denken kreativer, wenn wir uns in hohen Räumen aufhalten.
- Schüler bekommen bessere Zensuren, wenn sie vorne sitzen, und schlechtere, wenn wir sie in die letzte Reihe verbannen.
- Gesprächspartner finden einander gleich viel sympathischer, wenn sie eine Tasse mit einem warmen Getränk in der Hand halten.
- Wir urteilen härter über andere, wenn wir auf einem Holzstuhl sitzen.

Meist werden solche Studienergebnisse gemeinsam mit Nachrichten über verlorengegangene Hunde verbreitet, die einen 1112 Kilometer langen Marsch durch Europa hinter sich haben und nun gemeinsam mit den glücklichen Besitzern in die Kamera hecheln. Das erklärt auch, warum sie einen so zweifelhaften Ruf genießen; die Studien, nicht die Hunde.

Lassen Sie sich durch die (scheinbar) mangelnde Seriosität dieser Forschungen ruhig verwirren. Verwirrung ist aller Erkenntnis Anfang. Damit sie produktiv wird, bin ich Ihnen allerdings ein paar Erklärungen schuldig. Sie sollen zeigen, dass sich hinter jenen Studien eine Erkenntnis verbirgt, deren Tragweite kaum zu überschätzen ist. Sie lautet: Unser Gehirn ist untrennbar mit dem Körper verbunden. Und daher auf ihn angewiesen, wenn wir einigermaßen gut durchs Leben kommen sollen.

Das war's? Im Wesentlichen schon, ja. Rolf Pfeifer bringt die schillernde Schlichtheit dieser These sehr schön auf den Punkt. Der Professor für Künstliche Intelligenz sagte in einem Interview, es sei einerseits «völlig offensichtlich und ziemlich trivial» zu betonen, dass unser Gehirn in einen Körper eingebettet sei. Andererseits würden davon aber immer noch überraschend wenig Menschen Notiz nehmen. «Das Gehirn ist immer Teil eines kompletten Organismus. Wir können es nicht verstehen, wenn wir es isoliert betrachten.»[10]

Es gibt unzählige Varianten dieser einfach-revolutionären These. Wie immer sie im Detail auch formuliert sein mögen, alle enthalten dieselben Kernaussagen:

· Unser Gehirn steckt in einem Körper.
· Gehirn und Körper sind untrennbar miteinander verbunden.
· Alles, was wir von der Welt mitbekommen, wird dem Gehirn über die Sinnesorgane des Körpers mitgeteilt.
· Der Körper wiederum ist untrennbar mit der Welt verbunden.
· Unser Denken wird also davon beeinflusst, in welchem Raum wir uns befinden, mit welchen Menschen wir zusammen sind, ob gerade die Sonne scheint und wie unsere Lieblingsfußballmannschaft gespielt hat.

Wie genau nun Körper und Gehirn zusammenhängen – darüber Kapitel für Kapitel ein wenig mehr. Als kleiner Vorgeschmack zwei anschauliche Beispiele. Das erste habe ich bei Tim Rohrer gefunden, einem amerikanischen Kognitionswissenschaftler: Wenn wir uns Körperbewegungen ausdenken, die wir nicht ausführen können, weil die Gelenke sie nicht mitmachen würden, dann fühlen wir das ganz real und unmittelbar. Nur daran zu denken, wie wir anatomisch absurde Verrenkungen machen, bereitet uns Schmerzen.[11]

Glauben Sie nicht? Kein Problem, können Sie sofort überprüfen. Also: Stellen Sie sich jetzt bitte vor, wie Sie Ihre rechte Hand langsam, aber beständig immer weiter zurückklappen, ja, noch ein wenig mehr und noch ein wenig, bis der Handrücken auf Ihrem Unterarm liegt ... Es würde mich nicht wundern, wenn Sie Ihren Mund zu einer schmerzhaften Grimasse verziehen und leise «Au!» sagen. Von wegen: Der Geist ist frei und unabhängig! Wir können uns zwar alles Mögliche ausdenken, aber wenn wir damit gegen die Gesetze unseres Körpers verstoßen, dann mischt er sich sofort ein.

Das zweite Beispiel zeigt noch deutlicher, wie eng Denken und Körper miteinander verbunden sind. Entdeckt hat es eine Gruppe von Krankenpflegerinnen und -pflegern.[12] Anlass für ihre Studie war die Beobachtung, dass sich geistig gesunde, aber bettlägerig gewordene Patienten rasch auffällig zu benehmen beginnen: Sie führen ihren Trinkbecher nicht mehr zum Mund, sondern zum Hals; sie greifen in die Luft, obwohl die Gegenstände, die sie erreichen wollen, klar erkennbar sind; sie sehen an der Decke des Krankenzimmers Spinnen, die dort nicht sind, und manche vergessen sogar, wer sie sind.

Um ihre Vermutung zu überprüfen, das könnte damit zu tun haben, dass ihre Patienten auf den sehr weichen

Krankenhausmatratzen liegen mussten, arrangierten die Krankenpfleger folgende Versuchsanordnung: Sie luden zwanzig gesunde Menschen ein und baten die eine Hälfte darum, sich auf eine harte Unterlage zu legen; die andere Hälfte sollte sich auf «Superweichlagerungs- und Wechseldruckmatratzen» betten, also auf Matratzen, die das Wundliegen verhindern. Dann bekamen beide Gruppen die strenge Anweisung, «sich für die nächsten dreißig Minuten auf keinen Fall zu bewegen, nicht mal mit dem kleinen Finger zu zucken oder die Nase zu rümpfen».

War die halbe Stunde rum, sollten die Teilnehmer erzählen, wie es ihnen ergangen war, und aufzeichnen, wo sie die Grenzen ihres Körpers gefühlt hatten. Die Ergebnisse waren bezeichnend. All jene, die auf den ganz besonders weichen Matratzen gelegen hatten, berichteten von höchst eigenartigen Erlebnissen: «Meine Hände und Arme verschwanden, die Beine und das Becken waren wie eine zermatschte, unförmige Masse und ich fühlte mich wie ausgelaufen. Gleichzeitig hatte ich das Empfinden, in rhythmischen Bewegungen nach oben transportiert zu werden.» Und die Skizzen zeigten Ähnliches: Ein Teilnehmer zeichnete sich als eine Art Kartoffelsack mit einem Hubbel obendran, seinem Kopf.

Reicht es also, dreißig Minuten lang unbeweglich auf einer weichen Matratze zu liegen, und schon dreht unser Gehirn durch? Ja, das reicht. Und zwar aus einem einfachen Grund: Um «Ich» sagen zu können und eine Identität zu entwickeln, brauchen wir einen Körper. Und zwar einen stabilen Körper, der sich selber fühlt. Denn indem er sich wahrnimmt und bewegt, informiert er unser Gehirn über seine Grenzen. Mit Hilfe seiner Sinnesorgane «beschreibt» er dem Gehirn stets von neuem, wo es «zu Hause» ist. Im Alltag ahnen wir nichts von alledem. Wir spüren das Kleid an unseren Schultern, denken, dass es ein wenig eng sitzt, realisieren aber nicht, dass dieser sanfte Druck unserem Gehirn zugleich meldet, wo sich unsere Schulter befindet. Wir werden von einem anderen Menschen umarmt, stoßen uns beim Wegräumen des gespülten Geschirrs den Ellbogen, tänzeln leichtfüßig die Treppen hoch: Jede dieser sinnlichen Rückmeldungen ruft dem Gehirn den exakten Umriss unseres Körpers ins Gedächtnis. Sind wir in Übung, dann kennen wir unseren Körper so gut, dass wir uns bei geschlossenen Augen mit dem Zeigefinger an die Nasenspitze tippen können.

Aber wehe wehe!, wir hören auf, uns zu bewegen. Schon drehen wir durch und wissen nicht mehr so genau, wer wir sind. Denn bekommt es keine Nachrichten mehr von draußen, beginnt das Gehirn, eigene Bilder zu entwerfen. Die haben viel mit unserer Phantasie, aber wenig mit der Realität zu tun. Es ist wie beim Träumen; auch da bringt das Gehirn eigene Vorstellungen hervor, sobald die von draußen ausbleiben. Damit wir nicht völlig auseinanderfallen, zieht sich die körperliche Wahrnehmung von der Peripherie, also den Händen, den Füßen und der Schädeldecke, ins Körperinnere zurück, so die Autorinnen der Studie – ganz so, als würden wir in eiskaltem Wasser liegen müssen; auch da «opfern» wir die Außenposten des Körpers und konzentrieren uns auf die lebenserhaltenden Systeme im Körperinneren. Es gibt eine Reihe vergleichbarer Versuche mit «sensorischer Deprivation», wie das genannt wird, also dem Entzug von sinnlichen Eindrücken. Und alle Studien kommen zum gleichen Ergebnis: Gar nicht gut. Ihm alle äußeren Reize vorzuenthalten kann für den Menschen so quälend sein, dass man ihn damit sogar foltern kann.[13]

Um zu verstehen, wie nun Körper und Gehirn genau zusammenhängen, wie fest die Idee vom autonomen Gehirn in unseren Köpfen sitzt, wer sich das ausgedacht hat und wie es dazu kam, dass sich seit einigen Jahren die einfach-revolutionäre Idee durchsetzt, dass scheinbar Nebensächliches unser Denken beeinflusst – dafür gehe ich ein wenig in der Geschichte zurück. Bloß 370 Jahre, nicht mehr. Sie werden sehen, es lohnt sich.

«Wie die Pflanze an sich die Blüte, so entfaltet der Körper an sich den Geist»

Auf welche Ideen Philosophen kommen, wenn sie über den Körper und dessen Beziehung zum Kopf nachdenken. Eine kleine Zeitreise mit einem glücklichen Ende. Versprochen!

Man kann uns Menschen vieles vorwerfen, eines jedoch nicht: dass wir nicht über uns nachdenken. Über die Jahrhunderte hat sich eine Vielzahl von Vorstellungen angesammelt, wie die Antwort auf «die Frage nach dem Leben, dem Universum und dem ganzen Rest» wohl lauten könnte.[14]

Was die Beziehung zwischen Gehirn und Körper betrifft, behauptet sich bis heute erfolgreich eine These, die immerhin 370 Jahre alt ist. Sie stammt von René Descartes, dem französischen Philosophen und Naturwissenschaftler, und ist das Ergebnis seiner aufrichtigen Suche nach der Wahrheit. Er behauptete, Körper und Geist seien zwei grundverschiedene Instanzen. Dem Körper sei nicht zu trauen: Der, mit seinen Sinneseindrücken und Gefühlen! Die führen uns doch bloß in die Irre! Am besten, wir bleiben ihm gegenüber skeptisch. Ungleich höher schätzte Descartes hingegen unseren Geist: Der komme ganz ausgezeichnet ohne Körper aus und sei ganz allein in der Lage, über sich und die Welt nachzudenken. Eine Fähigkeit, der wir die fundamentale Einsicht verdanken, dass wir existieren («Cogito ergo sum»).

Die Idee vom Geist ohne Körper hat sich zum Common Sense entwickelt. Denken und vernünftig zu sein, glauben wir, seien alleinige Angelegenheiten des Kopfes, der Körper hingegen habe keinerlei Einfluss darauf. Folglich habe es auch keinen Sinn, über deren Zusammenarbeit nachzudenken.

Wer also wissen will, wie wir denken und handeln, der sollte sich direkt dem Gehirn zuwenden. Und studieren, wie es erst Informationen aus der Umwelt erhält, dann verarbeitet und schließlich den Körper steuert. Ein Ansatz, der auch von Gehirnforschern verfolgt wird. Daher fertigen sie auch viele bunte Aufnahmen vom Inneren unseres Gehirns an, um in deren roten, gelben und orangen Flecken die tieferen Ursachen unseres Denkens und Seins zu finden. Der Kognitionswissenschaftler Alva Noë rechnet in seinem Buch mit dem schönen Titel «Du bist nicht Dein Gehirn» genau damit ab.[15] Und weist den Hirnforschern nach, auf welch alter Idee ihre These vom mächtigen Gehirn basiert.

Freundlich-distanzierte Leser mögen nun einwenden: «Ja, und? Was ist so schlimm daran, wenn wir das Gehirn über- und den Körper unterschätzen? Ist das nicht, 'tschuldigung, ein Streit unter Fachleuten, der mit dem Alltag nichts zu tun hat?» Das klingt plausibel. Uns Menschen vom Kopf her zu denken ist möglich, hat aber ein paar unerwünschte Nebenwirkungen. Erstens: Wenn wir die Rolle unseres Körpers beim Denken, Lernen und Erinnern nicht berücksichtigen, dann verzichten wir auf wichtige Hilfe, denn er kann dabei ein mächtiger Verbündeter sein. Das gilt auch andersrum: Der Körper kann uns ziemliche Schwierigkeiten beim Denken bereiten. Nur wer weiß, wo diese Probleme lauern, kann sie vermeiden.

Zweitens: Wenn wir den Körper als geistloses Trägermedium betrachten, werden wir seine Geheimnisse nie verstehen. Die flüstert er uns nämlich ständig zu, in Form von Gefühlen und Stimmungen zum Beispiel.[16] Wenn wir diese Sprache nicht erlernen, geht es uns mit dem eigenen Körper wie im Urlaub mit den freundlichen Einheimischen, die uns in einer fremden Sprache mit Wegbeschreibungen verwirren. Und nicht nur das: Unwissend, wie wir sind, haben wir auch keine Chance, über unser Körperempfinden zu reden und sinnvoll nachzudenken. Wie auch, wenn sich das geheimnisvolle Grummeln im Bauch anhört wie – geheimnisvolles Grummeln? Ganz zu schweigen davon, dass wir stets gefährdet sind, von den Mächten unseres Körpers mitgerissen zu werden. Sich auf stürmische Gefühle vorbereiten kann nur, wer versteht, was die lustigen Kringel auf der Emotionswetterkarte zu bedeuten haben.

Folgenschwer war Descartes' These aber noch aus einem weiteren Grund (drittens): Sie lässt uns bis heute glauben, wir könnten all unsere Probleme mittels unseres Kopfes lösen. Wir schließen nämlich von der vermeintlichen Tatsache, ein autonomes Gehirn zu besitzen, auf die gesamte Person: So wie unser Gehirn (macht ganz autonom seinen Job, kann alles selbst) schätzen wir uns auch insgesamt ein (machen ganz autonom unseren Job, können alles selbst).

Um zu erkennen, wie weitverbreitet dieses gehirnzentrierte Selbstbild ist, müssen Sie nur in eine Buchhandlung gehen und die einschlägigen Ratgeber zur Hand nehmen. Sie erkennen Sie an Slogans wie «Die Kraft des Geistes überwindet alle Widerstände!». Aus jedem dieser Bände raunt es uns zu, wir müssten unser Gehirn nur mit ein paar wirkungsvollen Weisheiten füttern, dann steuere es uns schon in die richtige Richtung. «Lerne die Kunst des klaren

Denkens, und nie mehr wirst du falsche Entscheidungen treffen!», lautet einer dieser Gehirnsteuerungssätze. Probleme, so die wiederkehrende Botschaft, lösen wir am besten, indem wir unser Gehirn auf Trab bringen.

Dieser Glaube an die Macht des puren Denkens findet sich bei einfachen Ratgeberautoren ebenso wie bei Vertretern der kognitiven Therapie, wie der Psychologe Wolfgang Tschacher schreibt.[17] Deren «Ansatz ist es, Auslöser und Ursachen für depressive Zustände zu suchen» und einen «Denkfehler» wie zum Beispiel «Übergeneralisierung» für sie verantwortlich zu machen. Was so viel bedeutet wie: Psychische Krankheiten haben eine klar benennbare Ursache und können durch Nachdenken gelöst werden. Schön wär's. Stimmt nur leider nicht. Vielmehr kann man zum Beispiel Depressionen lindern, indem man den Betroffenen eine aufrechtere, energischere Gehweise nahebringt; also über ihre Körperhaltung Einfluss auf ihre Psyche nimmt.

Der Denkweise von Herrn Descartes wird schon sehr lange widersprochen. Seit mehreren Jahrhunderten geistert etwa dieser berühmte Satz durchs abendländische Denken: «Nihil est in intellectu, quod non antea fuerit in sensu.» Übersetzt: Nichts ist im Verstande, was nicht zuvor im Sinne war. Wenn also etwas den Verstand nur beschäftigen kann, wenn es vorher sinnlich erfahren wurde, dann kann dieser Körper beim Denken so nutzlos nicht sein. Friedrich Nietzsche attackiert den Philosophen direkt: «In Leib und Seele haben die Idealisten den Menschen gespalten (...). Zarathustra aber sagt: Nur eine Wirklichkeit, nur einen Leib gibt es, und die Seele ist nur etwas am Leibe (...) Der Geist ist nur da, weil ein Körper da ist, der Kräfte hat, an sich den Geist zu entwickeln. Wie die Pflanze an sich die Blüte, so entfaltet der Körper an sich den Geist.»[18] Es sollte aber noch viele Jahre dauern, bis sich die Überzeugung, dass der Körper beim Denken eine wichtige Rolle spielt, endgültig durchzusetzen begann. Maßgeblich vorangetrieben wurde sie von dem Sprachwissenschaftler George Lakoff und dem Philosophen Mark Johnson.[19] Ihnen war aufgefallen, dass wir uns gerne mit Hilfe von einfachen Sprachbildern ausdrücken, vor allem dann, wenn wir über Abstraktes sprechen.

Bevor ich näher auf deren Entdeckung eingehe, ist es wieder einmal Zeit für eine kleine Unterbrechung: Legen Sie bitte das Buch aus der Hand, gehen Sie ein bisschen spazieren und denken Sie darüber nach, mit welchen Begriffen Sie über Ihre Ideen sprechen, Ihre Gefühle, die Zeit, die Liebe. Ja? Wenn Sie es getan haben, wird Ihnen auffallen, dass Sie dafür – wie alle anderen Menschen auch – meist bildhafte Redewendungen heranziehen. Sie sagen, dass wir *die Vergangenheit hinter uns lassen*, unseren *Wissensdurst stillen*, uns für jemanden *erwärmen*. Lakoff und Johnson erkannten darin nichts Geringeres als den Schlüssel zu unserem Weltverständnis. Ihre These lautet, dass wir einfache, anschauliche Sprachbilder verwenden, um uns mit deren Hilfe komplizierte, abstrakte Phänomene zu erklären.[20] So würden wir uns zum Beispiel das Wesen einer Beziehung durch anschauliche Reisebegriffe übersetzen. Und sagen: «Wir sind nun *am Scheideweg*./Wir müssen jetzt einfach *getrennte Wege gehen*. (...) Ich glaube, daß diese Beziehung *nirgendwohin führt*. (...) Es ist ein *langer, steiniger Weg* gewesen.»[21]

Nur: Woher kommen diese Sprachbilder? Und was hat

all das mit unserem Körper zu tun? Um das beantworten zu können, müssen wir kurz klären, worauf unser Sprechen beruht. So ein Fundament muss es doch geben, oder? Sonst würde die ganze schöne Theorie von Lakoff und Johnson in der Luft hängen! Und tatsächlich, es gibt dieses Fundament – unseren Körper. Denn ihm verdanken wir zweierlei: die wichtigsten Erfahrungen unseres Lebens und die Fähigkeit, uns durch die Welt zu bewegen. Damit wir bei alledem nicht die Orientierung verlieren, müssen wir lernen, zwischen *oben* und *unten* zu unterscheiden, zwischen *hinten* und *vorne*, *innen* und *außen*, *nah* und *fern*. Also einfache Begriffe zu finden, mit denen wir uns orientieren.

Und genau diese Begriffe sind es dann auch, die die Basis unserer Sprachbilder liefern. Zum Beispiel dann, wenn wir uns die komplizierte Sache mit der Zeit erklären. So kommt es, dass wir davon sprechen, dass die Zukunft *vor uns* liegt und die Vergangenheit *weit hinter* uns. In anderen Zusammenhängen beziehen wir uns auf die Erfahrung, dass sich etwas *links* oder *rechts* von uns befinden kann und sagen daher auch, dass wir etwas *links liegenlassen*, wenn es uns weiter nicht interessiert.

Nun könnten Sie freilich einwenden: Gut, wir Menschen sprechen gern in Metaphern, die wir uns am eigenen Körper abgeschaut haben. Interessant. Aber ist das wirklich von Bedeutung? Ja, es ist wirklich von Bedeutung. Denn unsere Art zu sprechen bestimmt auch unsere Art zu denken, zu entscheiden und zu handeln. Wer zum Beispiel Sprachbilder verwendet, in denen er Debatten als «Kampf» beschreibt und daher auch sagt, er habe die Argumente eines anderen *niedergemacht*, der handelt dementsprechend:

Er sieht sein Gegenüber als Gegner, versucht, ihn zu besiegen und am Ende als Gewinner dazustehen. Gleichzeitig verstellt uns das Sprachbild von der Debatte als Kampf den Blick auf andere Möglichkeiten, diese zu verstehen. Als *Austausch* von interessanten Anregungen zum Beispiel, der uns in der Folge auch als jemand auftreten ließe, der das eine gegen das andere einwechselt. All das bedeutet: Unsere Wahrnehmung und unser Umgang mit anderen Menschen und den alltäglichsten Kleinigkeiten werden davon bestimmt, welche körperlich begründeten Sprachbilder wir verwenden. Wir handeln, wie wir sprechen.

Eine Reihe aktueller Untersuchungen zeigt, dass Lakoff und Johnson mit ihrer Analyse goldrichtig liegen. So baten Wissenschaftler von der Uni Aberdeen die Teilnehmer ihrer Studie darum, an vergangene Ereignisse zu denken oder sich zukünftige vorzustellen.[22] Das hatte konkrete körperliche Auswirkungen: All jene, die sich an Vergangenes erinnerten, lehnten sich zurück (gemäß der Metapher, dass sich die Vergangenheit *hinter uns befindet*). Und all jene, die an Zukünftiges dachten, lehnten sich – richtig. Für zufällige Zuschauer waren diese Bewegungen zwar nicht zu erkennen, da sie nur zwei bis drei Millimeter betrugen. Dem forschenden Auge der Wissenschaftler freilich entgingen diese Mikrobewegungen nicht.

Zur Erklärung dieses Phänomens bezieht sich die Leiterin der Studie, Lynden K. Miles, daher auch auf die Beobachtungen von Lakoff und Johnson: «Wenn wir über Zeit sprechen, dann verwenden wir oft räumliche Metaphern (...). Es war erfreulich für uns, dass sich ein abstraktes Konzept wie jenes der Zeit in Körperbewegungen manifestiert hat.»[23] Denn damit konnte Miles' Team die

Verbindung zwischen Körper und Sprache ganz praktisch nachweisen.

Die These von der engen Beziehung zwischen Körper und Kopf hat sich in der Wissenschaft mittlerweile durchgesetzt. Und zwar endgültig vor rund zwanzig Jahren; damals fand in den Kognitionswissenschaften «eine Art Revolution» statt, die «zu einem völlig neuen Verständnis» davon führte, wie wir Menschen denken, Probleme lösen, uns erinnern und handeln.[24] Seit damals geht die Kognitionswissenschaft davon aus, dass wir all diese Prozesse als «embodied» verstehen müssen. Womit jener Begriff gefallen wäre, der Ihnen im weiteren Verlauf des Buchs gelegentlich begegnen wird: «embodied» bzw. «Embodiment».

Wenn die Kognitionswissenschaft diesen Begriff hervorzaubert, dann meint sie damit, dass unser Denken durch ein Bündel von Faktoren mitbestimmt wird, die einander beeinflussen. Der Übersicht halber liste ich diese Faktoren einmal kurz auf. Unser Denken wird also beeinflusst von

- unseren Sinneseindrücken (die können uns bewusst werden oder nicht – egal: Sie wirken sich stets darauf aus, wie wir denken),
- unseren unmittelbar auf diese Sinneseindrücke folgenden körperlichen Reaktionen (die wiederum auf die Sinneseindrücke zurückwirken),
- all jenen Dingen, die in unserer Umgebung geschehen,
- und all jenen Dingen, die wir selbst tun,
- und noch einigen weiteren Faktoren, die erst später erwähnt werden sollen.

Das ist fürs Erste viel auf einmal. Aber keine Angst, ich komme auf einzelne Aspekte im Laufe der nächsten Kapitel immer wieder zurück. Einfach mal sacken lassen. Und als Grunderkenntnis abspeichern, dass es in und um uns kaum etwas gibt, das keinen Einfluss darauf nimmt, wie wir denken, entscheiden und handeln. Was im Umkehrschluss nur bedeuten kann, dass erfolgreiches Denken, Entscheiden und Handeln die scheinbar nebensächlichen Faktoren nicht ignorieren darf – ja, auf sie angewiesen ist. «Ohne meinen Körper», heißt es daher auch im Standardwerk der Körperpsychotherapie, «ist mein Zugang zur Welt begrenzt, bin ich begrenzt.»[25] Ein Umstand, der harmlos klingt, aber gravierende Auswirkungen hat, wie Sie gleich sehen werden.

Alles hängt mit allem zusammen

*Wir Menschen machen alles gleichzeitig, lassen uns
von allem beeinflussen und vernetzen auch noch die
unterschiedlichsten Dinge miteinander. Eine ganz
ausgezeichnete Methode, um uns erfolgreich
durchzuschlagen.*

Wer wissen will, wie der Mensch seine geistigen und körperlichen Fähigkeiten entwickelt hat, der muss ihm nur beim
Gehen zusehen. Es sieht einfach aus, ist in Wirklichkeit aber
eine hochkomplexe Angelegenheit. Sie zeigt beispielhaft,
dass wir nur dann erfolgreich denken, entscheiden und handeln, wenn wir den klassischen Ratschlag ignorieren, doch
(bitte!) nur *eine* Sache auf einmal zu machen – und uns stattdessen allem gleichzeitig widmen, uns von allem und jedem
beeinflussen lassen und auch noch jedes Detail miteinander
verbinden. Das ist ebenso komplex wie umständlich, aber
auch sehr wirkungsvoll und evolutionär erprobt. Wie das
konkret funktioniert, will ich jetzt kurz erklären.

Um uns erfolgreich in einer bestimmten Umgebung
fortzubewegen, benötigen wir jede Menge einschlägiger
Informationen. Über den Weg, das Wetter, unsere Kon-
dition, die anderen Menschen, die eigenen Bewegungen,
lauernde Gefahren etc. Diese Informationen liefert uns
das Gedächtnis ebenso wie der Körper, genauer die Sinnesorgane. Rolf Pfeifer beschreibt sehr anschaulich, wie
diese Informationssammelei abläuft.[26]

· Wir sehen uns um (und achten auf Hindernisse, Abkür-
  zungen oder Passanten),
· fühlen den Boden unter unseren Füßen (mit all seinen
  Unebenheiten und Stolpersteinen),

- spüren den eigenen Körper (die Spannung der Muskeln, unsere Fußsohlen, ob wir uns im Gleichgewicht befinden),
- lauschen (den Hintergrundgeräuschen, dem Klang der eigenen Schritte, dem leisen Zischen von Giftschlangen),
- registrieren verschiedene Gerüche (Feuer, Essen, Abgase).

Diese kleine Auflistung zeigt, dass das Gehirn nicht nur *eine* Informationsquelle des Körpers nutzt, um unsere Bewegung durch den Raum zu steuern. Vielmehr verwendet es *alle* ihm zur Verfügung stehenden Sinneskanäle. Und zwar selbst dann, wenn sie die gleichen Informationen liefern, wie in diesem Falle das visuelle System und der Tastsinn: Beide generieren beim Gehen «sehr gute geometrische Informationen», so Rolf Pfeifer, dadurch komme es zu einer «partiellen Überschneidung an Informationen».

Dem Gehirn ist das nicht nur egal, vielmehr speichert es all diese Hinweise auch noch ab, und zwar an mehreren Stellen gleichzeitig. Wirkt ziemlich kompliziert und redundant. Ist aber überaus effektiv. So können wir etwa von einer Information auf die andere schließen und uns auf diese Weise in allen Lagen helfen, wie das Beispiel eines nächtlichen Spaziergangs zeigt: Wir sehen zwar wenig, aber durch das Tasten, Riechen, Hören und dank unserer Erinnerung können wir uns ausreichend Hinweise erschließen, um zwar langsamer, aber immer noch ganz gut voranzukommen. Diese Fähigkeit, vom einen aufs andere zu schließen, erwerben wir bereits sehr früh in unserer Entwicklung. Schon Babys lernen zum Beispiel, vom Anblick eines Fläschchens auf das damit verbundene Tastgefühl zu schließen.

Womit wir bei einem Phänomen angekommen wären, das für die Macht des scheinbar Nebensächlichen besonders wichtig ist: jenem der Vernetzung, von Neurobiologen auch «Kopplung» genannt.

Wir Menschen besitzen großes Talent darin, alle irgend verfügbaren Informationen zu nutzen und sie zu sinnvollen Einheiten zu verbinden, also zu koppeln. Zum Beispiel das Gefühl in der Fußsohle mit der Spannung unserer Muskeln, mit dem Bild der Umgebung, mit Geräuschen, dem Geruch des staubigen Weges, der Erinnerung an früher und so fort. Diese Erkenntnis ist nicht ganz neu; zum ersten Mal formuliert hat sie der amerikanische Psychologe Donald O. Hebb.[27] Er hatte herausgefunden, dass unser Gehirn jene Nervenzellen stabil miteinander verbindet, die gleichzeitig von Reizen aktiviert werden. Eine Erkenntnis, die als «Hebb'sche Regel» in die Geschichte eingegangen ist. Deren einleuchtende und daher gern zitierte Quintessenz lautet: «What fires together, wires together.»

Es gibt noch einen anderen Begriff für dieses Phänomen. Er ist jedem geläufig und lautet: Lernen. So besteht die Kunst des Gehenlernens darin, dass unser Gehirn alle Informationen in einen sinnvollen Zusammenhang bringt und in eng verbundenen Gruppen von Nervenzellen abspeichert. Je häufiger wir die Sache üben, umso mehr perfektionieren wir das wechselweise Zusammenspiel der Nervenzellen. Bis wir schließlich sicher und anmutig über einen Platz schreiten (oder rennen, je nach Notwendigkeit).

Doch nicht nur Gehen lernen wir auf diese Weise. Ob beim Skateboardfahren, Aktienkaufen oder Zusammenleben in langjährigen Beziehungen – stets koppeln wir

Gefühle, Sinneseindrücke, Körperhaltungen, Bewegungen, Gesichtsausdrücke, Erinnerungen, Gedanken etc. zu sinnvollen Netzen. Auf diese Weise bilden wir Gewohnheiten aus. Und das geht so: Erster Akt: Wir erleben eine bestimmte Situation und meistern sie erfolgreich; anschließend speichern wir sämtliche damit verbundenen Eindrücke und Empfindungen vernetzt ab. Zweiter Akt: Wir geraten in eine ähnliche Situation. Um uns keine unnötige Mühe zu machen, greifen wir auf bewährte, abgespeicherte Informationen zurück. Führt dieses Vorgehen zum Erfolg, bilden wir früher oder später entsprechende «Schemata» aus, wie das die Wissenschaft nennt. Man kann auch «Routinen» dazu sagen oder Gewohnheiten. Solange sie zum Erfolg führen und uns glücklich machen, eine gute, weil energiesparende Strategie. Oft jedoch verbauen wir uns mit schematisierten Lösungen die Chance, Neues zu erleben oder unser Leben zu ändern. Davon wird noch die Rede sein.

Dem Körper kommt bei alldem eine zentrale Rolle zu. Und das aus einem evolutionsgeschichtlichen Grund. Wir Menschen leben von Beginn an in einer hochkomplexen Welt. Sie ist rätselhaft, gefährlich und weitläufig. Unser Überleben hing wesentlich davon ab, diese Welt zu verstehen und zu domestizieren. Dazu griffen (und greifen) wir auf alle Hilfsmittel zurück, die uns zur Verfügung stehen – und die haben fast alle mit unserem Körper zu tun, weshalb er bis heute der Dreh- und Angelpunkt unserer Weltaneignungsstrategien geblieben ist. Unser Gehirn hat sich also nie selbständig entwickelt, sondern «immer als Teil eines Gesamtorganismus (...), der mit der Umwelt interagieren musste».[28]

Diese lange, gemeinsame Geschichte hat niemanden unberührt gelassen. Den Menschen nicht, die Umwelt nicht, den Körper nicht, das Gehirn nicht. Wir haben die Welt verändert, diese uns, die veränderte Umwelt andere Lebewesen, diese uns Menschen und immer so fort. Romantisch formuliert könnte man sagen, das Verhältnis zwischen den Menschen und der Welt ist eine lebenslange Liebesbeziehung mit allen nur erdenklichen Höhen und Tiefen und offenem Ausgang. So eine Liebesbeziehung verstrickt bekanntlich alle Beteiligten untrennbar miteinander und verändert alles und jeden auf immer wieder neue Weise. So wird auch zunehmend nachvollziehbar, warum die These vom autonomen Gehirn nicht haltbar ist. Die Welt ist konkret, körperlich, sinnlich, komplex und auch nur so erfahr-, versteh- und organisierbar. Deshalb brauchen wir einen Körper, der über entsprechende Fähigkeiten verfügt bzw. sie im Wechselspiel mit unserer Umwelt entwickelt.

Akzeptieren wir die These, dass wir «unlösbar mit der Lebenswelt verflochten»[29] sind, sind wir gezwungen, uns den eigenen Platz in der Welt ganz anders vorzustellen. Wir müssen uns als Wesen sehen, die nicht alleine dastehen, sondern integraler Teil eines Ganzen sind, in dem alles mit allem zusammenhängt, inklusive uns. Also nicht nur der Kopf mit dem Körper, sondern auch noch der ganze unübersichtliche Rest der Welt, und zwar bis ins allerletzte Detail hinein. Eine Position außerhalb dieses Netzes kann es für niemanden geben. Die Menschheitsgeschichte kennt keine Außenstehenden, nur Mitspieler. Wir hängen immer mit drin – und zwar ganz. Ich werde auf die These, dass alles mit allem zusammenhängt, immer wieder zurückkommen. An dieser Stelle sollen ein paar Hinweise genügen, wie wir uns diese Wechselbeziehungen vorstellen können.[30]

Sucht man nach einem einfachen und allgemein anerkannten Beispiel, das zeigt, wie Kopf und Körper und Umwelt zusammenhängen, landet man sehr schnell bei der menschlichen Mimik. Ein Klassiker. Wenn wir uns mit einer scharfen Klinge in den Finger schneiden und dabei zusehen, wie frisches hellrotes Blut aus der Wunde quillt, verziehen wir intuitiv das Gesicht. Ebenso müssen Beobachter nur unsere Mimik sehen, um ihrerseits eine schmerzvolle Grimasse zu schneiden und unseren Schmerz nachzuempfinden.

Unsere Gefühle lassen sich an unserem Körper ablesen. Manche Menschen besitzen zwar die Fähigkeit, ihre Mimik und Gestik zu beherrschen, wie wir bei professionellen Pokerspielern beobachten können, die selbst dann vollkommen ausdruckslos bleiben, wenn sie gerade ein erbärmliches Blatt in den Händen halten – in der Regel aber erzählen wir der Welt durch unser Äußeres ganz spontan, was wir gerade empfinden. Und nicht nur das: Gefühle beeinflussen sämtliche Funktionen unseres Körpers. Der Arzt und Psychotherapeut Norbert Schrauth fasst das so zusammen: «Jeder starke Affekt, jedes Gefühl und jede Stimmung» gehe «mit Veränderungen von Herzschlag, Herzrhythmus, Durchblutung der Haut und Muskulatur, Blutdruck, Atmung, Tätigkeit der Verdauungs- und Ausscheidungsorgane, Appetit und Durst, Wachheit, Müdigkeit und Schlaf» einher, «selbst kleinere Muskeln der Haarbälge sind bei manchen Affekten beteiligt, wie ‹Gänsehaut› und ‹Stellhaare› zeigen. Bei stärkeren Affekten ist der ganze Körper im Rahmen bestimmter Grenzen beteiligt.»[31]

Kein Wunder also, dass wir heftig zu atmen beginnen, wenn wir uns ärgern oder fürchten; dass wir die Muskeln anspannen und uns steif machen, wenn wir uns von anderen gekränkt fühlen; dass wir die Zähne aufeinanderbeißen und die Haut an unserem Hals rote Flecken bekommt, wenn wir uns missachtet fühlen. Jeder von uns kennt seine ganz persönlichen körperlichen Ausdrucksformen, mit denen er seiner Umgebung signalisiert, dass er einen *dicken Hals* hat, sich schämt oder ihm gleich das «Geimpfte aufgeht», wie man in Österreich etwas rüde sagt.[32]

Aus dieser engen Wechselbeziehung zwischen Gefühlen und Körper haben Psychotherapeuten die weitreichende Idee abgeleitet, der Körper sei «verkörperter Geist», die äußere Erscheinung untrennbar mit der Seele verbunden. An unserem Gesichtsausdruck und unseren Bewegungen sei abzulesen, in welcher psychischen Verfassung wir seien. Klingt hilfreich und schlüssig. Ist es auch. Blieb es aber nicht. Denn wie in vergleichbaren Fällen traten übereifrige Spezialisten und Ratgeberautoren auf und machten aus einer guten Idee ein absolutes Gesetz. Eine Ideologie nach dem Motto: «Ich schau dir in die Augen, Kleines, und erkenne deinen Charakter.» Oder: «Menschen lesen: Wie Sie die Körpersprache Ihrer Mitmenschen entschlüsseln» – und was es da an «naiv mechanistischen» Spielarten des «Körperlesens» sonst noch geben mag. Doch wir Menschen sind keine Roboter, die sich in standardisierter Art und Weise äußern. Vielmehr reagieren wir jedes Mal in anderer Weise auf eine sich ständig verändernde Umgebung, auf andere Menschen, die ihrerseits je nach

Laune reagieren. Zudem sind wir Zufällen ausgesetzt, Absurditäten und Erinnerungen.

Zwar verfügen wir über ein stabiles Repertoire an Gesten, Gesichtsausdrücken und Körpersprache, aber das bedeutet nicht, dass es objektiv zu entschlüsseln wäre wie die in Hemden und Hosen eingenähten Pflegesymbole. Unsere körperlichen Ausdrucksformen können oft nur im Kontext der Situation verstanden werden; so bedeutet eine wegwerfende Geste im einen Moment, dass sich ein geliebter Mensch nicht grämen soll, weil eine bestimmte Sache es nicht lohnt – und im anderen Moment, dass wir einen Menschen verachten. Dasselbe gilt auch für emotionale Belastungen wie zum Beispiel chronische Angst. Diese wirkt sich zwar ebenfalls auf unseren Körper aus, aber jedes Mal ein wenig anders: Sie könne sich «in einem dauernden Kältegefühl zeigen oder in übermäßigem Schwitzen, in Herzrasen, Atemnot, Durchfällen, aber auch in Verstopfungen. Die Sexualfunktion kann leiden.»[33] Aus all diesen Beobachtungen kann freilich nicht geschlossen werden, dass sich überhaupt nichts Verlässliches über die Embodiment-These sagen ließe. Das wäre falsch. Vielmehr können wir davon ausgehen, dass starke Emotionen unseren Körper stark beeinflussen – sie sich aber je nach konkreter Situation und Lebensweise unterschiedlich zeigen.

Wer versucht, die Bedeutung einzelner Gesten, Körperhaltungen oder Symptome ohne Kontext zu verstehen, und sich auf angeblich objektive Regeln beruft, der wird bei der Behauptung enden, wir könnten das Wesen eines Menschen entschlüsseln, indem wir seine Körpersprache studieren. Diese Annahme ist nicht nur Unsinn, sondern steht auch in einer unseligen Tradition. So hat – um ein

Extrembeispiel zu zitieren – die Rassenlehre des National-
sozialismus die absurde Idee vertreten, von der Haltung
eines Menschen auf seinen Charakter schließen zu können. Kein Wort mehr darüber.

Ich muss also die Idee von der Wechselbeziehung zwischen Körper und Kopf und Umwelt vorsichtiger formulieren. Etwa so: Einerseits können wir davon ausgehen,
«dass zumindest grundlegende Lebensthemen auch auf
der körperlichen Ebene einen Niederschlag finden», andererseits jedoch lässt sich die Körpersprache nur «durch
komplexe individuelle Aufdeckungsarbeit» entschlüsseln.[34]
Klingt ein wenig verwaschen, zweifellos. Doch der faszi-
nierende Kern der These betrifft weiterhin alle Menschen
gleichermaßen. Und wir können viele Erkenntnisse daraus
ableiten, denen ich im nächsten Kapitel einen weiteren
Schritt näher kommen will.

Lächeln Sie grundlos – und schon werden Sie glücklicher

Wer fröhlich ist, lächelt – und wer lächelt, wird fröhlich. Ein Kapitel über den lebhaften Kreisverkehr zwischen Körper, Gefühlen und Denken.

Wer sich auf die Suche nach wissenschaftlich gesicherten Belegen für die oben formulierte These begibt, stößt sehr schnell auf den Namen einer naturwissenschaftlichen Größe, nämlich auf den von Charles Darwin. Der britische Forscher schrieb nicht nur epochale Werke über die «Entstehung der Arten» und die «Abstammung des Menschen».[35] Er veröffentlichte eine weitere umfangreiche Studie mit dem Titel «Der Ausdruck der Gemüthsbewegungen bei dem Menschen und den Thieren». Darin geht Darwin unter anderem der Frage nach, ob unsere mimischen Ausdrücke angeboren sind oder ob wir sie erst erlernen. Eine Frage, die mittlerweile beantwortet scheint. So hat der amerikanische Psychologe Paul Ekman die These formuliert, dass es sechs Basisemotionen gibt. Die verstünden alle Menschen gleichermaßen, weil wir sie stets mit derselben Mimik ausdrücken würden. Die sechs Gefühle sind Freude, Trauer, Angst, Ärger, Überraschung und Ekel.[36]

Wichtiger aber für uns sind jene Passagen, in denen Darwin die Wechselwirkung zwischen Gefühlen und Körperausdruck beschreibt. Er war nämlich davon überzeugt, dass die Mimik nicht nur unsere Gefühle zeigt, sondern sie auch beeinflusst: «Der freie Ausdruck einer Gemüthserregung durch äußere Zeichen macht sie intensiver. Auf der andern Seite macht das Zurückdrängen aller äußern Zeichen, soweit dies möglich ist, unsere Seelenbewegungen milder. Wer seiner Wuth durch heftige Geberden nachgibt, wird sie nur vergrößern; wer die äußern Zeichen der Furcht nicht der Controle des Willens unterwirft, wird Furcht in einem bedeutenderen Grade empfinden.»[37]

Eine weitreichende These. Darwin sagt nämlich nichts anderes, als dass unsere Körpersprache starken Einfluss darauf hat, wie intensiv wir ein Gefühl empfinden. Wenn wir uns also ärgern und daraufhin wie wild herumtigern, steigern wir uns in einen Wutanfall hinein. Schaffen wir es jedoch, uns trotz aller Aufregung einigermaßen ruhig hinzusetzen, gelangen wir deutlich schneller zur Erkenntnis, dass ein Kratzer auf dem funkelnagelneuen Smartphone so schlimm nun auch wieder nicht ist. Und wenn doch, dass er durch einen Wutausbruch nicht wieder verschwindet.

Aber damit nicht genug, Darwin geht noch einen entscheidenden Schritt weiter. Er behauptet nämlich, dass wir aufgrund der engen Verbindung zwischen Mimik und Emotion die Macht besitzen, bestimmte Gefühle aus dem Nichts heraus entstehen zu lassen. Dazu müssten wir bloß jenen Gesichtsausdruck aufsetzen, der zum gewünschten Gefühl passt. Also entspannt dreinsehen, wenn wir uns entspannen wollen, um entspannte Entscheidungen zu treffen. Grimmig die Zähne fletschen, wenn wir Wut hervorrufen wollen, um dem untreuen Gefährten endlich die Freundschaft aufzukündigen. Bei Darwin klingt das ein wenig nüchterner, in der Sache meint er aber genau das: «Selbst das Heucheln einer Gemüthsbewegung erregt dieselbe leicht in unserer Seele.»[38]

Die Radikalität der Darwin'schen These erklärt, warum es einige Zeit gedauert hat, bis sie sich durchgesetzt hat. Das Werk wurde zwar seinerzeit zum Bestseller, verschwand aber bald darauf in den Tiefen der Bibliotheken. Es dauerte eine Weile, bis es wiederauftauchte. Dann freilich ging es mit den einschlägigen Versuchen und Studien so richtig los. Das Beste daran: Sie konnten Charles Darwins Beobachtungen belegen.

Es würde zu weit führen, den exakten Weg nachzuzeichnen, wie Darwins Erkenntnisse aus ihrem Dämmerschlaf geweckt wurden und zu neuem Ansehen gelangten. Springen wir am besten direkt ins Jahr 1988. Damals bat die Sozialpsychologin Sabine Stepper die Teilnehmer ihrer Studie um etwas Eigenartiges: Eine Gruppe sollte sich einen Stift zwischen die Zähne klemmen, dabei aber unbedingt vermeiden, diesen mit den Lippen zu berühren.[39] Am besten, Sie versuchen das selbst einmal und überprüfen im Spiegel, welches Gesicht Sie dabei machen. Und? Richtig. Sie lächeln. Grundlos und ein wenig gekünstelt, aber egal. Genau das war der Zweck der Versuchsanordnung: die Menschen grundlos zum Lächeln zu bringen. Dann wandte sich das Forscherteam der anderen Versuchsgruppe zu. Die bekam ebenfalls einen Stift in den Mund gesteckt, wurde aber aufgefordert, ihn fest mit den Lippen zu umschließen. Darf ich Sie nochmals vor den Spiegel bitten? Danke. Und jetzt? Richtig – Sie machen einen etwas verkniffenen Eindruck, Lächeln Fehlanzeige.

Nachdem Stepper nun die Mimik der beiden Versuchsgruppen erfolgreich manipuliert hatte, zeigte sie ihnen Cartoons, wie sie häufig in Zeitungen abgedruckt werden. Und fragte die beiden Gruppen, wie lustig sie die denn fänden. Das eindeutige Ergebnis: Die (künstlich) lächelnde

Gruppe fand die Witzbilder markant lustiger als die zum Verkniffendreinschauen gezwungene. Was den Schluss zulässt, dass der Gesichtsausdruck unsere Gefühle nachhaltig prägt – zumal die Teilnehmer nicht wussten, was mit dem Experiment bewiesen werden sollte. Wir denken also ganz offensichtlich: «Ich lächle, also müssen die Cartoons lustig sein!»[40], was ein ganz neues Licht auf unser Selbstverständnis wirft.

Die Ergebnisse der Studie haben breite Anerkennung gefunden und wurden in immer neuen Versuchen bestätigt. Auch der bereits erwähnte Psychologe Paul Ekman bezieht sich auf das Phänomen. In einem Interview antwortete er auf die Frage, ob es denn etwas bringe, «sich selber anzulächeln, wenn man miesepetrig ist»: «Wenn man bestimmte Muskeln im Gesicht aktiviert, ruft man damit die gleichen Veränderungen im Nervensystem hervor wie das entsprechende Gefühl. Schauspieler kennen das. Stanislawski, der Theaterpädagoge, hat immer gesagt: ‹Mach die Geste, das Gefühl folgt nach.›»[41] Beim Theater weiß man also schon lange, dass wir unsere Gefühle nicht nur durch die willkürliche Veränderung unserer Mimik beeinflussen können; das klappt auch, wenn wir bestimmte Bewegungen machen.

Doch nicht nur die Gefühle folgen unserer Haltung, Bewegung und Mimik, auch unser Kopf tut es. Und der ganze Rest unserer Persönlichkeit ebenfalls. Es gibt eine große Zahl von Studien, die genau das zeigen. So hat man zum Beispiel herausgefunden, dass wir bestimmte kognitive Aufgaben besser lösen können, wenn wir eine dazu passende Körperbewegung ausführen. In den folgenden Kapiteln wird davon noch ausführlich die Rede sein.

Doch um das Geheimnis jener scheinbaren Nebensächlichkeiten zu lüften, die unser Fühlen, Denken und Handeln beeinflussen, genügt es nicht, bloß den einzelnen Menschen und das Zusammenspiel von dessen Körper und Kopf zu betrachten. Vielmehr gilt es zu erkennen, dass auch wir Menschen einander beeinflussen, dass wir alle in enger Verbindung mit unserer konkreten Lebenswelt und ihren kulturellen Regeln stehen.

Am schnellsten kommt man hinter diese wechselseitige Beeinflussung, wenn wir unsere Gesichter und Körper beobachten. Dann entdecken wir nämlich, dass wir einander immer wieder nachahmen. Die naheliegende Bezeichnung für diese Eigenart: «Chamäleon-Effekt». So wie die kleinen Reptilien die Farbe ihrer Umgebung annehmen, so imitieren wir unsere Mitmenschen. Ihren Gesichtsausdruck, ihre Körpersprache oder ihr Verhalten – wir können gar nicht anders, als traurig dreinzusehen, unsicher den Kopf zu neigen oder entmutigt die Schultern hängen zu lassen, wenn unser Gegenüber traurig dreinsieht, den Kopf neigt oder die Schultern hängen lässt. In der Regel bekommen wir gar nicht mit, dass wir die anderen nachmachen, denn wir tun es unbewusst, automatisch und auf kaum erkennbare Art und Weise, nämlich in Form kleinster Gesten, Bewegungen und Haltungen. Sitzen wir also mit anderen Menschen am Tisch, dann ereignen sich mehrere Dinge gleichzeitig, die wunderbar ineinander verschränkt sind. Wir trinken Kaffee, diskutieren und essen, während unsere Körper miteinander kommunizieren: Sie vollziehen nahezu unmerklich nach, was sie am anderen beobachten.

Nur warum das Ganze? Wozu diese «nichtbewusste intersubjektive Nachahmung», wie das der Neurologe Vittorio Gallese nennt?[42] Seine Antwort fällt kurz aus: Dieser Hang zur Nachahmung habe einen «prosozialen Charakter», diene also unserem Zusammenleben. Wie wir gesehen haben, löst ein bestimmter Gesichtsausdruck ganz automatisch ein bestimmtes Gefühl in uns aus. Wir lächeln (künstlich) und werden fröhlicher (wirklich). Ahmen wir nun den überraschten oder ärgerlichen Gesichtsausdruck eines anderen Menschen nach, dann stellt sich in uns ebenfalls das Gefühl der Überraschung oder des Ärgers ein. Indem wir die Mimik unseres Nachbarn imitieren, versetzen wir uns in die Lage, mit ihm mitzufühlen, sind also zu jener Empathie fähig, die so wichtig ist für unser Zusammenleben.

Vittorio Gallese beschreibt, wie sehr Körper und Gehirn darauf ausgelegt sind, unser wechselseitiges Verständnis zu befördern. Und zwar indem unser Gehirn nicht zwischen eigenen Gefühlen und denen anderer unterscheide. Wenn wir also die Mimik anderer beobachten und imitieren, könne das als «Wiederverwendung derselben neuralen Schaltkreise verstanden werden (...), die unseren eigenen emotionalen und sensorischen Erfahrungen zugrunde liegen».

Der Körper entwickelt aber noch ganz andere Fähigkeiten, um uns mit den Mitmenschen zu verbinden. So haben Wissenschaftler des Max-Planck-Instituts für Bildungsforschung in Berlin untersucht, was geschieht, wenn zwei Musiker gemeinsam ein Musikstück mit zwei unterschiedlichen Stimmen spielen.[43] Sie harmonieren nicht nur äußerlich, auch ihre Hirnwellen synchronisieren sich. Johanna Sänger, die maßgeblich an der Studie mitgewirkt hat, fasst das Ergebnis so zusammen: «Wenn Menschen Handlungen miteinander koordinieren, entstehen kleine Netzwerke innerhalb des Gehirns und bemerkenswerterweise auch zwischen den Gehirnen, besonders dann, wenn die gegenseitige Abstimmung wichtig ist, zum Beispiel beim gemeinsamen Spielbeginn.»

Es liegt also ganz offensichtlich im Interesse unserer Spezies, zu kooperieren. Deshalb fragen sich manche Kognitionswissenschaftler auch, ob sie sich nicht vom Einzelnen ab- und dem Großen und Ganzen zuwenden sollten, um das Denken von uns Menschen zu verstehen. Denken finde offensichtlich «in der Realität zumeist in sozialen Kontexten» statt, wie die Journalistin Manuela Lenzen den aktuellen Stand der Forschung zusammenfasst.[44] Ob in Schulklassen, Uniseminaren, Kreativmeetings oder Vorstandssitzungen – wenn man es recht bedenkt, bemühen wir unser Gehirn meist dann, wenn wir mit anderen zusammen sind. Lenzen verweist in ihrem Artikel auf die Erkenntnisse einer im Jahre 2010 erschienenen Studie[45]: «Dabei gebe es längst genug Belege dafür, dass soziale Kognition nicht auf Vorgänge im einzelnen Geist reduziert werden könne. Es ist an der Zeit, so die Autoren, das soziale Denken wieder dahin zu bringen, wohin es gehört: zwischen die Individuen statt in ihre Köpfe.» Folgen wir dieser These, dann hängen unser Denkvermögen, unsere Kreativität und unser Lernerfolg maßgeblich davon ab, mit welchen Menschen wir zusammen sind, in welcher Reihe wir im Klassenraum sitzen und ob draußen die Sonne scheint.

Der klinische Psychologe Ian J. Grand hat darauf hingewiesen, wie stark Körpersprache und Haltung von der jeweiligen Kultur mitgeprägt werden.[46] So gibt es etwa sehr unterschiedliche Vorstellungen davon, welche Gesten erlaubt sind und welche zum sozialen Ausschluss führen; wie sehr aggressives Auftreten geschätzt oder abgelehnt wird; wie nahe man dem anderen kommen darf, ohne dessen Privatsphäre zu verletzen; wie man Respekt und Bescheidenheit zeigt bzw. ob das sozial überhaupt erwünscht ist; wie man sich als Angehöriger einer bestimmten sozialen Gruppe zu erkennen gibt und welches körperliche Verhalten man sich anderen gegenüber besser nicht erlaubt.

Es sei ein weit verbreiteter Irrtum anzunehmen, dass unsere Körpersprache angeboren sei, schreibt Grand. In Wirklichkeit sei sie auch der Ausdruck kultureller und historischer Prägungen. Wie wir unsere Körper benutzen, welche Gesten wir verwenden, welche Haltungen wir bevorzugen, all das werde von der Gesellschaft mit beeinflusst, in der wir leben. Was wiederum bedeutet, dass unser Fühlen und Denken immer auch Ausdruck jener Kultur sind, der wir angehören. Und zwar nicht nur aufgrund direkter kognitiver Einflüsse, sondern auch über den Weg unseres Körpers.

Wir greifen also viel zu kurz, wenn wir die Ursachen für unsere emotionalen und kognitiven Eigenarten nur in uns selbst suchen – und nicht auch in diesen äußeren kulturellen Bedingungen, in unserem Alltag, den Menschen, mit denen wir tagtäglich zu tun haben. Es ist also durchaus sinnvoll, sich vom ausschließlichen Selbststudium abzuwenden und ein wenig umzusehen (wenngleich uns viele Ratgeber zuraunen: «Die Ursache bist allein *du* – also rede dich nicht raus!»). Denn, so schreibt Grand: «Kulturen fördern soziale Gruppen, (...) indem sie ihre Mitglieder zwingen, ihr Verhalten und ihre Einstellungen im Laufe der Zeit auf bestimmte Weise dem kulturellen Konsens anzupassen. Dadurch werden bestimmte Arten, Muskeln zu nutzen, bestimmte Körperhaltungen und Gesten und bestimmte Grade von Erregung gefördert.»[47] Das heißt: Die Gesellschaft verlangt nicht nur von uns, dass wir uns der herrschenden Kultur kognitiv anpassen. Vielmehr erwartet sie das auch von unseren Körpern. So prägt eine Kultur nicht nur unseren Geschmack, sondern auch unsere Haltungen, Gesten, Gefühle und kognitiven Stile.

Dieser Prozess läuft meist unbewusst ab, und es muss schon etwas Außergewöhnliches passieren, damit sich das ändert. So ein Ereignis ist zweifellos der Wechsel des Wohnortes, zumindest habe ich das so empfunden. Jahrelang hatte ich den Plan verfolgt, Wien zu verlassen und in Hamburg einen neuen Job anzutreten. Vor vielen Jahren war es dann endlich so weit. Ich fuhr hin, zog bei Freunden ein, bekam neue Visitenkarten – und wurde von Woche zu Woche trübsinniger, bis ich mich schließlich mit einer veritablen Gastritis herumschlug. Warum bloß? War ich nicht am Ziel meiner (damaligen) Wünsche? War ich. War ich nicht in meiner Wunschstadt gelandet? War ich. Und dennoch ging es mir schlecht.

Es dauerte ein paar Monate, bis mir klarwurde, dass ich die Bedeutung dieses Ortswechsels unterschätzt hatte. Und ein paar weitere Monate, bis ich verstand, worin sich das Leben in den beiden Städte unterschied. Zum Beispiel darin, ob und wie man einander ansieht. In Wien war es selbstverständlich gewesen, anderen Menschen in die Augen zu schauen, den Blickkontakt zu suchen, auf offener Straße, in den Cafés, im Museum. Es waren Blicke, die vielerlei bedeuten konnten und bewirkten. Sie konnten abschätzig sein, erotisch aufgeladen, beiläufig, unfokussiert, herausfordernd. Man sah einander an. Das heißt: Man registrierte seine Umgebung, signalisierte ihr etwas und wurde von ihr wahrgenommen. So funktionierte das in Wien. Und so war ich das gewohnt. In Hamburg hingegen waren diese ständigen Blickkontakte, diese auf offener Straße angezettelten Kürzestbegegnungen, unbekannt. Niemand sah dem anderen direkt in die Augen. Man schaute aneinander vorbei, musterte den anderen aus dem Augenwinkel oder eben gar nicht. Ganz so wie in Japan, wo auffälliger Blickkontakt als Verstoß gegen die Etikette betrachtet wird.

Wer sich durch den Blick der anderen immer wieder der eigenen Existenz versichert, der muss in einer Stadt wie Hamburg auf die Idee kommen, dass er nicht willkommen ist, dass er uninteressant ist, ja: dass es ihn nicht gibt. Genauso fühlte ich mich. Und es war ein Gefühl, das sich mir unmittelbar und körperlich mitteilte, lange bevor ich es einigermaßen verstanden hatte.

Willkommen im magischen Karussell
von Körper und Geist

Wollen Sie in Ihrem Leben etwas ändern, können Sie
entweder nachdenken, auf Ihre Körperhaltung achten
oder Grimassen schneiden. Führt alles zum Ziel. Und das
aus guten Gründen.

Manchmal genügt es, jemanden kurz am Handgelenk
festzuhalten – und schon erfahren wir alles über sein Leben. Diesen Schluss legt ein Bericht von Halko Weiss nahe,
den er von einer seiner Therapiesitzungen gibt. Als seine
Klientin von ihrem Vater erzählt, macht sie eine Geste, «die
einen wütenden Eindruck» vermittelt habe. «Sie zer-
schneidet die Luft mit der Hand in einer Bewegung, die
wie ein kurzer Karate-Schlag aussieht.» Der Psychologe
und Psychotherapeut weist seine Klientin darauf hin und
fragt sie dann, ob er einen kleinen Test mit ihr durchführen dürfe. Er darf. So hält Halko Weiss das Handgelenk seiner Klientin fest und bittet sie, «dieselbe schneidende
Geste noch einmal zu machen, während ich einen leichten
Widerstand gebe». Erst einmal geschieht das Naheliegende: Die Klientin wehrt sich gegen das Festgehaltenwer-
den und bemüht sich heftiger, die Geste auszuführen.
Dann jedoch passiert etwas Überraschendes: Sie sei «von
einem Gefühl der Angst vor ihrem Vater und der Erinnerung an den gewaltsamen Missbrauch durch ihn überflu-
tet» worden, die sie bislang verdrängt hatte, so Weiss.[48]

Eine zweifellos «einfache Intervention», wie der Psychotherapeut schreibt. Um nicht zu sagen: Eine, die kaum als
solche erkennbar ist. Und dennoch kann das kurze Festhalten eines Handgelenks etwas so Lebensbestimmendes

wie die traumatischen Erlebnisse einer Klientin in deren Bewusstsein zurückholen.

Wer sich die vorhergehenden Kapitel in Erinnerung ruft, wird über dieses Beispiel vielleicht staunen – ungläubig den Kopf schütteln wird er wahrscheinlich nicht. Denn wie wir gesehen haben, hängen Kopf, Körper und Seele untrennbar zusammen. Dass dieser Umstand durchaus überraschende Effekte nach sich zieht, hat das Experiment mit den eingeklemmten Stiften gezeigt. Aber kann man wirklich «durch den Körper eine bedeutsame Erfahrung»[49] hervorrufen, um sie dann zum Gegenstand eines psychotherapeutischen Gesprächs zu machen? Man kann. Denn unser Gehirn speichert bekanntlich sämtliche Informationen vernetzt ab. Wenn wir zum Beispiel gehen lernen, dann verbinden wir das Gefühl in der Fußsohle – mit der Spannung unserer Muskeln – mit dem Bild der Umgebung und so fort. Auch unsere Lebensgeschichte speichern wir auf diese Weise ab, es kommt zu besagten «Kopplungen». In Partnerschaften etwa verknüpfen wir die unterschiedlichsten Details zu einem großen Ganzen, das wir die «gemeinsame Geschichte» nennen. Wir prägen uns den Geruch des anderen ein, die Momente, in denen wir ihn besonders intensiv wahrnehmen; wir erinnern uns an das Hotelzimmer, das wir auf der ersten gemeinsamen Reise bewohnten, den Blick aufs Meer; uns brennt sich der ratlose Blick des anderen ein, als er plötzlich ohne Job nach Hause kommt; und wir können uns daran erinnern, wie elegant er diese Krise überwunden hat. Kurz: Unser Erleben ist ein kunstvolles Geflecht aus Einzelheiten, Ebenen, Querbezügen, Zirkelschlüssen und offenen Enden, eine vielstimmige Komposition, an der alle Sinneskanäle beteiligt sind. Ein Bündel von Eindrücken, das sich aus unzähligen Miniaturen zusammensetzt, die alle miteinander vernetzt sind. Der Geruch mit einer Erinnerung, die Berührung mit einem Gefühl, der Blick mit einem Gedanken.

Hängt alles mit allem zusammen, dann ist jedes einzelne Detail wichtig, da es das große Ganze beeinflussen bzw. wieder bewusst machen kann. Daher ist dieses große Ganze auch ziemlich beweglich: Schon die Veränderung eines kleinen Elements hat Auswirkungen auf das gesamte System. Gehen wir von einem Raum in den anderen, vergessen wir mitunter, was wir vorhatten. Stellen wir uns aufrecht hin, durchströmt uns ein Gefühl der Selbstsicherheit und Klarheit im Kopf. Nehmen wir einen bestimmten Geruch wahr, tauchen damit verbundene Erinnerungen wieder auf und beeinflussen unsere Gedanken. Der Grund für dieses Phänomen: Bei gesunden Menschen führe «jede Veränderung einer Funktion zu Nebeneffekten auf die anderen Funktionen». Das könne gar nicht anders sein, so der Psychologe Luciano Rispoli, «weil der Organismus ein komplexes und einheitliches System darstellt, in dem von Geburt an alle Funktionen integriert sind».[50]

Womit wir beim Angelpunkt jener These angelangt wären, die ich im Untertitel dieses Buchs formuliert habe: dass scheinbar Nebensächliches markanten Einfluss darauf haben kann, wie wir denken, fühlen und handeln. Denn wenn die Details in unserem Lebensnetzwerk einander ständig beeinflussen, dann stellt sich die Frage nach Ursache und Wirkung nicht mehr. Also danach, wer zuerst da ist, die kognitiven Vorgänge, die physischen oder die emotionalen. Vielmehr sollten wir davon ausgehen, dass sämtliche Prozesse gleichzeitig ablaufen.

Der Körpertherapeut Jack W. Painter schildert das sehr anschaulich, wenn er schreibt, «Körperstruktur und Erleben bzw. Erfahrung» seien «als simultane Aspekte des gleichen Phänomens oder Prozesses anzusehen. Alle Aspekte des Menschen sind als ein Ganzes präsent.» Deshalb betreffe eine Änderung unserer Körperhaltung «gleichzeitig das Erleben, und umgekehrt verändert eine Modifikation des Erlebens auch die Körperstruktur, weil beide Bestandteile des gleichen Ereignisses sind».[51]

Wenn also jedes Detail Einfluss aufs große Ganze hat, dann macht es keinen Unterschied, mit welchem wir beginnen, um es zu beeinflussen. Ob wir uns nun mit unserem Körper beschäftigen, unseren Gefühlen, unseren Erinnerungen oder unseren Gedanken – egal! Sobald es uns gelingt, ein einziges Detail in unserem Sinne zu modifizieren, können wir davon ausgehen, dass die gewohnten Abläufe sich zu verändern beginnen.

Die Wechselbeziehungen zwischen Körper, Kopf und Seele ähneln also ein wenig einem Karussell. Das besitzt keinen Haupteingang, den es zu finden gilt, um mitfahren zu dürfen. Vielmehr können wir an jedem beliebigen Punkt zu- und wieder absteigen. Egal wo, egal wann, egal warum. Wir müssen – um im Bild zu bleiben – nur geschickt genug sein, bzw. das Karussell muss sich langsam genug drehen, damit wir aufspringen können. Sobald uns das gelungen ist, sind wir mitten im Geschehen. «Geschehen» bedeutet in unserem Fall: Wann und wo auch immer wir zusteigen, wir bekommen sofort die Chance, an unserem Leben etwas zu ändern, ob wir uns nun auf das Holzpferd schwingen, das Feuerwehrauto oder die Donald-Duck-Figur. Deutlich weniger bildhaft, dafür aber umso wissenschaftlicher formuliert es der Hirnforscher Gerald Hüther, wenn er beschreibt, wie wir belastende Erinnerungen überwinden können: Wenn es uns gelinge, «auf einer dieser Ebenen ein neues Muster auszubilden, so werden alle anderen Ebenen davon gleichsam ‹mitgezogen›».[52] Ändert man das eine, kann davon das andere nicht unberührt bleiben. «Denn ein gut gelerntes neuronales Netzwerk kann von jedem seiner Knotenpunkte aus aktiviert werden.»[53]

Es ist also vollkommen gleichgültig, welchen Weg Sie wählen, um Neues über sich zu erfahren oder etwas an Ihrem Leben zu ändern. Sie können es über den Kopf versuchen, über Ihre Gefühle oder Ihren Körper. Welchen Weg Sie letztlich bevorzugen bzw. welcher weiterführt, das hängt von den konkreten Verhältnissen ab, in denen Sie sich befinden, und davon, welche Wünsche Sie haben. Deswegen ist diese Frage nicht grundsätzlich zu entscheiden. Die Argumente, die ich im Folgenden für den Körper anführe, sind daher auch nicht als Votum gegen die anderen Optionen zu verstehen.

Einer der Gründe dafür, sich näher mit dem eigenen Körper zu beschäftigen, liegt in der Klarheit, mit der er über uns Auskunft gibt. Damit folge ich der Kernthese der Körperpsychotherapie. Sie besagt, «dass entscheidende Kernüberzeugungen sich im gesamten Organismus verkörpern und daher in den verschiedensten körperlichen Manifestationen zu entdecken sind», wie Gregory J. Johanson stellvertretend für viele schreibt.[54] Zudem spricht unser Körper nicht auf umständliche, langsame Art und

Weise zu uns, sondern enthülle den Umgang des Menschen mit der Welt «in einer Millisekunde». Also unmittelbar, direkt, nonverbal, über die Stimme des Menschen, «seine Berührungen, seine Bewegungen, seine Gesten und zahllose andere Indikatoren».[55]

Von dieser Annahme ist es nur mehr ein kleiner Schritt zu der These des Psychotherapeuten Alexander Lowen, des Schöpfers der «Bioenergetischen Analyse»: «Der Körper lügt nicht.» Für Halko Weiss vertraut Lowen dem Körperausdruck mehr «als allem, was diese Person ihm in Worten mitteilen würde».[56] Es führte zu weit, nun darüber nachzudenken, ob dieses Misstrauen in die Sprache gerechtfertigt ist. Geht es um die Basis unserer persönlichen Geschichte, dann stellt sich die Frage jedenfalls nicht mehr, da diese Basis in einer sehr frühen Phase des Lebens gelegt wird. Und in dieser Phase ist unser Gehirn aufgrund seiner Unausgereiftheit noch nicht dazu in der Lage, konkrete Erinnerungen abzuspeichern, über die wir sprechen könnten. Weshalb auch von der «frühkindlichen Amnesie» die Rede ist, wenn es um unsere ersten Lebensjahre geht.

Was diese Zeit betrifft, kommen wir mit jenem Teil unseres Gedächtnisses nicht weiter, auf den wir bewussten Zugriff haben. Daher wenden die Körperpsychoanalytiker sich an unseren Körper und dessen Gedächtnis. Er würde, so ihre These, auch frühe Erfahrungen speichern, in Form von Gesten, Haltungen und Mimik. Deshalb könnte uns – zumindest theoretisch – jede einzelne Körperäußerung direkt in Kontakt bringen mit all den unbewussten Erinnerungen.[57] Es liegt in der Logik dieses Arguments, dass mit der Menge der körperlichen Ausdrucksformen die Chance steigt, an das Unbewusste heranzukommen. «Je mehr von der Geist-Körper-Einheit einbezogen wird», schreibt daher auch Gregory J. Johanson, umso größere Tiefen könne der Heilungsprozess erreichen, umso «effizienter und wirksamer» werde er.

Es sind freilich weniger die Expeditionen in die eigene Frühgeschichte, die Thema dieses Buchs sind. Vielmehr soll es hier um die Möglichkeit gehen, den eigenen Körper einzusetzen, um im Alltag besser zurechtzukommen. Aber auch dabei gilt: Je mehr körperliche Details wir in unsere Bemühungen einbeziehen, je mehr wir über deren Zusammenhänge wissen, umso größere Chancen haben wir, unser Ziel zu erreichen.

Es wird in den folgenden Kapiteln dieses Buchs immer wieder darum gehen, wie wir bestehende Kopplungen zu unserem Vorteil nutzen können. Manchmal besteht die Kunst der Intervention jedoch darin, existierende Kopplungen aufzulösen und durch andere zu ersetzen. Zum Beispiel jene zwischen bestimmten Situationen, einer bestimmten Körperhaltung und dem Gefühl der Angst. So lassen manche Menschen, die einen wichtigen Auftritt vor sich haben, mutlos die Schultern hängen. Sie fühlen sich also klein und machen sich noch kleiner, indem sie in sich zusammensinken. Mit dem Ergebnis, dass der Körper ihnen nicht nur nicht hilft in der schwierigen Situation, sondern sie in noch größere Angst versetzt. In so einem Moment muss der – vom Kopf gesteuerte – Plan darin bestehen, die Kopplung von Auftritt, Hängeschultern und Angst zu durchbrechen. Und durch eine neue Kopplung zu ersetzen: jene von Auftritt und einer aufgerichteten Körperhaltung. Denn diese Haltung ist an ein ganz anderes Gefühl geknüpft, an das von Selbstsicherheit und Mut.

Die gute Nachricht lautet, dass unser Gehirn kein in Stein gemeißeltes Organ ist, mit dessen Konstruktion und Fehlern wir uns abfinden müssten. Ganz im Gegenteil. Unser Gehirn weist, wie das in der Fachsprache heißt, hohe «Neuroplastizität» auf, ist also veränderbar bis ins hohe Alter. Je nachdem, wie stark und häufig es herausgefordert wird – es reagiert darauf. Ununterbrochen. Egal, wer diese Herausforderungen formuliert, wir selber, die Universität, die Familie, unsere Freundschaften, unser Freizeitvergnügen, soziale Netzwerke. Vorbei die Zeiten, da man glaubte, wir würden mit einem Grundkapital an Hirnmasse und Gehirnzellen geboren, das wir ein Leben lang hüten müssten wie ein gut gefülltes Konto, weil wir im Lauf der Zeit immer mehr davon abbuchen würden, bis am Ende unseres Lebens nichts mehr vom Grundkapital übrig sei.

Vielmehr bilden sich sekündlich neue neuronale Netze in unserem Kopf. Und zwar nicht, wie uns die Vertreter der «Gehirnjogging»-Programme glauben machen wollen, indem wir uns an immer komplizierteren Denksportaufgaben versuchen (wie an immer schwereren Hanteln), sondern indem wir uns bewegen, sinnliche Eindrücke sammeln, neue Erfahrungen machen und nachdenken. «Erfahrungen werden niedergelegt im Netzwerk seiner Neuronen. (...) Muster des Erlebens und Verhaltens, die wir beleben, werden verstärkt in den Neuronenschaltkreisen niedergelegt und damit verkörpert», wie Christian Gottwald daher auch schreibt.[58] Wir müssen uns das Gehirn mit seinen sehr vielen Nervenzellen[59] und seinen noch viel zahlreicheren Synapsen[60] als «work in progress» vorstellen. Es wird nie fertig und erfindet sich gemäß aktuellen Herausforderungen immer wieder neu. Daher sei es auch so wichtig, womit wir unser Gehirn beschäftigen. Also «wie wir uns bewegen, was wir wahrnehmen, wie wir denken und was wir fühlen». Denn, so Christian Gottwald: «Je häufiger eine Erfahrung gemacht wird, desto mehr prägt sie sich in den neuronalen Verbindungen aus.»[61]

Was im Umkehrschluss nur bedeuten kann: All jene Muster, die wir nur gelegentlich nutzen, verblassen – die zitierten Kopplungen lösen sich langsam auf. Eine Nachricht, die je nach Kontext gut oder schlecht für uns klingen wird. Handelt es sich um Muster, die uns wünschenswert erscheinen, wie zum Beispiel die Fähigkeit, gedeihlich mit anderen zusammenzuleben, werden wir deren Verlust bedauern (wie es älteren Menschen manchmal geschieht, die ihre sozialen Kompetenzen verlernen). Handelt es sich hingegen um das Muster, auf Stresssituationen mit hängenden Schultern zu reagieren, werden wir dessen Verblassen sehr begrüßen.

Für die These von der Neuroplastizität unseres Gehirns gibt es eine Unzahl von Belegen. Ich will nur auf einen davon verweisen, der mir besonders eindrucksvoll erscheint. So haben Untersuchungen gezeigt, dass sich das Gehirn von glücklichen jungen Müttern schnell verändert. Bereits drei bis vier Monate nach der Geburt des Kindes habe sich «ein signifikanter Anstieg des Volumens von grauer Substanz in mütterlichen Gehirnen» nachweisen lassen. Und nicht nur das: Es sei interessant, schreiben zwei damit befasste Wissenschaftlerinnen, dass die Reorganisation des Gehirns während der Elternschaft «zum Teil die positive mütterliche Einstellung und die Bindung zu ihrem Kind während dieser Zeit widerspiegeln».[62] Da mutet das Phänomen, dass sich unser Gehirn restrukturiert, wenn wir uns den Arm brechen und ihn daher eine Zeitlang nicht bewegen können, ungleich trivialer an. Auch wenn dieses Beispiel zeigt, dass unser Gehirn auf jede Herausforderung eine Antwort zu geben versucht. Und meist auch gibt. So haben Schweizer Neuropsychologen von der Universität Zürich im Jahr 2012 nachgewiesen, dass bereits sechzehn Tage nach der Ruhigstellung des gebrochenen rechten Arms die entsprechenden Gehirnareale um rund zehn Prozent schrumpften.[63] Während sich jene Bereiche, die für den nun deutlich stärker geforderten linken Arm zuständig waren, merklich vergrößerten.

Zum Abschluss dieses Kapitels noch ein kurzer Hinweis, den das Phänomen der Kopplung nahelegt. Wenn alles mit allem verbunden ist, dann hat jedes Detail eine Funktion, also einen «Sinn». Das lässt sich aus dem einfachen Umstand seines Vorhandenseins schließen. Wie wir am Beispiel des Gehirns gesehen haben, bleiben jene Verbindungen aktiv, die benutzt werden oder die sich uns besonders tief eingebrannt haben. Wir bewahren also jene Verhaltensmuster, die wir verwenden, weil sie einen Zweck für uns erfüllen – mag dieser Zweck auf den ersten Blick auch noch so unergründlich erscheinen. Leiden wir zum Beispiel unter beharrlichen Rückenschmerzen (die keine physische Ursache haben), dann erfüllen sie in dem Konzert jener Äußerungen, zu denen unser Körper in der Lage ist, eine ganz bestimmte Funktion. Die Kunst der Ärzte oder Körperpsychotherapeuten besteht nun darin, nach der individuellen Funktion dieser Rückenschmerzen zu fahnden, nach ihren Querverbindungen in den Rest des Körpers, in die Seele und in den Kopf.

Dieser abschließende Hinweis erscheint mir deshalb

wichtig, weil Störungen unseres Wohlbefindens wie besagte Schmerzen oft als technische Gebrechen verstanden werden. Wie der Bruch eines Zylinderkopfs oder der Einsturz einer Deckenkonstruktion zum Beispiel. Genau so werden sie dann auch behandelt: mit leichtem oder schwerem technischen Gerät, mit Spritzen oder Operationen der Bandscheibe. Bevor wir uns jedoch unters Messer legen, sind wir gut beraten, die rätselhaften Rückenschmerzen erst mal daraufhin zu untersuchen, ob sie uns nicht helfen können, ein paar grundsätzlicheren Dingen in unserem Leben auf die Spur zu kommen, die mehr mit unserer Seele als mit unserem Rücken zu tun haben. Eine Arbeit für Profis, keine Frage; nichts, was nebenbei erledigt werden könnte.

Dass unsere Rückenschmerzen eine Aufgabe haben, bedeutet nicht, dass wir sie gut finden müssen. Keineswegs. Sie quälen uns, machen schlechte Laune und nötigen uns dazu, uns mit der Hinfälligkeit unseres Körpers zu beschäftigen. Wer hat das schon gerne? Ich jedenfalls nicht. Doch Störungen erfüllen einen Zweck. Wir sollten sie nicht ihres Sinns berauben, indem wir nichts anderes versuchen, als sie möglichst schnell wieder loszuwerden. So verständlich das sein mag.

Zeit, konkret zu werden.

II. Teil
Fühlen

In dem es um die Frage geht, wozu Gefühle da sind –
welche Rolle sie beim Denken spielen – was wir davon
haben, sie zu beherrschen – wie wir das am besten
anstellen – und warum ein Teller mit warmer Suppe
in manchen Situationen die Rettung ist.

All you need is love

Ohne Gefühle könnten wir weder vernünftig denken noch klug entscheiden noch angemessen handeln. Gute Gründe, uns die Sache ein wenig genauer anzusehen.

Dieses Angebot konnte ich einfach nicht ablehnen. Unmöglich! Ich solle nach Zürich kommen und stellvertretender Chefredakteur eines kleinen, angesehenen Kulturmagazins werden, das in einem großen, seriösen Verlag erschien. Das Heft solle weiterentwickelt werden, und von mir erhoffte man sich neue Ideen. Und das nach ein paar Jahren als freier Journalist, in denen ich mir immer wieder ein sicheres, regelmäßiges Einkommen gewünscht hatte. Hinzu kam, dass mich das Angebot über den Chefredakteur des Magazins erreichte, einen befreundeten Kollegen, den ich sehr schätze und mit dem zusammenzuarbeiten sicher ein großer Spaß werden würde.

Und dennoch – tief in meinem Inneren waberte ein unangenehmes Gefühl, das sich weder fassen noch benennen ließ. Anfangs hielt ich es für den Ausdruck von Ängstlichkeit. Nach ein paar Tagen wurde mir klar, dass dieses Gefühl etwas anderes murmelte, irgendetwas wie «Mach das nicht!» und «Muss das sein?». Beharrlich, aber so leise, dass es mir immer wieder gelang, es auszublenden. Dieses Oszillieren zwischen heller Begeisterung (Kopf) und flauem Gefühl (Körper) führte dazu, dass ich nach außen hin so tat, als stünde der Umzug von Berlin nach Zürich unmittelbar bevor; in Wahrheit aber unternahm ich nur sehr vorsichtige Schritte, ihn zu realisieren.

Der entscheidende Montag kam, an dem ich endlich den Flug nach Zürich buchen sollte, um den Vertrag zu unterschreiben. Ich schob die Buchung immer weiter hinaus. Vom Vormittag auf den Mittag auf den frühen Nachmittag. Als mir dann endgültig keine Ausrede mehr einfiel und ich mich eben an den Computer setzen wollte, klingelte mein Handy. Der befreundete Kollege aus Zürich war dran. Alle Begeisterung war aus seiner Stimme verschwunden. Es tue ihm leid, aber der Termin morgen werde leider ausfallen. Der Verlag habe soeben das Kulturmagazin verkauft, an irgendjemanden, der keine Ahnung von Magazinen habe, weshalb auch er kündigen werde, und zwar noch heute. «Gut, dass du noch nicht unterschrieben hast!»

Es hatte keine erkennbaren Anzeichen dafür gegeben, dass die wunderbare Gelegenheit sich von einem Moment auf den anderen in Luft auflösen könnte. Nur ein unbestimmtes Gefühl hatte mich zögern lassen, so schnell als möglich unsere Zelte in Berlin abzubrechen, um in eine Stadt zu ziehen, in der wir niemanden kannten und in der das ganze Leben vorerst aus diesem Magazin bestanden hätte und sonst nichts. Wären wir meinem Kopf gefolgt, dann hätten wir längst den Wohnort gewechselt – um uns jetzt, kaum angekommen, vor die Frage gestellt zu sehen, wie wir möglichst schnell wieder wegziehen könnten. Davor bewahrt hatte mich ein unbestimmtes Gefühl. Ein Gefühl, das ich bis heute nicht genau zu benennen weiß. Was nichts daran ändert, dass ich ihm sehr dankbar bin.

Es gilt als wissenschaftlich gesicherte Tatsache, dass Gefühle in unserem Leben eine existenzielle Rolle spielen. Und zwar in den verschiedensten Zusammenhängen und Momenten, auf den unterschiedlichsten Ebenen, in jedem Moment. So schwierig es ist, eine von allen gleichermaßen akzeptierte Definition der Begriffe «Gefühl», «Emotion», «Empfindung» oder «Affekt» zu finden, so erhellend sind die Hinweise darauf, welch wichtige Aufgaben ihnen zukommen. Eine dieser Aufgaben habe ich mit Hilfe der kurzen Geschichte eben zu skizzieren versucht: mich vor einem konkreten Plan zu warnen.

Der renommierte Neurowissenschaftler und Psychologe Antonio Damasio beschäftigt sich seit langem mit den menschlichen Gefühlen und hat darüber mehrere Standardwerke verfasst.[1] Er vertritt unter anderem die These, dass wir Menschen unsere Erfahrungen in einem entsprechenden Gedächtnis aufbewahren: Was immer wir erleben, fließt darin ein, formt, erweitert und verändert es. Wenn wir nun planen, in eine neue Stadt zu ziehen, Kinder zu bekommen, uns auf eine Weltreise zu begeben oder ein Studium zu beginnen, meldet sich dieses Erfahrungsgedächtnis zu Wort. Und zwar in Form von «somatischen Markern», die man – etwas salopp – auch «Ahnungen» nennen kann.

Diese Ahnungen sind nicht sehr differenziert, stellen sich dafür aber umso schneller ein und kennen nur zwei Optionen: Daumen rauf oder Daumen runter. Signalisieren uns die somatischen Marker Ersteres, dann freunden wir uns sofort mit einer bestimmten Idee oder einem konkreten Plan an und treten ihm im wahrsten Sinne des Wortes näher (womit der blaue Daumen, mit dessen Hilfe man bei Facebook seine Zustimmung ausdrücken kann, in einem neuen Licht erscheint). Bekommen wir hingegen das Signal «Daumen runter», nehmen wir ebenso schnell Abstand von unserem Vorhaben und weichen zurück – was freilich nicht bedeutet, dass wir es bisweilen nicht doch realisieren, indem wir rationale Argumente ins Feld führen und sie höher bewerten als das Grummeln im Bauch – aber das ist ein anderes Thema.

Doch nicht nur konkrete Entscheidungen werden von Gefühlen beeinflusst, sondern unser Denken und Handeln ganz allgemein. Ob wir unsere Kinderfotos anschauen, den Geruch eines vertrauten Menschen wahrnehmen, über einen misslungenen Auftritt nachdenken, mit einem halsstarrigen Gegenüber debattieren oder den unbändigen Willen entwickeln, endlich einen Marathon zu laufen – in jedem Moment unseres Lebens werden wir von Gefühlen begleitet und beeinflusst. Sie lassen uns wehmütig werden, sanft, ängstlich, mutig, sie quälen uns, muntern uns auf oder wiegen uns in (falscher?) Sicherheit, stupsen uns an oder drängen uns in eine ganz bestimmte Richtung. So haben wir es nie bloß mit einem simplen Kinderbild zu tun, einem einfachen Gedanken oder einem rationalen Argument – vielmehr verbindet sich jedes Bild, jedes Detail, jedes Argument mit einem Gefühl, das sie für uns erst greifbar und klassifizierbar macht. Der Hirnforscher Gerhard Roth schreibt daher auch, «dass Gefühle den Verstand eher beherrschen als der Verstand die Gefühle». Das ist freilich kein Zustand, den wir mit allen Mitteln überwinden sollten, wie uns Leute weismachen wollen, die für eine rein rationale Betrachtung der Welt plädieren. Vielmehr sei die Herrschaft der Gefühle über den Verstand durchaus sinnvoll, «denn unsere konditionierten Gefühle sind ja nichts anderes als *konzentrierte Lebenserfahrung*. Menschen, die scheinbar rein verstandesmäßig und unemotional reagieren, sind in Wirklichkeit psychisch kranke Menschen. (...) Ohne Gefühle und Motive, die uns antreiben, sind wir rein passive Wesen, wie großartig unser Verstand auch arbeiten mag.»[2]

Gefühle steuern unser Verhalten auch in Situationen, in denen wir sie im ersten Moment nicht vermuten würden. Wenn wir mit Aktien handeln zum Beispiel. Machen wir Gewinne, bekommen wir Angst, der Kurs könnte fallen, und verkaufen die Wertpapiere (meist zu früh). Bleibt der Gewinn aus, halten wir die Aktien (meist zu lange), weil wir uns nicht eingestehen wollen, aufs falsche Pferd gesetzt zu haben.

Und schließlich lassen uns Gefühle einen warmen Pullover anziehen und beim Imbiss einen Döner bestellen. Sie informieren uns nämlich in Form von Körperempfindungen über unsere Bedürfnisse und helfen uns dabei, sie zu befriedigen. Wir bekommen Hunger und besorgen uns etwas zu essen. Uns wird kalt, und wir ziehen uns warm an. Wir setzen eine Tasse an die Lippen und zucken zurück, weil der Tee zu heiß ist. Uns durchströmen Wellen des Wohlbehagens, weil wir in einer warmen Badewanne liegen. Es gibt eine lange Liste von Empfindungen, die uns jede Sekunde unseres Lebens darüber informieren, wie es uns gerade geht und was wir tun müssen, um uns besser zu fühlen: Hunger, Durst, Schwere, Wärme, Härte.

Es ließen sich noch weitere Beispiele dafür aufzählen, in welchen Situationen wir auf ganz grundsätzliche Weise von unseren Gefühlen abhängen. Die zentrale These dürfte aber bereits deutlich geworden sein. Emotionen sind allgegenwärtig und unverzichtbar. Doch was für Süßigkeiten gilt, gilt auch für Gefühle: Allzu viele sind ungesund. Wer sich ihnen ganz überlässt, der wird von ihnen hinweggeschwemmt; wer sich in seine Wut hineinsteigert, beschädigt seine Urteilsfähigkeit und Gesundheit; und wer sich von seiner Angst überwältigen lässt, der bleibt gelähmt und hilflos zurück.

Lange Zeit dachte man, am besten würde man Gefühle in den Griff bekommen, indem man sie auslebt. Dieser Idee lag die Vorstellung zugrunde, Gefühle seien eine Art elektrische Ladung, mit der sich unser Körper auflädt, bis er total unter Spannung steht (eine Metapher, die wir immer noch verwenden). Dementsprechend nahm man an, emotionale Menschen müssten ihre aufgestauten Gefühlsenergien ausagieren, also loszuwerden versuchen; von ihren überschüssigen Energien befreit, würden sie ihr seelisches Gleichgewicht wiedererlangen. Doch wie wir seit Charles Darwin wissen, verstärken wir unsere Gefühle, je mehr wir ihnen folgen: «Der freie Ausdruck einer Gemüthserregung durch äußere Zeichen macht sie intensiver. (...) Wer seiner Wuth durch heftige Geberden nachgibt, wird sie nur vergrößern.»[3] Es führt also kein Weg daran vorbei, klug mit den eigenen Gefühlen umzugehen, wenn wir körperlich und seelisch gesund bleiben möchten.

Nur, was bedeutet das – «klug mit seinen Gefühlen umzugehen»? Heute wissen wir, dass jeder, der sein Leben verbessern will, versuchen sollte, die eigenen Gefühle zu modulieren, zu steuern und im Griff zu behalten. Nur so ist man zum Selbstmanagement in der Lage. In diesem Zusammenhang kommt es jedoch häufig zu einem verhängnisvollen Missverständnis, daher ein wichtiger Hinweis: Es geht *nicht* darum, die eigenen Gefühle zu verbiegen oder so lange zu unterdrücken, bis wir sie nicht mehr wahrnehmen – eine absurde Vorstellung, bedenkt man, wie wichtig sie sind. Das Ziel besteht vielmehr darin, die Funktion und

Botschaft der Gefühle zu verstehen und darüber zu entscheiden, wie wir mit ihnen verfahren wollen.

Eine wichtige Voraussetzung für diese Fähigkeit besteht darin, die eigenen Gefühle überhaupt erst einmal wahrzunehmen und sie einigermaßen plausibel einzuordnen. Wenn Sie Lust dazu haben, können Sie gleich bei der nächsten Autofahrt damit beginnen. Am besten, wenn Sie im Stau stecken. Dann wird Ihnen vielleicht auffallen, dass Sie den Bauch oder die Nackenmuskulatur anspannen. Zweifellos ein Zeichen von Stress, den Ihnen die Situation bereitet. Aber, so eine mögliche Frage, erinnert Sie diese körperliche Reaktion nicht an andere Momente Ihres Lebens? Wodurch zeichnen sich diese aus? Durch ein ähnliches Gefühl der Machtlosigkeit vielleicht? So können wir lernen, anhand körperlicher Signale ein wenig in uns hineinzuhorchen, um erst vom Hundertsten ins Tausendste zu kommen und anschließend wieder zurück zu dem einen Gefühl, um schließlich in angemessener Weise darauf zu reagieren. Indem wir das nächste Mal die S-Bahn nehmen, um dem Stau auszuweichen, und indem wir unserem Gegenüber freundlich, aber klar bedeuten, dass wir sein Verhalten als Zumutung empfinden.

Ein anderes Beispiel für den Nutzen der Selbstbeobachtung beschreibt die Psychoanalytikerin Maja Storch anhand einer klassischen Büroszene: «Ich bemerke, dass ich meine Kiefer fest aufeinanderbeiße. Mir wird bewusst, dass mein Kollege schon seit zehn Minuten über sein Druckerproblem jammert, das mich eigentlich gar nicht interessiert, und dass ich in 30 Minuten mein Protokoll über das letzte Meeting verschicken muss, um den Abgabetermin einzuhalten. Ich interpretiere mein Bodyfeedback im

Rahmen des gegebenen sozialen Kontextes als Ärger, diese Interpretation steuert dann auch mein weiteres Verhalten. Ich unterbreche den Kollegen mehr oder weniger unsanft und schaue zu, dass ich ihn so schnell wie möglich loswerde, um das Protokoll pünktlich beenden zu können.»[4]

Nun könnten Sie einwenden, dass es selbstverständlich sei, auf die eigenen Gefühle zu achten, und dass Sie eine Unzahl von Menschen kennen, die über nichts anderes sprechen. Damit haben Sie zweifellos recht. Doch viele teilen uns zwar ständig mit, wie sie sich fühlen und welche körperlichen Beschwerden ihnen gerade zusetzen, bleiben dabei aber an der obersten Oberfläche. So erschöpft sich deren Analyse etwa in der Nachricht, sie würden sich heute ein wenig müde und lustlos fühlen, das liege wohl am Wetter. Der Psychotherapeut Gustl Marlock verweist auf einen wesentlichen Grund, den dieses vordergründige Sprechen über die eigenen Gefühle haben kann: Damit würden die «unangenehmen Aspekte der eigenen psychisch-emotionalen Realität»[5] abgewehrt. Ein durchaus nachvollziehbares Verhalten, denn wir fürchten, dass sich hinter unseren flauen Gefühlen dunkle Abgründe auftun könnten. Spürten wir nur einmal genauer nach, müssten wir uns vielleicht eingestehen, uns in einem Leben eingerichtet zu haben, das wir wenig erträglich finden. Da ist es zweifellos bequemer, ein wenig übers Wetter zu klagen und den Rest zu ignorieren.

Von dieser Beobachtung ist es nicht mehr weit zu der These, dass der erste Schritt zur Veränderung bereits getan ist, sobald wir uns ein bestimmtes Gefühl genauer ansehen. Die allgegenwärtige Lustlosigkeit zum Beispiel. So könnten wir etwa herausfinden, ob sie an spezielle Situationen gebunden ist, welche Bedeutung sie für uns hat und was wir gegen sie tun könnten (oder ob wir letztlich ganz zufrieden sind mit diesem eigenartigen Gefühl).

Doch wir sollten es damit nicht übertreiben. So kann uns ein Übermaß an Aufmerksamkeit direkt ins Verderben führen, wie wir am Schicksal depressiver Menschen sehen können. Sie nehmen die unerfreulichen Dinge im Leben ungleich stärker wahr als die erfreulichen.[6] Ebenso richten Patienten mit posttraumatischer Belastungsstörung oder Angsterkrankungen «ihre Aufmerksamkeit automatisch und sehr früh auf mögliche Bedrohungen» aus, wie der Psychotherapeut Christian Gottwald schreibt. Doch auch in diesen Fällen kann es uns helfen, unsere Wahrnehmung neu zu fokussieren: Negative Gedanken lassen sich verringern, indem wir uns auf angenehme Beschäftigungen konzentrieren.[7]

Wie so oft kommt es also auf das richtige Maß an. Erkenntnisse aus der Schmerztherapie führen uns das eindrucksvoll vor Augen. So haben all jene Patienten ihr Leid am besten im Griff, die gelernt haben, sich ihren chronischen Schmerzen bewusst zu- und dann wieder abzuwenden – ich habe darüber in meinem letzten Buch Genaueres geschrieben.[8]

Wie auch immer wir vorgehen mögen – eine Sache genauer und bewusst in den Blick zu nehmen stellt erst einmal einen Schritt in die richtige Richtung dar. Eine These, die von der Hirnforschung gestützt wird. Wenn wir unsere Aufmerksamkeit auf etwas Bestimmtes richten, dann helfe das Stirnhirn dabei, diese «Bewusstseinsinhalte eine Zeit lang verfügbar zu halten und miteinander neu zu verknüpfen». Nur so könne man Neues lernen oder bekannte

Muster verändern. Aufmerksamkeit ist eine Voraussetzung für Veränderung, daher sei es so wichtig, achtsam durchs Leben zu gehen.[9] Ein Thema, das uns im vierten Teil des Buchs, in dem es um Entscheidungen geht, noch genauer beschäftigen wird.

Prinzipiell mehr auf die eigenen Emotionen zu achten ist noch aus einem anderen Grund empfehlenswert. Manche bleiben nämlich erst einmal unterhalb unserer Wahrnehmungsschwelle. So besitzen wir zum Beispiel das berühmte «enterische Nervensystem», besser bekannt als «Bauchgehirn». Es besteht aus über hundert Millionen Nervenzellen, das sind mehr, als das Rückenmark besitzt. Zuständig ist dieses Nervensystem für die Verdauung, die Bewegung unseres Darms und die Aufrechterhaltung unseres Immunsystems. Was der Forschung zu denken gibt, ist der Umstand, dass unser Bauchgehirn sehr viele Informationen ins Gehirn schickt, von dort aber recht wenige erhält – das Verhältnis beträgt neunzig zu zehn. Obwohl uns viele dieser Bauchgefühle nicht bewusst werden, beeinflussen sie gleichwohl unser Wohlbefinden. Derzeit arbeiten Wissenschaftler daran, mehr über diese enge Verbindung zwischen Kopf und Bauch herauszufinden. So viel steht fest: Durch Achtsamkeit haben wir die Möglichkeit, dem unbestimmten Bauchgrummeln auf die Schliche zu kommen.

Andere Gefühle wiederum tauchen nur für einen Moment auf und verändern – dementsprechend kurz – unseren Gesichtsausdruck. Davon bekommen weder wir noch unsere Umgebung in der Regel etwas mit – was nichts daran ändert, dass sie das zwischenmenschliche Geschehen beeinflussen. Der Psychologe Paul Ekman hat diese Mikroausdrücke entdeckt und entschlüsselt. Wer sie zu deuten weiß, so seine These, dem verraten sie selbst dann etwas über die Gefühlslage des Gegenübers, wenn es diesem gelingt, gute Miene zu welchem Spiel auch immer zu machen.

Im vorhergehenden Kapitel ist es bereits deutlich geworden: Wenn wir über Gefühle sprechen, sprechen wir gleichzeitig über unseren Körper – auch wenn das gar nicht unsere Absicht ist. Der Grund dafür ist einfach: Unsere Gefühle sind eng mit dem Körper verbunden. Sie zeigen sich durch unsere Mimik, unsere Bewegungen, unsere Haltungen – und werden wiederum von diesen hervorgerufen bzw. beeinflusst. Zwischen dem Körper und unseren Gefühlen besteht also ein endloses Hin und Her. Wir fühlen etwas, machen das dazu passende Gesicht, nehmen eine bestimmte Haltung ein und fühlen uns dementsprechend.

Welche konkreten Möglichkeiten wir haben, unsere Gefühle durch einfache Interventionen zu verändern – davon soll jetzt die Rede sein.

Von der Kunst, durch 43 Muskeln die Welt zu ändern

Wer seine Stimmung und seine kognitiven Fähigkeiten verbessern will, muss nur lächeln, aufrecht stehen oder einmal ums Haus laufen. Klingt einfach, ist einfach. Ein paar Erklärungen, was Sie mit dieser Erkenntnis noch so alles anstellen können.

Einem Interview, das ich mit dem Maler Markus Lüpertz führte, verdanke ich die Einsicht, dass ein flüchtiges Lächeln deutlich mehr sein kann als ein flüchtiges Lächeln – und zwar eine Möglichkeit, das eigene Lebensgefühl und damit die eigene Weltsicht zu verändern.[10] Unter anderem fragte ich den Maler, worauf sein Blick falle, kurz bevor er das Haus verlasse. Seine vielsagende Antwort: «Wenn ich rausgehe, bemühe ich mich, eine gewisse Heiterkeit oder gute Laune auszustrahlen. Und sollte ich mal schlecht gelaunt sein, was relativ selten geschieht, dann versuche ich, zu Hause zu bleiben.» Auf die Nachfrage, ob er Strategien habe, um seine Stimmung zu heben, meinte Lüpertz: «Ich neige dazu, mir zuzulächeln. Ich habe ein ungestörtes Verhältnis zu mir selbst.»

Warum ich Lüpertz so gern zitiere: Der Maler wählt das einfachste Mittel, um sich selbst in eine positive Grundstimmung zu versetzen. Er lächelt sich zu. Es gibt keinen Grund, es ihm nicht gleichzutun. Uns stehen dafür exakt dieselben Mittel zur Verfügung wie ihm. Und zwar 43 Gesichtsmuskeln, mit denen wir laut dem Psychologen Paul Ekman rund zehntausend verschiedene Gesichtsausdrücke modellieren können. Wir können damit unserer Gefühlslage Ausdruck verleihen, aber auch unsere Emotionen verändern. Ein Phänomen, das die Fachliteratur «Facial Feedback» nennt. Es ist umfangreich erforscht, weshalb es als gesicherte Erkenntnis gelten kann, dass unsere Mimik und unsere Gefühle unmittelbar und wechselweise aufeinander reagieren.

Sich zuzulächeln, um die eigene Laune zu heben, ist eine Technik, die tief in das kulturelle Gedächtnis des Menschen eingesunken ist. So lehrt bereits die Zen-Meditation diesen Trick. «Manchmal ist dein Glück die Quelle deines Lächelns, aber manchmal kann dein Lächeln die Quelle deines Glücks sein», sagt zum Beispiel einer der bedeutendsten zenbuddhistischen Lehrer der Gegenwart, Thích Nhãt Hạnh. Ein Hinweis, der keine Anleitung braucht. Einfach lächeln, das war es auch schon. Sie können aber auch einer psychologischen Versuchsanordnung folgen und leise «eeeeeee» vor sich hin summen[11] – ja, genau so, wie Sie das eben automatisch versucht haben. Wie Sie sicher bemerken werden, machen Sie eine freundliche Miene, wenn Sie mit Ihren Lippen ein «e» formen. Wollen Sie die Wirkung dieser Übung verstärken, stehen Sie auf, gehen Sie zum nächsten Spiegel und sehen sich selber zu.

Man würde die Macht der Mimik unterschätzen, wenn wir uns auf die Frage beschränken, wie ein Lächeln unser Lebensgefühl verbessert. Auch eine Botoxbehandlung ist dazu in der Lage. Normalerweise unterziehen sich Menschen dieser Prozedur, die etwas gegen ihre Falten tun wollen. Das stark verdünnte Nervengift, mit vollem Namen «Botulinumtoxin», lähmt nämlich die Gesichtsmuskeln, die wir dadurch nicht mehr bewegen können. Der Nebeneffekt: Die Muskeln können auch keine Falten mehr verursachen. Die Folge ist ein glattes Gesicht – und eine nachhaltige Veränderung des gesamten Gefühlshaushalts der Botox-Behandelten. Beginnen wir mit den positiven Veränderungen. So sind Mediziner aus Basel und Hannover bei der Suche nach einem Mittel gegen Depressionen auf die Idee verfallen, ihren Patienten Botox zu injizieren.[12] Und zwar direkt in jene Zornesfalte, die sich auf unser aller Stirn befindet. Das Ergebnis: Die Versuchspersonen waren nicht mehr in der Lage, ihre Augenbrauen zusammenzuziehen, und schauten deswegen nicht mehr so grimmig drein. Was wiederum dazu führte, dass es rund der Hälfte der Patienten merklich besserging. Keine traurige Miene – keine negativen Gefühle. Ein Phänomen, das andere Neurologen bestätigten: Auch sie legten mit Hilfe von Botox die Zornesfalte lahm und sahen dann im Gehirn der Betroffenen nach.[13] Das Ergebnis: Kaum stand die Mimik still, tat sich deutlich weniger in jenem Gehirnareal namens Mandelkern, das für die Verarbeitung von Gefühlen zuständig ist. Mit beweglicher Zornesfalte hingegen feuerte das für Emotionen zuständige Gehirnareal wie gewohnt.

Doch die Injektion von Botox hat auch weniger hilfreiche Folgen. Wer sich das Gift spritzen lässt, versteht die Welt nicht mehr. Zumindest die Gefühlswelt seiner Umgebung. Denn wie wir im vorhergehenden Teil gesehen haben, werden die Gefühle anderer für uns nachvollziehbar, indem wir deren Mimik und Körperhaltung imitieren. Werden wir daran gehindert, hat das Folgen. Welche, das haben drei Neurologen herausgefunden. Sie manipulierten die Mimik ihrer Studienteilnehmer, indem sie sie auf Stifte beißen oder Kaugummi kauen ließen.[14] Deshalb konnten sie den mimischen Ausdruck von Glück nicht mehr nachahmen, den man ihnen zeigte. Das Resultat: Sie sahen in glückliche Gesichter und verstanden die gezeigten Gefühle deutlich langsamer als normalerweise. Ähnlich geht es Leuten, deren Gesichtsmuskeln von Botox gelähmt sind.

Kurze Zwischenbemerkung: In diesem Kapitel geht es vor allem darum, die eigenen Gefühle zum Besseren zu verändern. Gelingt uns das, steigern wir damit ganz zweifellos unsere Lebensqualität. Aber nicht nur das: Wer sich gut fühlt, entwickelt auch höhere kognitive Fähigkeiten. Oder wie es der Psychologe Luciano Rispoli formuliert: «Unsere Intelligenz wird durch positive Gefühle gefördert und durch ständige negative Emotionen behindert.»[15] Es wird Gegenstand des dritten Teils sein, auf die entsprechenden Wechselwirkungen detailliert einzugehen. An dieser Stelle nur so viel: Sich ums eigene emotionale Wohlergehen zu kümmern bedeutet immer auch, sich selbst ein bisschen klüger zu machen. Ende der Zwischenbemerkung.

Einmal kommt der Moment, in dem wir zugeben müssen, dass in den Erziehungsversuchen unserer Eltern große Weisheiten verborgen sind. Jetzt ist so ein Moment. Denn in den einfachen Anweisungen «Steh gerade!» und «Lass dich nicht so hängen – sitz aufrecht!» steckt zwar ein bürgerliches Disziplinierungsprogramm, jedoch erweisen sie uns einen überaus nützlichen Dienst, wenn wir sie denn befolgen. Dieses Phänomen hat die Körperpädagogin Julia Kosinár genauer untersucht.[16] Als sie sich nämlich mit der Frage beschäftigte, wie man angehenden Lehrern helfen kann, ruhiger und selbstbewusster mit ihren Schülern umzugehen. Ihre Antwort fällt einfach und schlüssig zugleich aus. Sie lautet: Gerade stehen! Denn wer eine aufrechte Körperhaltung einnimmt, fühlt sich selbstbewusst und gut gelaunt. Das Beste daran: Nicht nur Lehrer können sich dieser Einsicht bedienen. Gute Gründe also, uns damit zu beschäftigen.

Ihre Erkenntnisse verdankt Julia Kosinár einer Reihe von Seminaren für Lehramtsstudenten, die sie zwischen 1998 und 2002 verantwortet hat. In diesem Rahmen führte sie folgende Übung durch: Sie bat ihre Studenten darum, erst eine «expandierte», also aufgerichtet-selbstbewusste Körperhaltung einzunehmen und anschließend eine «gebeugte». Und zwar «indem sie sich in einen besonders positiven und erfolgreichen Tag bzw. einen Tag voller Unbehagen und Missgeschicke einfühlen sollten». Im nächsten Schritt teilte die Körperpädagogin die Gruppe in zwei Hälften; eine sollte mit der positiven, die andere mit der negativen Körperhaltung im Raum umherlaufen. Nach zwei Minuten mussten die Lehramtsstudenten die Rollen tauschen. Die Aufgerichteten sackten also in sich zusammen, die Gebeugten machten sich groß. Es folgten: Rumlaufen, Rollentauschen, Rumlaufen, Rollentauschen. Ende der Übung.

Die emotionalen Auswirkungen auf die Teilnehmer waren eindeutig und bestätigten sich in jedem Durchlauf von neuem. Die Studenten berichteten, dass Gefühle und Haltung einander entsprachen. In der aufrechten Position waren sie selbstbewusster, besserer Laune und atmeten freier. Die Wirkung übertraf mitunter das gewünschte Maß, denn manche Teilnehmer berichteten von «Arroganz und Überheblichkeit in der Begegnung mit Teilnehmerinnen in gebeugter Haltung». Andere hingegen empfanden Mitgefühl. Die gebeugt Gehenden wiederum nahmen sich als klein, niedergeschlagen und traurig wahr – Empfindungen, die «in der Begegnung mit den expandiert Gehenden noch verstärkt wurden». Jemand berichtete sogar: «Ich fühlte mich wie ein Wurm, der gleich zertreten wird.»[17] Was uns ein weiteres Mal auf den einfachen, aber gern übersehenen Umstand hinweist, dass wir Menschen soziale Wesen sind, deren Fähigkeiten und Gefühle von jenem Kontext abhängen, in dem wir uns gerade bewegen. Nicht alle unsere Eigenarten sind hausgemacht.

Einen anderen Weg, um sich der «Bodyfeedback-Hypothese» zu nähern, weist die bekannte und vielzitierte Studie der beiden Psychologen Sabine Stepper und Fritz Strack. Dabei ließen sie ihre 99 männlichen Probanden in dem Glauben, die Studie solle erforschen, welchen Einfluss eine ergonomische Arbeitshaltung auf das erfolgreiche Lösen von Aufgaben hat. Dafür manövrierten die beiden Wissenschaftler die Teilnehmer in unterschiedliche Sitzhaltungen. Manche saßen an einem normalen Schreibtisch, also in klassisch aufrechter Position. Andere wurden an Tische gesetzt, die niedriger waren als die Stühle; den Betreffenden blieb also gar nichts anderes übrig, als gekrümmt dazusitzen.

In Wirklichkeit ging es in der Studie aber nicht darum, welche Gruppe die gestellten Aufgaben schneller löste. Vielmehr wollte man wissen, wie die Haltung sich auf unsere Gefühle auswirkt, und zwar in Momenten, in denen wir gelobt werden. Für die erfolgreiche Teilnahme an einem Test zum Beispiel. Und? Eindeutige Ergebnisse: Unsere Haltung hat einen markanten Einfluss auf unsere Emotionen. Werden wir gelobt und sitzen dabei aufrecht, dann empfinden wir sehr viel größeren Stolz als Menschen, die sich das Lob in gekrümmter Position anhören.[18] Stepper und Strack verweisen auf Charles Darwin, der bereits beobachtet hatte, dass stolze Menschen eine aufrechte Haltung einnehmen. Und so klingt das im Original: «Ein stolzer Mensch drückt sein Gefühl der Überlegenheit über Andere dadurch aus, daß er seinen Kopf und Körper aufrecht hält. Er ist erhaben (‹haut› oder hoch) und macht sich selbst so groß als möglich aussehend, so daß man metaphorisch von ihm sagt, er sei vor Stolz geschwollen oder ausgestopft.»[19] Was im Sinne der engen Verbindung zwischen Haltung und Emotionen nur bedeuten kann: Wer «seinen Kopf und Körper aufrecht hält», der kann in sich das Gefühl des Stolzes und der Überlegenheit auslösen. Wer hingegen in sich zusammensackt, den wird umgehend eine andere Empfindung durchfluten. Und zwar eine demütige.

Es gibt eine Reihe weiterer Untersuchungen, die die Richtigkeit der «Bodyfeedback-Hypothese» belegen. Auf eine davon will ich noch verweisen. Sie zeigt anschaulich, dass auch ernstzunehmende psychische Belastungen mit Hilfe unseres Körpers wenn nicht zu beseitigen, so doch zu lindern sind. Gemeint ist eine Studie der Psychologin Elke Döring-Seipel, die sie mit Menschen in depressiver Stimmung durchführte.[20] Der Ausgangspunkt ihres Versuchs kommt Ihnen sicher bekannt vor. Wieder nahmen die Teilnehmer an unterschiedlich hohen Tischen Platz. Kaum saßen die Versuchsteilnehmer in ihrer jeweiligen Haltung da, sollten sie aufschreiben, was ihnen beim Anblick bestimmter mehrdeutiger Bilder einfiel. Zum Schluss wurden sie gefragt, wie sie sich dabei gefühlt hatten. Die Studie lieferte ein ermutigendes Ergebnis: Sie zeigte, dass die aufrecht Sitzenden «wesentlich optimistischere und phantasievollere Bildergeschichten schrieben als die in gebeugter Haltung Sitzenden und dass sie ein positiveres Selbstbild zeichneten».[21]

Das bedeutet zweierlei: Dass allein der Umstand, wie wir dasitzen (oder lümmeln), weitreichende Auswirkungen auf unsere Stimmung hat. Und dass wir unsere Haltung bloß ändern müssen, um uns anders zu fühlen. Doch nicht nur unsere Sitzposition wirkt sich auf unser Seelenleben aus, es gibt noch eine Reihe weiterer Interventionsmöglichkeiten. Um diese Möglichkeiten in den Blick zu bekommen, müssen wir uns nur von den Sitzenden bzw. Lümmelnden abwenden – und uns mit jenen Menschen beschäftigen, die sich bewegen. Was nun geschieht.

Es gehört zu den klassischen Ermahnungen wohlmeinender Menschen, vom Äußeren keinesfalls aufs Innere zu schließen. Das mag in vielen Fällen richtig sein, manchmal jedoch ist es falsch. So gibt es seit längerem die Vermutung, dass man depressive Menschen bereits an ihrer Art zu gehen erkennt. Es scheint tatsächlich so zu sein, als gäbe es «zwischen dem Grad der Depression und dem Gangmuster bei depressiven Patienten» einen Zusammenhang: Depressive Menschen bewegen sich eher schleppend, gesunde eher antreibend vorwärts.[22] Eine Gruppe von Psychologen hat diese Annahme bestätigt. In ihrer Studie heißt es, Patienten mit Depressionen «gingen langsamer und zeigten ein gesteigertes laterales Wanken des Körpers und bewegen sich gebückter fort» als Nichtbetroffene.[23] Eine verhängnisvolle Angewohnheit. Denn sie ist nicht nur Ausdruck der Erkrankung, vielmehr trägt sie dazu bei, dass die Depression sich verstärkt. Denn: «Wenn man depressiv geht, dann werden auch eher negative Gefühlszustände aktiviert», sagt der an der zitierten Studie beteiligte Psychologe Johannes Michalak.[24]

Eine These, die sich in der Fachwelt durchgesetzt hat. So schreiben die beiden Bewegungstherapeuten Dominiek Beckers und Jos Deckers, dass unsere Bewegungsweise «eine zentrale Ausdrucksform im zwischenmenschlichen bzw. gesellschaftlichen Bereich» sei und dass sich darin «fortwährend sowohl unsere körperliche als auch innere Verfassung» widerspiegle.[25] Daher gelte: Manche Krankheiten zeigen sich schon im Gang des Erkrankten. Wir bewegen uns, wie wir uns fühlen, wir fühlen uns, wie wir uns bewegen – und das eine stabilisiert das andere.

Hinzu kommt, dass unser Körper ein langes Gedächtnis hat, das uns – wie im Falle einer depressiven Erkrankung – immer wieder einzuholen droht. Selbst wenn Menschen ihre Depression bereits überwunden hätten, so Michalak, würden sie immer noch ein wenig depressiv gehen. Eine potenzielle Gefahr für die Betroffenen, rückfällig zu werden. Denn die Depressiven *gehen* dann, im wortwörtlichen Sinne, in die Krankheit *zurück*, und zwar aufgrund ihrer vertrauten Bewegungen und Haltungen. Daher entwickeln Psychologen derzeit ein spezielles Training, das depressiven Menschen dabei helfen soll, ihre negative Bewegungsart abzulegen und durch eine positive zu ersetzen.[26]

Wie eng Bewegungen und Gefühle miteinander verbunden sind, erkennt man daran, wie wir Menschen uns bestimmter (unangenehmer) Gefühle entledigen wollen. Wir versuchen, unsere Bewegungen möglichst einzuschränken und uns sprichwörtlich *totzustellen*. Psychologen haben zum Beispiel beobachtet, dass manche Patienten ihre «Muskulatur verhärten oder schlaff werden lassen, um bestimmte Gefühle nicht spüren oder ausdrücken zu müssen».[27] Ein bewegungsloser Körper ist tendenziell gefühlsärmer als ein quicklebendiger.

Der Grund für diese (in den allermeisten Fällen unbewusste) Strategie liegt in unserem Gedächtnis, das bekanntlich die Eigenart hat, unsere Erinnerungen vernetzt abzuspeichern. Also die unzähligen Details, aus denen unsere Erfahrungen bestehen, zu einem großen Ganzen zusammenzubinden.

So kommt es auch, dass uns ein einfaches Lächeln in eine bessere Stimmung versetzt. Unser Gedächtnis hat die entsprechende Mimik über viele Jahre untrennbar mit dem Gefühl von Freude verknüpft. Mit unseren Bewegungen verhält es sich ebenso – wenn auch die Verbindung zwischen einer ganz bestimmten Bewegung und den entsprechenden Emotionen auf etwas komplexere Weise zustande kommt als jene zwischen Lächeln und Glück. Dennoch gibt es Bewegungsformen, die verlässlich die gleichen Gefühle auslösen. Entweder weil wir sie im Laufe unseres Lebens selbst erworben haben. Oder weil wir sie als Bestandteil unserer Alltagskultur unbewusst eingeübt haben. Wenn wir zum Beispiel anderen abwehrend unsere Handflächen entgegenstrecken, so wird das in uns ein Gefühl der Distanz auslösen (und bei den anderen eines der Zurückweisung). Breiten wir hingegen beide Arme aus, so wird sich in uns das Gefühl des freundlichen Annehmens einstellen (und in den anderen das Gefühl, willkommen zu sein).

Deswegen werden über einfache Bewegungsabläufe bestimmte Emotionen ausgelöst oder verstärkt – und anderen signalisiert. Wer sich weitere hilfreiche Bewegungsformen aneignen möchte, der sollte es mit Tanzen versuchen. Die Psychologin Sabine Koch etwa befasst sich seit längerem mit dessen therapeutischer Wirkung.[28] So hat sie gemeinsam mit zwei Kollegen herauszufinden versucht, ob man depressiven Menschen durch Tanzen helfen kann.[29] Die Antwort fand sie in Israel. Dort gibt es einen Kreistanz mit dem programmatischen Namen «Hava Nagila» – zu Deutsch: «Lasst uns glücklich sein». Dabei vollführen die Mitwirkenden immer wieder intensive hüpfende, also vertikale Bewegungen. Für ihre Studie übte die Psychologin diesen Tanz mit depressiven Patienten ein. Mit eindeutigen Ergebnissen: Die Depression ließ nach, die Lebensfreude kehrte zurück. Abschließend resümiert die Psychologin: «Stimulierende Kreistänze können auf Patienten mit Depressionen positive Effekte haben und für eine Verwendung in Tanz-/Bewegungstherapien und für andere ergänzende Therapien empfohlen werden.»[30] Der Kreistanz wirke sich deshalb positiv auf die Seele der Depressiven aus, schreibt Sabine Koch, weil sie in ihren «vertikalen Bewegungen so eingeschränkt sind», sie also im Alltag kaum himmelwärts gewandte, positive Gefühle auslösende Bewegungen machen. Daher habe man sie dazu animieren wollen, «sich stärker auf und ab zu bewegen»[31] – und tatsächlich seien die hüpfenden Bewegungen für die Stimmungsaufhellung verantwortlich gewesen.

Bemerkenswert erscheint mir in diesem Zusammenhang mehreres. Zum einen dass wir bestimmte Orte bzw. Richtungen mit konkreten Gefühlen assoziieren, nämlich positive mit *oben* und negative mit *am Boden*; leicht erkennbar an geläufigen Sprachbildern (wir fühlen uns *am Boden* oder schweben *über allen Wolken*). Und zum anderen ist es bemerkenswert, dass wir positive oder negative Gefühle in uns auslösen, wenn wir uns in die entsprechende Richtung bewegen bzw. ebendort befinden, also nach *oben* hüpfen oder *untertauchen* müssen.

Über die Hintergründe dieses Phänomens haben wir im Zusammenhang mit der These von Lakoff und Johnson bereits gesprochen: Wir orientieren uns mit Hilfe jenes Koordinatensystems in der Welt, das wir durch unseren Körper geschaffen haben, unterscheiden also, wo *oben* und *unten* ist, *hinten* und *vorne*. Davon ausgehend übersetzen wir uns Abstraktes wie Gefühle, Moral oder Macht dank eben dieser einfachen Raumbegriffe – und siedeln sie dort auch ganz real an. Unter diesem Blickwinkel erscheint es überaus plausibel, dass nach *oben* gerichtete Hüpfbewegungen *Hochgefühle* auslösen; dass wir einen *Aufstieg* im Beruf als Erfolg erleben; dass wir unsere Erwartungen an die Moral anderer Menschen sehr *hochhängen*. Wie wunderbar kompliziert und effektiv doch Körper, Seele und Geist miteinander tanzen, *auf* und *nieder, hin* und *her*.

Tanz wirkt sich aber nicht nur auf Depressive positiv aus, sondern auch bei der Behandlung und Nachsorge von Krebs-, Schmerz- und Traumapatienten sowie in der Therapie von Schizophrenie, Autismus und Essstörungen.[32] Es lässt sich ergänzen, dass Tanzen all jenen hilft, die nach einem einfachen Weg suchen, um das eine oder andere *Hochgefühl* in sich auszulösen.

Vor diesem Hintergrund bekommt die Geschichte eines Freundes zusätzliche Bedeutung, weshalb ich sie kurz erzählen will. Dieser Freund namens Max leidet seit vielen Jahren unter starken Stimmungsschwankungen, in denen sich manische und depressive Phasen abwechseln. Wir kamen über einen eigenartigen Umweg darauf zu sprechen. Und zwar als ich ihn fragte, was es mit dem kaputten Trampolin auf sich habe, das ich im Fitnessraum jenes kleinen Hotels entdeckt hatte, das er leitete. «Das war ich», antwortete er. Eines Tages, auf seinem morgendlichen Rundgang durchs Hotel, sei er an dem runden Ding vorbeigekommen. Aus einer Laune heraus sei er ein wenig darauf herumgesprungen, ein paar Tage später ein zweites Mal, dann ein drittes Mal und immer so weiter. Es habe einige Zeit gedauert, bis er das Springen mit dem Ausbleiben seiner depressiven Phase in Verbindung gebracht habe. Irgendwann habe es aber «klick» gemacht. Von nun an sei er jeden Morgen in den Keller gegangen, um eine Dreiviertelstunde lang zu springen. Bis ein Trampolin nach dem anderen unter ihm zusammengebrochen sei, insgesamt vier Stück, so intensiv hatte er sie in Anspruch genommen. Die depressive Phase sei tatsächlich nie eingetreten, erzählt er heute. Denn: «Hüpfen tut einfach gut!» Menschen wie er seien zwar sehr begeisterungsfähig, blieben aber oft nicht lange bei der Sache, selbst wenn sie nachweislich wohltut. Weshalb er es bei vier durchgerockten Trampolinen belassen und nach einem Jahr aufgehört habe, sich die Depression aus dem Leib zu springen. Aber der Gedanke, jederzeit wieder damit anfangen zu können, sei dennoch tröstlich.

Gewiss würde man das Hüpfen überbewerten, wenn man es zum Allheilmittel erklären wollte. Es kann in einem Fall wie diesem nur eine begleitende Hilfe sein. Ähnlich verhält es sich mit dem nächsten Hinweis: Für

Menschen, die unter Ängsten leiden, empfiehlt sich eine weitere Bewegung, wie die bereits zitierte Psychologin Sabine Koch herausgefunden hat. Und zwar eine wiegende: «Bewegungen von Seite zu Seite, am besten im Dreivierteltakt, linderten die Angst am besten», so ihre Erfahrung.[33] Andere ihrer Kollegen wiederum plädieren bei Ängsten für ein «Bewegungsmuster, wie es in den Kampfsportarten geübt wird», weil man damit «viele körperliche Bedrohungen, die von Menschen ausgehen», wirksam abwehren kann.[34] Hintergrund dieser Empfehlung: Ängstliche Menschen neigen dazu, im sprichwörtlichen Sinne zu erstarren – während die Gefühle innerlich hochkochen. Ein verhängnisvoller Widerspruch zwischen Innen und Außen, den man jedoch überwinden kann, indem man sich in Bewegung setzt.

Wer erst einmal begonnen hat, die Wechselbeziehungen zwischen Gefühlen und Bewegung zu erkunden, der stößt auf eine Unzahl einschlägiger Hinweise. Die meisten davon beschäftigen sich aber nicht mit der beschriebenen «Bodyfeedback-Hypothese», sondern mit den unmittelbar körperlichen Auswirkungen von Bewegung. So erforscht zum Beispiel eine Reihe von Studien das Phänomen, dass unser Körper vermehrt das «Glückshormon» Dopamin ausschüttet, wenn wir Sport treiben. Wen man auch fragt, überall heißt es: Bewegung tut dem Körper auf vielfache Weise gut. Wer es ganz genau wissen will, der sei auf eine aktuelle Metastudie verwiesen.[35] Darin wurden rund 1600 Studien ausgewertet, an denen zusammengenommen rund 142 000 Menschen teilgenommen hatten. Fazit: Bewegung macht gesund.

Doch so wichtig diese Erkenntnis auch sein mag – sie

hat mit dem Thema dieses Buchs kaum etwas zu tun. Weshalb ich mich lieber der Frage zuwenden will, ob es so etwas wie einen Katalog empfehlenswerter Bewegungsarten gibt, mit denen wir unsere Emotionen und kognitiven Fähigkeiten beeinflussen können. Meine Antwort muss leider zwiespältig ausfallen. Wie wir gesehen haben, gibt es eine wachsende Zahl wissenschaftlicher Studien, die uns konkrete Hinweise liefern. Darauf, dass ein Lächeln glücklicher machen kann, eine aufrechte Körperhaltung selbstbewusster und fideles Herumspringen fröhlicher. So weit, so gut. Wer freilich nach einer Liste von «Körperinterventionen» sucht, die beschreibt, was konkret zu tun ist, um eine bestimmte Wirkung zu erzielen – den muss ich leider enttäuschen. Die gibt es nicht. Und es wird sie auch nie geben. Doch – halt! Kein Grund, enttäuscht zu sein. Sie sollten aus dem Umstand, dass es keine Universalrezepte gibt, keinesfalls schließen, dass sich die ganze Sache mit den Körperinterventionen erübrigt. Im Gegenteil: Wir stehen erst am Anfang einer spannenden Entdeckungsreise. Aber alles der Reihe nach.

Wir Menschen sind eine ganz wunderbare Mischung aus Standardmodell und Spezialanfertigung (wenn ich mir kurz einmal zwei Begriffe aus der Automobilwelt leihen darf). Es gibt Situationen, in denen wir funktionieren wie alle anderen auch. Und es gibt Situationen, in denen wir uns vom großen Rest unterscheiden. Zwischen diesen beiden Polen pendelt unser Leben. So kommt es, dass die meisten von uns sich besser fühlen, wenn sie grundlos lächeln. Und so kommt es, dass das bei einigen wenigen nicht klappt. Schuld daran ist unser bereits mehrfach zitiertes Gedächtnis: Das arbeitet zwar bei jedem Menschen gleich, nämlich vernetzt, und es beruht auf einer Reihe ähnlicher Erfahrungen, zum Beispiel jenen mit unseren Eltern. In der konkreten Kopplung bestimmter Bewegungen, Gesichtsausdrücke und Haltungen mit bestimmten Gefühlen jedoch unterscheiden wir uns mitunter sehr stark voneinander, weil unsere Erfahrungen dann eben doch sehr unterschiedlich sind. So löst zum Beispiel eine konkrete Körperhaltung die heftigsten Gefühle in uns aus, während sie für andere keine besondere Bedeutung hat.

Es führt also kein Weg dran vorbei, beides im Auge zu behalten. All jenes, worin wir einander gleichen (und worüber ich daher in diesem Buch auf eine allgemeinere Weise schreiben kann). Und all jenes, worin wir uns unterscheiden (und worüber nur Sie persönlich Bescheid wissen können, sonst niemand). Um das Bewegungsrepertoire Ihres Körpers und die damit verbundenen Gefühle besser kennenzulernen, müssen Sie sich nur ein wenig zusehen. Das klingt einfach, ist es im Prinzip auch. Nur sollten Sie bedenken, dass wir die meisten Haltungen unbewusst einnehmen bzw. einsetzen. Das heißt: Es braucht ein wenig Zeit, bis wir uns auf die Schliche kommen, weil wir einiges Talent darin entwickelt haben, uns vor uns selber zu verstecken.

Im nächsten Schritt können Sie damit beginnen, ein wenig herumzuprobieren. Mit den eigenen Bewegungen. Oder mit jenen Vorschlägen, die Sie in diesem Buch finden. So werden Sie recht schnell erkennen, welche konkreten Haltungen welche konkreten Gefühle in Ihnen auslösen. Ganz so, wie es der bereits erwähnte Psychologe Grand von seinen Klienten verlangt. Die bittet er nämlich, «mit Bewegungen oder Ausdrucksformen zu experimentieren, die außerhalb des für sie normalen Bereichs liegen». So schlägt er ihnen zum Beispiel vor, «sich schneller oder langsamer zu bewegen als sonst» oder aber «ihre Gesten ausgreifender oder kleiner auszuführen» als gewohnt.[36]

Doch Sie sollten noch einen kleinen Schritt weitergehen. So hilfreich es ist, die emotionalen Folgen eines bestimmten Gesichtsausdrucks zu kennen – was er wirklich in Ihnen auslöst, das erfahren Sie erst dann in ganzer Tragweite, wenn Sie ihn in einem bestimmten Zusammenhang erproben. Wenn Sie also in einer Situation zu lächeln versuchen, in der Sie selber oder andere es nicht erwarten. Keine Angst – was soll schon geschehen? Eben.

So wichtig es ist, möglichst unbeschwert an die Sache heranzugehen – eine Erkenntnis vorab. In ihrer Studie haben die beiden Wissenschaftler Brent Scott und Christopher Barnes die Folgen einer Anweisung untersucht, mit der sich zum Beispiel Verkäufer oft herumschlagen müssen.[37] Sie lautet: Lächeln! Immer! Ohne Rücksicht auf Verluste! Das Ergebnis der Studie: Wir sollten nichts tun, was rein äußerlich bleibt. Auch lächeln nicht. So konnten Scott und Barnes zeigen, dass ein aufgesetztes Lächeln nicht nur nichts nützt, sondern zu «emotionaler Erschöpfung und ebensolchem Rückzug» führt. Wer dennoch dazu gezwungen wird (oder sich selbst zwingt), fühlt sich schlechter; seinen Job empfindet er als besonders mies. Dramatisch sei das vor allem für Frauen: Sie litten markant stärker am falschen Lächeln als ihre männlichen Kollegen.

Scott und Barnes haben aber auch Positives zu berichten – womit wir zu einer zentralen Bedingung kommen, von welcher der Erfolg all jener Körperinterventionen abhängt, über die Sie in diesem Buch lesen können. Nachdem sich die Probandinnen nämlich eine innere Basis für ihr Lächeln geschaffen hatten, verbesserte sich ihre Stimmung merklich. Das erreichten sie durch eine Methode, die als «Deep Acting» bezeichnet wird und die von Scott und Barnes in ihrer Studie zitiert wird. Mit diesem Begriff werden zwei unterschiedliche Strategien zusammengefasst. Erstere Strategie besteht darin, unserem Lächeln einen festen Entschluss zugrunde zu legen. Ungefähr so: «Ich habe zwar miese Laune, aber davon lasse ich mich nicht beeindrucken. Ich schenke der Welt jetzt dennoch ein Lächeln.» Die zweite Strategie besteht darin, in der Erinnerung nach Bildern zu suchen, die ein ehrlich empfundenes Lächeln entstehen lassen. Und diese Erinnerung zum Anlass für jenes Lächeln zu nehmen, das wir der Welt zeigen wollen.

Diese beiden strategischen Ansätze sollten Sie bei all Ihren Interventionen im Hinterkopf haben: Nur wenn Ihre Bemühungen in einem positiven inneren Bild und einer diesem folgenden willentlichen Entscheidung gründen, können Sie mit einem einfachen Lächeln Erfolg haben. Wie dieses positive innere Bild konkret aussieht und wie Sie Ihre willentliche Entscheidung begründen – all das ist Ihrer Phantasie überlassen. Wem diese Hinweise zu knapp erscheinen (und sie sind es, ganz zweifellos), der findet im «Zürcher Ressourcen Modell» einen einfachen und wirkungsvollen Leitfaden. Die Psychoanalytikerin Maja Storch stellt in dem lesenswerten Buch «Embodiment» die theoretischen Grundlagen des Modells und des entsprechenden Trainings sehr aufschlussreich dar.[38] Im Wesentlichen besteht das ZRM darin, erst ein inneres Bild für jenes Ziel zu finden, das Sie erreichen wollen; dieses Bild in Worte zu fassen, daraus eine Körperhaltung zu entwickeln und diese dann einzuüben.

Ein Hinweis erscheint mir noch angebracht. Er betrifft ein weiteres Mal unser Gedächtnis, diesmal jenes unseres Körpers. Und so können wir es uns vorstellen: Mit wachsendem Alter sammeln wir immer mehr Erfahrungen, unsere Persönlichkeit bildet sich immer deutlicher heraus. All das bestimmt nicht nur unsere kognitiven Fähigkeiten und Gewohnheiten, sondern beeinflusst auch unsere Körperhaltung. Das heißt: Wenn wir aufgrund unserer Erfahrungen und Prägungen zu einer gewissen Demut neigen, lassen wir die Schultern hängen und senken den Kopf. Und stabilisieren damit unsere seelische Lage.

Fangen wir nun an, unsere vertraute Körperhaltung zu verändern, indem wir uns aufzurichten versuchen, kann das nicht ohne Folgen bleiben. Unser Körper und unser Kopf geraten in einen mehr oder minder heftigen Aufruhr. «Was ist das», werden sie denken, «warum stehe ich so eigenartig?», während Ihnen die ungewohnte Haltung Schmerzen oder zumindest Unbehagen verursachen kann. Eine plausible Reaktion, denn alles Neue ist unbekannt, und Unbekanntes bewirkt zuerst Stress und Unsicherheit. Wenn wir also mit einer neuen Körperhaltung experimentieren, treffen wir zwangsläufig auf Widerstand. Er ist lästig, zweifellos, aber auch normal. Er dient der Aufrechterhaltung des Gewohnten, aber das wissen Sie.

Diese Widerstände können uns aber auch helfen. Haben wir die expandierte Körperhaltung erst einmal erlernt, sind genau sie es, die den neuen Status quo verteidigen und uns davor bewahren, ihn gleich wieder aufzugeben. Es spricht also vieles dafür, die Widrigkeiten des Lebens zu respektieren und ihnen dankbar zu sein. Wir müssen nur weit genug in die Zukunft reisen, um auf uns selbst zurückzublicken, wie wir dastehen und uns mit uns selbst herumplagen. Und schon wird sich das ganze Kuddelmuddel ordnen und harmlos auf uns wirken. Zumindest ein wenig.

Nach diesen vielen Übungen und Überlegungen ist es an der Zeit, Atem zu schöpfen. Weshalb es jetzt um genau dieses Thema gehen soll.

**Keine Atempause, Gefühle werden gemacht –
es geht voran**[39]

*Wie intensiv wir unsere Gefühle erleben, hängt auch
davon ab, wie wir atmen: tief, flach, hektisch, ruhig. Es
liegt an Ihnen, jenen Rhythmus zu finden, durch den
Sie sich besser fühlen – und durch den Sie klarer denken
können.*

Die Liebesgeschichte zwischen Odysseus und seiner Frau
Penelope ist eine ganz besondere. Sie hält uns vor allem
deswegen bis heute in Atem, weil die beiden Liebenden
zwanzig Jahre lang getrennt waren und dennoch zueinander zurückfanden. Erst segelte Odysseus gemeinsam mit
anderen griechischen Helden nach Troja, um Helena, die
schönste Frau der Welt, nach Hause zu holen. Doch weil die
Trojaner sie nicht herausrückten, sahen sich die Griechen
gezwungen, die Stadt zu belagern. Vergeblich. Erst nach
zehn Jahren verfiel Odysseus auf den Trick mit dem Trojanischen Pferd und bereitete der Sache ein blutiges Ende.

Doch damit nicht genug. Odysseus hatte auf seiner
Heimreise eine wirkliche Pechsträhne. Schuld daran war
eine Mischung aus Dummheit, Überheblichkeit und göttlicher Intrige. Nach einer abenteuerlichen Irrfahrt schaffte
es Odysseus schließlich doch, auf die kleine griechische
Insel Ithaka zurückzukehren, sein Königreich. Dort hatten sich aber freche Freier breitgemacht, die seine Frau
Penelope heiraten wollten und seinen Besitz verprassten. Odysseus hielten sie für tot, doch nun kehrte er
zurück. Nicht als strahlender Held, sondern als Bettler,
unerkannt.

In jenem Moment, auf den es mir in unserem Zusammenhang ankommt, befindet sich Odysseus im Palast. Er ist schmutzig und trägt armselige Kleider. Seine Frau Penelope erkennt ihn nicht, lädt ihn aber ein zu bleiben. Und befiehlt einer Magd, dem Fremden die Füße zu waschen. Weil Odysseus fürchtet, die altgediente Eurykleia könnte ihn erkennen, verbirgt er seine Beine im Dunkeln, befindet sich doch «über dem rechten Knie eine tiefe Narbe, wo ihm einmal auf der Jagd ein Eber mit dem Zahne seitwärts ins Fleisch gefahren war».[40] Es nützt aber nichts. Die Magd ertastet Odysseus' Narbe, und schlagartig weiß sie, wer da vor ihr sitzt. Die Entdeckung überkommt sie mit größter Wucht: «Atem und Stimme stockten ihr, und ihr Auge füllte sich mit Tränen», schildert Gustav Schwab den Moment des Erkennens. Und verweist damit auf den wichtigen Zusammenhang zwischen unserem Atem und unseren Gefühlen. Als die Magd versteht, dass Odysseus zurückgekehrt ist, überschwemmen sie die heftigsten Gefühle, ihr Atem setzt aus.

So erscheint es nur schlüssig, was Odysseus als Nächstes tut: Um jede weitere Gefühlsäußerung der freudig erregten Magd zu unterbinden, drückt er «ihr mit seiner Rechten die Kehle zu, mit der Linken zog er sie an sich und flüsterte: ‹Mütterchen, willst du mich verderben?›» Erst «als er ihr die Kehle wieder losgelassen», kann Eurykleia weitersprechen, zu Atem gekommen und damit wieder in einer einigermaßen gefassten Stimmung.

Wenn wir nach Sprachbildern suchen, die die Beziehung zwischen Atem und Gefühlen zeigen, werden wir schnell fündig. So *atmen* wir nach einem spannenden Ereignis *erleichtert auf*; wir *kommen wieder zu Atem*, nachdem etwas Aufwühlendes geschehen ist; wir *schnappen nach Luft*, und während eines wichtigen Fußballspiels herrscht *atemlose* Spannung.

Die Beziehungen zwischen Gefühl und Atem gestalten sich genau so wie jene zwischen Gefühl und Mimik, Haltung oder Bewegung. Das eine bedingt das andere, ein ewiger Kreislauf. Wer sich intensiver mit dem menschlichen Atem beschäftigt, kann auch leichte Veränderungen im Atemrhythmus anderer feststellen und daraus sogar Rückschlüsse auf dessen emotionalen Zustand ziehen – auf einen Zustand, der dem Betroffenen mitunter gar nicht bewusst ist (Letzteres bleibt aber meist geschulten Körperpsychotherapeuten vorbehalten).

Es ist mithin ein naheliegender Trick, willentlich den Atem zu beschleunigen, zu verlangsamen, zu vertiefen oder zu verflachen, um unsere Emotionen zu steuern. Welche Methode welche Auswirkungen haben kann, davon soll nun die Rede sein. Die einfachste besteht darin, das Atmen einzuschränken. Auf diese Weise werden Gefühle abgeschwächt. Wer so verfährt, greift auf eine früh erlernte Strategie zurück. Wir wenden sie bereits als Kinder an, ohne freilich etwas davon zu ahnen. Die Psychiaterin Mechthild Papoušek und der Kinderarzt Hanuš Papoušek haben herausgefunden, «dass Säuglinge auf anhaltende Frustration mit einer Einschränkung der Atemtiefe und einer gleichförmigen, nahezu mechanischen Atemfrequenz reagieren, die mit dem Totstellen vergleichbar ist».[41] Das heißt: Wir Menschen ziehen in Momenten, in denen die eigenen Gefühle uns zu überwältigen drohen, eine Art Notbremse. Und nehmen erst mal *die Luft aus der Sache*, wie man bezeichnenderweise sagt. Verflachen also den Atem oder halten ihn ganz an.

Das ist gut und schlecht zugleich. Gut, wenn wir dadurch die überwältigende Freude ein wenig dämpfen, die wir über die Wiederkehr des verloren geglaubten Odysseus empfinden – würden wir doch sonst schreiend durch den Palast laufen und die Ankunft des Königs verraten, die doch geheim bleiben soll. Oder auch die Freude über den gerade errungenen WM-Sieg – würden wir doch sonst durch Berlin ziehen und dabei «So geh'n die Gauchos» singen. Es ist also durchaus sinnvoll, überschäumende Gefühle zu zähmen und auf ein moderates Maß zu dimmen, damit wir einigermaßen klar denken können.

Schlecht ist diese Strategie, wenn wir unsere Gefühle dadurch grundsätzlich abwehren. Also auf jede Empfindung reagieren, wie es der Sohn von Costa y Bravo aus «Asterix in Spanien» tut – und die Luft anhalten, bis wir rot im Gesicht werden. Dann berauben wir uns nicht nur all der Hilfe, die uns die eigenen Gefühle bieten, das Ganze führt auch «zu einer chronischen Atemblockade», wie Ulfried Geuter, Experte für die Geschichte der Körperpsychotherapie, schreibt.[42] Dann haben wir den (verkörperten) Salat und halten uns die eigenen Gefühle beständig vom Leib.

Es liegt nahe, dass bei psychischen Störungen dem Atem eine wichtige Rolle zukommt. Für depressive Menschen etwa ist es bezeichnend, dass sie grundsätzlich zu «Reaktionsunfähigkeit» neigen, wie der Körperpsychotherapeut Guy Tonella feststellt. Tonella bringt diese Selbstwahrnehmung mit dem Atem der Betroffenen in Verbindung und schreibt: «Tatsächlich ist im depressiven Zustand die Atmung flach und zieht den Stoffwechsel in Mitleidenschaft. Die energetische Ladung ist dadurch stark reduziert, aktiviert kaum das Bindegewebe und die Muskulatur und lässt nur wenig Empfindung aufkommen. Daraus resultieren Verlust des Empfindens und große Handlungsschwierigkeit.»[43]

Doch wie so oft führt nicht nur ein Zuwenig zu Problemen, sondern auch ein Zuviel. So hat der klinische Psychologe Ian J. Grand darauf hingewiesen, dass manche Menschen sich «durch chronische Übertreibung von Bewegungen oder Atmung überstimulieren und vor Zuständen geringerer Gefühlserregung fliehen».[44] Mit Hilfe ihres Atems befördern sie sich immer wieder auf ein Erregungsniveau, das dem der Heimkehr Odysseus' oder des Gewinns des Fußballweltmeistertitels entspricht, weil sie alle anderen Gefühlslagen als leer und langweilig empfinden.

Bleibt nur noch die Frage nach dem Wie: *Wie* sollen wir atmen, damit wir unsere Gefühle richtig steuern? Nun, das ist eine Frage, die sich im Rahmen dieses Buchs nicht umfassend beantworten lässt, zu zahlreich sind die unterschiedlichen Ansätze und Theorien. Die gute Nachricht: Es gibt ein paar einschlägige Erkenntnisse, die unumstritten sind. Der Psychologe Luciano Rispoli zum Beispiel verweist darauf, dass man chronische Ängste sehr wirksam auflösen könne, indem man die spontane «Tiefen- und Zwerchfellatmung» wiederherstelle.[45] Der erwähnte Ulfried Geuter wiederum berichtet von «spezifische(n) Atemmuster(n) bei bestimmten Emotionen».[46] Was im Umkehrschluss bedeutet, dass manche Atemmuster das Empfinden mancher Emotion ausschließen. Wer zum Beispiel auf eine ganz bestimmte, «aufgeregte Art» atme, die typisch sei für Wut oder Angst, der könne währenddessen «keine Trauer empfinden».

Damit eröffnen sich über den Atem eine ganze Reihe sehr konkreter Möglichkeiten, nicht nur gute Gefühle hervorzurufen, sondern unerwünschte gar nicht erst entstehen zu lassen oder durch andere zu ersetzen. Am besten sei es, mit Atemübungen zu beginnen, «die am gegenwärtigen Zustand des Klienten ansetzen», so die erfahrene Psychotherapeutin Ilse Schmidt-Zimmermann.[47] Ziel des Trainings müsse es sein, den Atem zu vertiefen, bis er jener natürlichen oder spontanen Form entspreche, die er ursprünglich einmal hatte. Obwohl viele Menschen die Atemübungen zu Beginn «mechanisch anwenden oder erleben», zeigten sie recht bald Wirkung. Und führten «zu einem körperlichen ‹Neu›-Erleben und erweiterten Selbsterleben». Vielfach erprobt ist auch die 4-6-8-Methode, mit deren Hilfe Sie Prüfungsangst ebenso «wegatmen» können wie Wut- und Frustgefühle. Langsam durch die Nase einatmen, bis vier zählen, Luft anhalten, dabei bis sechs weiterzählen, langsam durch den Mund ausatmen, weiter bis acht zählen.

Besonders effektiv scheint eine Atemschulung zu sein, die einen kleinen Umweg nimmt. Und zwar über das Singen. In einer aktuellen Studie untersucht eine Gruppe von Wissenschaftlern, was das gemeinsame Musizieren bei Chormitgliedern auslöst.[48] Das Ergebnis: einiges, und zwar ausschließlich Gutes. Dazu muss man wissen, dass unser Herz ständig seinen Takt ändert. Einmal schlägt es etwas schneller, dann wieder langsamer, selbst in Momenten, da wir ruhig auf dem Sofa liegen. Das ist völlig in Ordnung so und bedeutet nur, dass wir gesund sind. Menschen hingegen, deren Herz immer im gleichen Tempo schlägt, haben ein ernstes gesundheitliches Problem. Allgemein gesprochen: Die Fähigkeit des Herzens, seinen Rhythmus zu wechseln, ist ein Zeichen dafür, dass wir am Leben sind. Wesentlich beeinflusst wird der Herzschlag von unserem Atem. Atmen wir ein, steigt unsere Herzfrequenz – atmen wir aus, fällt sie ab. Ursache für Letzteres ist der sogenannte Vagusnerv, der zum beruhigenden Teil des vegetativen Nervensystems gehört. Atmen wir also aus, aktivieren wir den Vagusnerv, und der drosselt den Herzschlag. Und nicht nur das. Der Nerv ist auch an der Entstehung unserer Emotionen beteiligt, unter anderem des Mitgefühls. Womit langsam klarwird, warum Atemübungen ein so effektives Mittel sind, unsere Gefühle zu regulieren.

Wenn wir nun gemeinsam singen, dann geschieht all das zugleich: Wir atmen regelmäßig und tief, was zu einem wechselnden Herzschlag führt, der wiederum die Gesundheit stärkt und gleichzeitig unsere Gefühle moduliert. Außerdem beginnt sich der Herzschlag der Sänger zu synchronisieren, ihre Herzen schlagen also allmählich in einem ähnlichen Takt. Es dürfte kaum ein Beispiel geben, das die Wechselbeziehungen zwischen Körper, Geist, Seele und Umgebung eindrucksvoller zeigt.

Vom Trost einer warmen Nudelsuppe

*Vom ersten Lebenstag an machen wir die Erfahrung,
dass die Wärme menschlicher Berührungen uns guttut.
Deshalb spielt sie beim Management unseres Gefühls-
und Geisteslebens eine ebenso wichtige Rolle wie bei der
Wahl des richtigen Urlaubsortes.*

Werdende Väter sind im Kreißsaal eigentlich überflüssig.
Es gibt nichts Wichtiges, was sie tun könnten. All das erledigen die gebärenden Mütter und die Hebammen. Weil
sensible Männer das wissen, suchen sie sich eine einigermaßen sinnvolle Tätigkeit. Ich verfiel damals auf die Idee,
meine rechte Hand flach auf den Rücken jener geliebten
Frau zu legen, die gleich unser erstes Kind gebären sollte.
Sie reagierte nur kurz darauf, aber zustimmend. Also wiederholte ich die Berührung, wann immer und solange es
ging, an immer derselben Stelle ihres Rückens. Bis sie nach
vielen anstrengenden Stunden alles geschafft hatte.

Einige Monate später, als die ganze Aufregung um die
Geburt, die Angst zuvor und die Erleichterung danach,
langsam verblassten, begannen die geliebte Frau und ich,
anderen von unserem Geburtsabenteuer zu erzählen. Dabei brauchte B. nicht mehr als zwei Sätze, um meine Rolle
auf den Punkt zu bringen. Sie lauteten: «C.? Der hatte
nicht wirklich etwas zu tun. Aber seine Hand auf meinem
Rücken, die hat mir wirklich gutgetan die vielen Stunden
lang.»

Ohne meine Hand und ihre Wirkung überbewerten zu
wollen – ich denke, an ihr lässt sich ganz gut zeigen, wozu
eine einfache Berührung in der Lage ist. Welche Wirkung
sie auf unsere Gefühle haben kann und auf unser Denken.

Das kommt nicht von ungefähr, spielt Körperkontakt doch vom ersten Atemzug an eine wichtige Rolle bei der Entwicklung des Menschen. Über Berührungen erleben wir Zuwendung, Geborgenheit und Schutz. Sie sind ganz zweifellos die entwicklungsgeschichtlich «elementarste Form menschlichen Kontaktes».[49] Und bleiben es ein Leben lang. Wie stark wir auf Berührungen anderer reagieren, zeigt der Umstand, dass sie (so sie denn mit Zustimmung der Beteiligten geschehen) eine Reihe positiver Reaktionen auslösen. Welche das sind, zeigt eine Pilotstudie, die sich über vier Jahre erstreckte und an der 437 Personen teilnahmen.[50] Die Versuchsanordnung war denkbar einfach: Eine Person legte der anderen für ein bis zwei Minuten die Hand auf den Rücken. Ende des Versuchs. Anschließend sollten Letztere sagen, welche Gefühle das in ihnen ausgelöst hatte. Es waren durchweg positive. Die Versuchsteilnehmer berichteten, sie hätten sich ruhiger und wohler gefühlt; andere erzählten, sie seien wacher und lebendiger geworden.

Deshalb sieht die Körperpsychotherapie in Berührungen ein einfaches Mittel, um zum Beispiel Angstgefühle zu verringern oder Wohlbehagen und Vertrauen zu schaffen.[51] Es genügt bereits, uns selbst die flache Hand auf eine bestimmte Stelle des Körpers zu legen. Damit lenken wir unsere Aufmerksamkeit auf diesen Punkt und können spüren, ob etwa unsere Bauchmuskeln verkrampft sind und wie sie sich langsam, unter dem leichten Druck der eigenen Hand, wieder entspannen. Wie wirkungsvoll solch einfache Interventionen sein können, habe ich nicht nur im Kreißsaal, sondern später noch mal erlebt. Und zwar auf einer meiner nächtlichen Joggingrunden durch die Stadt.

Als ich wieder einmal die stille Straße entlanglief, hörte ich schon von weitem aufgeregte Stimmen. Sie gehörten zu einem Paar, das einander nicht nur anschrie, sondern auch körperlich attackierte. Ich war schon halb an ihnen vorbeigelaufen, als ich mich schließlich doch umwandte und die paar Schritte zurücklief. Die junge Frau stand am Gehweg, brüllte den Mann an, der im Dunkeln nach seiner Brille suchte, die sie ihm wohl von der Nase geschlagen hatte. Ich stellte mich vorsichtig neben sie und legte ihr – intuitiv oder ermutigt durch die Erfahrung bei der Geburt unseres Kindes – sehr vorsichtig meine flache Hand auf den Rücken. Sie ließ es zu, und währenddessen redete ich beschwichtigend auf sie ein. Mit Erfolg. Zumindest für den Moment. Kurze Zeit später gingen die beiden auseinander, er mit seiner verbogenen Brille, sie weinend und leise schimpfend.

Die Ursache für die positive Macht der Berührung ist in unseren ersten Lebensjahren zu finden. In dieser Phase, an die wir uns nicht erinnern, weil unser Gehirn dazu noch nicht in der Lage ist, vernetzen sich folgende Erfahrungen zu einem Geflecht: dass Berührungen angenehm, gleichbedeutend mit Zuwendung, Geborgenheit und sozialer Zugehörigkeit, also lebensnotwendig sind und dass sie untrennbar verbunden sind mit der körperlichen Empfindung von Wärme. Denn wenn uns die eigene Mutter berührt, dann teilt sich uns das über die Haut mit. Wir fühlen die Mutter, und sie strahlt mollige Wärme aus.

Dieses Geflecht von Erfahrungen führt dazu, dass es vor allem Berührungen sind, die Kinder bei Angst oder Schmerzen beruhigen.[52]

Diese Kopplungen haben weitreichende Folgen. Zum

Beispiel lässt (erwünschter) Körperkontakt die Körpertemperatur auch von Erwachsenen steigen. Das bedeutet: Berührungen setzen das erwähnte sehr alte zwischenmenschliche Programm in Gang. Das zeigt eine Studie, in der die Testpersonen von Frauen wie Männern im Gesicht, an den Armen, an den Handflächen und am Brustkorb berührt wurden.[53] Und zwar mit Hilfe eines kleinen Kästchens. Das war angeblich dazu da, durch kurze Lichtblitze die Hautfarbe der Testpersonen zu messen. In Wirklichkeit handelte es sich aber um eine kleine Thermokamera, mit deren Hilfe man herausfinden wollte, ob harmlose Berührungen körperliche Auswirkungen haben. Haben sie. Das Gesicht der Versuchspersonen erwärmte sich zwischen 0,1 und 0,3 Grad Celsius. Was zeigt, wie tief jene Kopplungen verankert sind, die sich im frühesten Kindesalter gebildet haben.

Deswegen ist es nur einleuchtend, dass wir Zwischenmenschliches mit Hilfe von Temperaturbegriffen beschreiben. Unsere frühkindliche Erfahrung hat in uns die Überzeugung begründet, dass sich Menschen warm anfühlen, die uns nah sind (wie die schützende Mutter). Im weiteren Verlauf unseres Lebens beziehen wir uns immer wieder auf diese Erfahrung. Und beurteilen davon ausgehend, wie wir die Beziehungen zu anderen Menschen empfinden. Begegnen wir also einem freundlichen Menschen, dann sagen wir, er habe uns einen *warmen Empfang* bereitet. Lehnt uns der andere hingegen ab, dann hat er uns die *kalte Schulter* gezeigt, oder es hat ein *frostiges Klima* geherrscht.

Doch damit nicht genug: So wie wir unsere sozialen Kontakte beschreiben, empfinden wir sie auch. Und zwar unmittelbar körperlich. Das heißt: Wenn wir an einen unfreundlichen Menschen geraten, dann durchströmt uns ein reales Gefühl der Kälte. Und begehren wir jemanden, dann erfassen uns wohlige Schauer der Erregung, und die sind zweifellos warm.

Eine Studie von zwei Psychologen der Universität Toronto untersuchte die Frage, ob sich Einsamkeit im wahrsten Sinne des Wortes «kalt» anfühle. Das tut sie durchaus.[54] Und so kamen die beiden Wissenschaftler zu ihrer Erkenntnis: Sie bildeten zwei Gruppen und baten die insgesamt 65 Studenten darum, sich in eine Situation hineinzudenken, in der sie sich entweder sozial ausgeschlossen gefühlt hatten oder in der sie akzeptierter Teil einer Gruppe waren. Anschließend sollten die Teilnehmer die Temperatur des Raums schätzen, in dem sie sich befanden. Das Ergebnis war eindeutig: All jene, die sich die Erfahrung des sozialen Ausschlusses ins Gedächtnis gerufen hatten, empfanden den Raum markant kühler als jene, die an positive Erfahrungen gedacht hatten. Schon der Gedanke daran, nicht dazuzugehören, hatte die subjektive Wahrnehmung der Betroffenen deutlich *abgekühlt*.

Dieses Ergebnis wird durch Erkenntnisse der Hirnforschung gestützt. Sie hat herausgefunden, dass es für unser Gehirn keinen Unterschied macht, ob wir das Gefühl der Wärme oder der Kälte einem körperlichen, seelischen oder sozialen Impuls verdanken. Ob wir nun von einem anderen berührt werden (und das als Wärme empfinden), eine Tasse heißen Kaffee in der Hand halten oder einen *warmherzigen* Menschen treffen – bei der Verarbeitung dieser Emotionen ist stets dasselbe Hirnareal involviert, die sogenannte Inselrinde.

Jene Psychologen von der Uni Toronto führten noch einen zweiten Versuch durch, um ihre These zu verifizieren. Und geben uns damit einen einfachen Trick an die Hand, um das eigene Wohlbefinden zu steigern, vor allem in Momenten, in denen wir uns isoliert fühlen. Sie verteilten die Versuchspersonen auf kleine Gruppen und ließen sie in einem virtuellen Ballspiel gegeneinander antreten. Einzelne Teilnehmer wurden bewusst ausgeschlossen, indem man ihnen den Ball nur einmal zu Beginn überließ und sie anschließend ignorierte. Im nächsten Schritt sollten sich die Probanden zwischen fünf verschiedenen Lebensmitteln entscheiden: heißem Kaffee, heißer Suppe, einem Apfel, einem Cracker und einer kalten Cola. Das Ergebnis: Die sozial Ausgeschlossenen, also die wortwörtlich *Kaltgestellten*, votierten für die beiden heißen Dinge, den Kaffee und die Suppe. Das Resümee der beiden Wissenschaftler: «Unsere Forschungsergebnisse legen nahe, dass das Löffeln warmer Suppe tatsächlich dabei hilft, mit sozialer Isolation klarzukommen.» Es ist also wissenschaftlich belegt: Eine heiße Suppe hilft, wenn wir uns einsam fühlen.[55] Weshalb man auch stets von «Suppenküchen» spricht, wenn es darum geht, Obdachlosen ein wenig Zuwendung zukommen zu lassen.

Akzeptieren wir die Grundthese, dass sich wohl fühlt, wer es warm hat, dann erscheint unsere Sehnsucht nach einem Mittelmeerurlaub schlagartig in neuem Licht. Es geht uns also gar nicht so sehr um das Meer und die Palmen, die Cocktails und die lustigen Strandspiele. Das auch, aber vielmehr suchen wir im Süden die Wiederbelebung der sehr alten Gewissheit, aufgehoben zu sein, beschützt und rundum akzeptiert. Denn dort, wo wir es im wahrsten Sinne des Wortes «warm» haben, kann man es nur gut meinen mit uns (wie es eben vor langer Zeit unsere Mütter taten). So hat man etwa die Ursache von Winterdepressionen meist darin gesucht, dass es in der dunklen Jahreszeit kürzer hell ist. Die Untersuchungen der bereits erwähnten Wissenschaftler aus Toronto legen jedoch nahe, dass es vielmehr die Kälte als die Dunkelheit ist, die unsere Stimmung trübt.[56]

Wer also demnächst seinen zweiwöchigen Mallorca-Urlaub bucht, tut das in Wahrheit weniger aus Vergnügen, sondern vielmehr aus Pflichtgefühl und medizinischer Vernunft. Ich hoffe, das vermiest Ihnen nicht völlig die Urlaubslaune.

III. Teil
Wahrnehmen, lernen
und verstehen

In dem es um die Frage geht, wie wir uns in
einer chaotischen Welt zurechtfinden – unsere
Aufmerksamkeit lenken – sinnvolle Zusammenhänge herstellen – wie der Körper uns dabei hilft, uns
zu erinnern – warum wir mit den Händen ganz
ausgezeichnet denken – und weshalb Kinder
aufmerksamer sind, wenn sie aus dem Fenster
starren.

Über das Abenteuer, genauer hinzusehen

Dass wir die Welt sehen, wie wir sie sehen, liegt unter anderem daran, dass wir keine Tentakeln auf dem Kopf haben, sondern zwei Hände mit Fingern dran, dass wir großzügig über vieles hinwegsehen und die Fähigkeit besitzen, in Wolken Gesichter zu erkennen.

Wie die meisten von uns aus leidvoller Erfahrung wissen, ist es mit der Aufmerksamkeit so eine Sache. Sie lässt sich schwer erzwingen. Doch man kann versuchen, sie willentlich zu steuern. Also den Entschluss fassen, uns womit auch immer gezielt zu beschäftigen. Das gilt für die Schule ebenso wie für die Uni, den Lebensgefährten, das Computerspiel, den Job, das Stricken, den Sex, unser Innenleben, die Lateinvokabeln. Sobald wir etwas in den Fokus unserer Aufmerksamkeit nehmen, besteht zumindest die Chance, unsere Fähigkeiten darauf zu richten.

Wem dieser Willensakt nicht gelingt, bekommt klassischerweise zu hören: «Konzentrier dich!» – «Pass auf!» – «Streng dich ein bisschen an!» Vor allem Kindern dürften diese Appelle sehr vertraut sein, weil sich der Versuch vieler Eltern, sie zum Lernen zu bewegen, in eben solchen Ansagen erschöpft. Viele Eltern dürften freilich ahnen, dass sie wie jener Vater agieren, dem der Schriftsteller Friedrich Torberg ein kleines Denkmal gesetzt hat. In einer Anekdote erzählt er, wie ein junger talentloser Schauspieler anlässlich eines hohen Feiertags sein Zuhause besucht.[1] Dass er ein «erbärmlich schlechter» Schauspieler ist, hat sich mittlerweile bis in jene ungarische Provinz herumgesprochen, in der seine Eltern leben. Alle sind beunruhigt über den beruflichen Misserfolg des Sohns. «Indessen fiel während der festlichen Mahlzeit kein Wort, das ihn darüber aufgeklärt hätte. Erst nachher winkte ihn sein Vater ins Nebenzimmer: ‹Gyula, mein Junge›, begann er stockend. ‹Es ist nicht meinetwegen ... Aber die Mama kränkt sich so ... Ich bitte dich: spiel gut!›»[2] Ähnlich sinnvoll ist die Bitte an unsere Kinder, sich «doch zu konzentrieren». Als wäre das ausschließlich eine Frage des Willens! Das ist es zwar – aber auch wieder gar nicht. Natürlich ist es wichtig, sich mit einer Sache auch wirklich beschäftigen zu wollen – das tun wir aber nur, wenn diese Sache unsere Aufmerksamkeit erregt. Indem sie entweder sehr neu ist oder auffällig laut oder leuchtend bunt oder ziemlich riesig oder besonders schmackhaft oder extrem spannend. Kurz: Wenn diese Sache irgendeine Eigenschaft entwickelt, die sie in unseren Augen beachtenswert erscheinen lässt.

Die Probleme beginnen damit, dass zwischen Auffälligkeit und Wichtigkeit nicht zwangsläufig ein Zusammenhang besteht. Wabern kleine Rauchwölkchen aus der eigenen Wohnung, ist das unsere volle Zuwendung wert; es könnte mehr dahinterstecken als der harmlose Chemieversuch des Kindes. Brüllt hingegen ein als Giraffe verkleideter Mensch mit einem Megaphon in der Hand schlecht verständliche Werbebotschaften in die Fußgängerzone, so ist das zwar auffällig, aber höchstwahrscheinlich vollkommen unwichtig für uns – und dennoch wird die Aktion unsere Aufmerksamkeit erregen, zumindest kurzfristig. Das heißt: Etwas, das uns fesselt, ist deswegen nicht automatisch relevant für uns.

Doch die Sache wird noch ein wenig komplexer. Es gibt nämlich viele Dinge, die es nicht schaffen, unsere Aufmerksamkeit zu erregen, obwohl sie sehr wichtig sind.

Weil sie einfach da sind (wie die Luft zum Atmen), klaglos funktionieren (wie unsere Wahrnehmung), wir ständig mit ihnen zu tun haben (wie mit der Schwerkraft) oder wir identisch sind mit ihnen (wie mit unserem Körper). Das selbstverständlich Anwesende versteckt sich gleichsam vor unserer Aufmerksamkeit. Das wiederum führt dazu, dass wir es übersehen und folglich nicht darüber nachdenken. Es sei denn, wir entschließen uns bewusst dazu (aber wer tut das schon, freiwillig über die Wahrnehmung nachdenken?). Oder das Selbstverständliche macht dann doch mal auf sich aufmerksam, indem es kränkelt oder kaputtgeht. Am besten lässt sich das an unserem Körper beobachten: Solange er gesund ist, verschwenden wir keinen Gedanken an ihn. Erst wenn wir mit Fieber im Bett liegen, werden wir uns seiner Wichtigkeit bewusst. Dann nehmen wir uns vor, von nun an mehr auf ihn zu achten und gesünder zu leben. Kaum genesen, macht er sich durch neuerliches klagloses Funktionieren wieder unsichtbar.

Um es noch ein wenig komplexer zu machen: Wir bekommen von der Welt auch vieles mit, ohne dass es unsere Aufmerksamkeit erregt. Manche Informationen bleiben unter dem Radar unserer Wahrnehmung und beeinflussen uns trotzdem – «subliminal», wie das die Psychologen nennen. In der Regel handelt es sich dabei um Informationen, die wir bereits kennen oder die grundsätzliche Abläufe unseres Lebens steuern. Sie werden an unserem Bewusstsein vorbeigeschleust, weil unsere Aufmerksamkeitsressourcen beschränkt sind. So kann unser Arbeitsgedächtnis, mit dessen Hilfe Sie diese Zeile hier dekodieren, nur fünf bis maximal sieben Informationseinheiten gleichzeitig präsent halten, also zum Beispiel fünf bis sieben Wörter. Das ist nicht besonders viel und lässt sich auch durch Gehirnjogging nicht verbessern. Da ist jede Information, die ohne unser bewusstes Zutun verarbeitet werden kann, ein Gewinn. Geruchs- und Geschmacksempfindungen zum Beispiel.[3] Wir riechen oder schmecken etwas, ohne dass wir uns damit beschäftigen würden. Was freilich nicht bedeutet, dass die Gerüche und Geschmacksempfindungen wirkungslos blieben, ganz im Gegenteil: Sie lösen in unserem Gehirn weitreichende Reaktionen aus. Ein gutes Beispiel dafür sind die «Pheromone». Das sind Botenstoffe, die in den menschlichen Körperdrüsen gebildet werden. Treffen wir einen anderen Menschen, dann nehmen wir dessen Pheromone direkt über die Nase wahr (und er die unseren). Sobald die unterschwellige Geruchsbotschaft angekommen ist, entscheidet unser Gehirn: «Sympathisch!» bzw. «unsympathisch!» (und das Hirn des anderen ebenso). Wir können einander also im wahrsten Sinne des Wortes *riechen* oder eben *nicht riechen*. Im Extremfall bleibt es nicht beim Signal «sympathisch», sondern wir verlieben uns gleich an Ort und Stelle in den anderen (und, wenn wir Glück haben, der andere sich auch in uns). Was erklärt, warum wir jemanden zum ersten Mal treffen und gleich danach Kurznachrichten mit zweifelhaft schwülstigem Inhalt schreiben.

Der Vorteil dieser direkten Kommunikation zwischen Nase und Gehirn besteht darin, dass sie ungleich schneller abläuft als die umständliche, arbeitsintensive «Lass uns erst mal ein wenig genauer hinsehen»-Aufmerksamkeitsmaschine. Der Nachteil ist, dass wir so gut wie keine Chance haben, uns mit diesen unbewussten Vorgängen zu beschäftigen. Doch auch das Unbewusste kann uns irgendwann bewusst werden. Auf manches werden wir recht bald aufmerksam (auf die neue Beziehung etwa), auf manches später. Manches taucht kurz in unserem Bewusstsein auf, wird von anderem verdrängt, taucht wieder auf und immer so fort.

Es herrscht also ein harter Kampf um unsere Aufmerksamkeit.[4] Womit wir uns am Ende wirklich beschäftigen, was wir lernen, erinnern, vergessen, verstehen – all das hängt von vielen Bedingungen ab: Ob dieses Etwas spannend, neu oder sonst wie bemerkenswert ist; in welchem Gefühlszustand wir uns befinden (müde, lustlos, aufgeregt); ob uns das Angebotene (sich Aufdrängende, von uns Ausgewählte) interessiert; ob wir uns aus freien Stücken damit beschäftigen (oder gezwungenermaßen); ob es uns gelingt, subtile Informationen zu erkennen undsoweiterundsofort.

Doch so verzwickt die Sache auch sein mag: Ein wesentlicher Dreh- und Angelpunkt zur Steuerung unserer Aufmerksamkeit ist und bleibt unser Wille. Die gute Nachricht: Wir können uns dabei unseres Körpers bedienen. Die, nun ja, ambivalente Nachricht: Wir müssen damit rechnen, dass er dabei kräftig mitmischt.

Wer seine Aufmerksamkeit ganz grundsätzlich verfeinern möchte – um effektiver zu lernen und schneller zu verstehen –, der sollte sich um seinen Körper kümmern. In der buddhistischen Meditation etwa richten die Schüler ihre Aufmerksamkeit zuerst auf ihre Atmung und deren Auswirkung auf den Körper. Am Körper üben sie quasi die neue Achtsamkeit, um anschließend immer mehr Phänomene in den Blick zu nehmen: die eigenen Gefühle, ihre Wahrnehmung, ihr Denken.[5] Ein ehrgeiziges Projekt, das

Anleitung und Übung braucht. Und Lehrer aus Fleisch und Blut.

Ungleich einfacher ist es da, ein weißes Blatt Papier zu bemalen. Hilft ebenfalls bei der Konzentration, wenn auch nicht so langfristig wie tägliche Meditation. Aber manchmal brauchen wir eben rasch ein wirksames Mittel, um zum Beispiel einer wichtigen, aber unerträglich öden Rede folgen zu können. Es ist durchaus sinnvoll, währenddessen auf der Tagesordnung herumzumalen. Das legt zumindest eine britische Studie nahe.[6] Die Versuchsteilnehmer mussten einer sterbenslangweiligen Telefonansprache lauschen. Jene Hälfte der Probanden, die dabei kritzeln durfte, konnte sich deutlich besser an deren Inhalt erinnern als die andere Hälfte, die zum Nichtstun verpflichtet war. Diesen Mechanismus sollten wir der Intelligenz unseres Körpers zurechnen. Er macht, wie so oft, intuitiv das Richtige.

Eine Obsession der psychologischen Forschung scheint das Kaugummikauen zu sein; etliche Studien versuchen nachzuweisen, wie es sich auf unsere Aufmerksamkeit auswirkt (oder es gibt Menschen, die diese Kaugummiforschung besonders fördern, wer weiß[7]). Jedenfalls wäre es problemlos möglich, diesem Thema ein eigenes Kapitel mit sehr vielen Fußnoten und noch mehr Beispielen zu widmen. Glücklicherweise gibt es aber auch Kaugummi-kau-Metastudien, die alle in ungefähr dieselbe Richtung zielen. Ich springe daher direkt – nein, nicht in die auf dem Gehweg klebende Lernhilfe einiger Schüler, sondern – zum Ergebnis einer dieser Studien.[8] Auf die Frage, wie sich Kaugummikauen auf Aufmerksamkeit, Kognition und Stress auswirke, antwortet sie: «Der am lückenlosesten beobachtete psychologische Effekt des Kaugummikauens bestand in der Steigerung der Aufmerksamkeit.» Ob das auch für kognitive Vorgänge und Stressreduzierung gelte, könne man erst nach weiterführenden Studien sagen.

Die Autoren einer anderen Metastudie schreiben Ähnliches.[9] Es gebe «klare Hinweise darauf, dass Kaugummikauen verschiedene Aspekte kognitiver Vorgänge verbessern kann – eingeschlossen Gedächtnis und Aufmerksamkeit». Gleichzeitig betonen die Autoren jedoch, dass es «ebenso klare Hinweise» darauf gibt, dass genau das Gegenteil der Fall ist. Klingt widersprüchlich, lässt sich aber erklären, und zwar durch eine dritte Studie.[10] Sie gibt Auskunft darüber, wann und wie lange Lernende Kaugummi kauen sollten, um sich besser konzentrieren zu können.

Um mit dem Wichtigsten zu beginnen: Geschmack, Größe, Farbe, ob mit oder ohne Zucker – alles egal. Auf den Akt des Kauens kommt es an. Der zweite wichtige Hinweis: Kaugummikauen scheint tatsächlich unsere Aufmerksamkeit und Leistungsfähigkeit zu steigern. So habe es zumindest den rund hundertsechzig Versuchsteilnehmern geholfen, eine Reihe von Aufgaben zu lösen, also Puzzle zu legen oder genannte Zahlenreihen verkehrt herum aufzusagen. Der dritte Hinweis spezifiziert den Zeitpunkt, zu dem wir unseren Kaugummi idealerweise zum Einsatz bringen. Bei den Aufgaben haben jene Teilnehmer am besten abgeschlossen, die rund fünf Minuten *vorher* ein wenig auf ihrem Kaugummi herumgebissen haben. Der aufmerksamkeitsfördernde Effekt habe fünfzehn bis zwanzig Minuten angehalten und sei dann wieder aufs Normalmaß gesunken. Als eindeutig hinderlich habe sich hingegen herausgestellt, *während* des Tests Kaugummi zu kauen. Die Psychologen führen das darauf zurück, dass sich die beiden Prozesse «kauen» und «denken» in die Quere kämen. Eine Vermutung, die durch eine weitere Studie bestätigt wird.[11] Dasselbe geschieht übrigens, wenn wir während des Nachdenkens nervös mit den Fingern auf dem Tisch trommeln; auch das stört die Konzentration, weil diese beiden Prozesse einander ebenfalls behindern. Unsere Aufmerksamkeit ist eben leicht zu irritieren, auch durch verständliche Signale der Ungeduld.

Und was bleibt nun von dieser kleinen Reise in die Tiefen des wissenschaftlichen Kauraums? Folgende hilfreiche Tipps, wie ich finde: Wer sich auf eine Sache ganz besonders konzentrieren will, der legt einen Kaugummi seines Geschmacks vor sich auf den Tisch und steckt ihn sich, genau *fünf Minuten bevor* es ernst wird, in den Mund. Kauen. Dabei ausruhen. Kaugummi raus, unter den Tisch kleben. Zwanzig Minuten lang konzentriert die Aufgabe lösen. Gegebenenfalls neuen Kaugummi kauen. Prüfung meistern. Kaugummis abpulen, wegwerfen. Ob Kaubonbons denselben Zweck erfüllen, blieb bislang ununtersucht.

Ob wir mit unserem Vorsatz, aufmerksam zu sein, Erfolg haben, hängt freilich nicht nur von unserem Willen ab. Sondern auch davon, wie unsere Sinne funktionieren, was sie leisten und welche physischen Eigenarten unser Körper hat. Denn: «Wir nutzen alle uns zur Verfügung stehenden Systeme, um Entschlüsse zu fassen und um uns zu erklären, was in unserer Umwelt geschieht.»[12]

Das zentrale System, mit dem wir die Außenwelt wahrnehmen, sind unsere fünf Sinne. Sie teilen uns mit, dass ein warmer Wind über unsere Haut streicht, dass das Essen nach frischen Kräutern duftet oder dass ein kühles Getränk in unserem Glas perlt. Unsere Sinnesorgane liefern uns freilich kein objektives Bild unserer Umwelt. Weil ihre Leistungsfähigkeit beschränkt ist, entgeht uns so einiges. So nehmen wir besonders hohe Töne und bestimmte Farben nicht wahr und haben – verglichen mit Hunden – einen erbärmlichen Geruchssinn. Das heißt: Unser Körper stellt unserem Gehirn nur eingeschränkte Informationen zur Verfügung. Das ist gut, solange es sich um Sinneseindrücke handelt, für die wir keine Verwendung haben. Andere Informationen hingegen vermissen wir schmerzlich. Zum Beispiel Bilder in weiter Ferne, die wir aufgrund unserer beschränkten Sehfähigkeit nicht erkennen können. Ein Gutteil unserer Erfindungen verdankt sich diesem Gefühl des Mangels. Das Teleskop «Hubble» zum Beispiel wurde erfunden und ins All geschossen, weil wir mit bloßem Auge vom Stern «Beteigeuze» nicht mehr sehen konnten als einen roten Fleck. Aber das nur nebenbei, ich schweife ab. Konzentration!

Auch die konkrete Gestalt unseres Körpers hat weitreichende Auswirkungen darauf, welches Bild wir von der Umwelt gewinnen. Das beginnt bei der simplen Tatsache, dass wir Arme besitzen mit Händen dran. Mit deren Hilfe können wir nämlich Gegenstände nicht nur halten, sondern auch erfühlen, in den Mund stecken, drehen und ganz nah an unsere Augen manövrieren.[13] Arme und Hände ermöglichen uns eine konzentrierte Aufmerksamkeit ebenso wie eine genaue Wahrnehmung. All das bliebe uns vorenthalten oder sähe ganz anders aus, hätten wir bloß kurze Tentakeln und die auf dem Kopf.

Es gibt ein kleines Gedankenspiel, das uns klarmacht, wie eng Aufmerksamkeit, Wahrnehmung und Körpergestalt miteinander verwoben sind. Ausgedacht hat es sich der Philosoph und Kognitionswissenschaftler Shaun Gallagher[14]: «Was würde passieren», fragt er, «wenn man die sogenannte menschliche Seele aus dem menschlichen Körper herausnehmen und einem Frosch einpflanzen würde? Hätten Sie dann wohl noch die gleiche Sicht der Welt?» Wir? Im Körper eines Frosches? Wohl eher nicht: «Denn das Auge oder das Gehirn des Frosches sind so anders gebaut und so spezifisch an die Umwelt dieses Tieres angepasst, dass sich die Welt des Frosches und des Menschen gravierend voneinander unterscheiden.» Das bedeutet: Nicht nur unsere kognitiven Fähigkeiten entscheiden darüber, wie aufmerksam, klug und gebildet wir sind und was wir von uns selber denken. Auch die konkrete Gestalt unseres Körpers, wie wir ihn mit Hilfe zweier Beine durch den Raum bewegen, hat ihren Anteil daran.

Das bringt mich zu der Frage, wie sich die räumliche Wahrnehmung von Kindern und Erwachsenen unterscheidet. Wie fühlt es sich an, im Körper eines Kindes oder eines kindsgroßen Erwachsenen zu stecken? Und wie verändern sich dadurch Aufmerksamkeit und Wahrnehmung? Weil man Menschen bekanntlich nicht schrumpfen kann, bedienten sich Wissenschaftler der virtuellen Realität, um dieser Frage nachzugehen.[15] Ihre kurzgefasste Antwort: *Size matters!* Die Größe spielt tatsächlich eine Rolle. Die Wissenschaftler wiesen den dreißig Teilnehmern ihrer Studie je einen eigenen Avatar zu, eine Computerfigur, die sie steuern und deren Bewegungen sie auf einem Bildschirm verfolgen konnten. Reale Person und Avatar waren so eng miteinander verbunden, dass dessen Bewegungen synchron verliefen, also in Echtzeit. Der

Effekt: Die Menschen identifizierten sich sehr schnell und sehr stark mit ihrer Kunstfigur und hatten schließlich gar den Eindruck, sie seien es tatsächlich selbst, die sich da durch die Welt bewegten. Um ein wenig zusätzliche Spannung in die Versuchsanordnung zu bringen, teilte man den Teilnehmern unterschiedlich aussehende, aber gleich kleine Avatare zu. Die eine Hälfte hatte das Aussehen vierjähriger Kinder, die andere das von geschrumpften Erwachsenen. Das hatte Folgen.

Absehbar war, dass sowohl die eingedampften Erwachsenen wie auch die Vierjährigen ihre Umgebung deutlich größer wahrnahmen als zuvor. Das klingt erst mal wenig spektakulär. Denkt man die Sache jedoch ein wenig weiter, dann zeigt sich hier sehr anschaulich, wie eng unsere Aufmerksamkeit und Wahrnehmung von der trivialen Tatsache abhängen, aus welcher Höhe wir auf die Welt *hinunter*blicken oder zu ihr *hinauf*. Wir erkennen die Dinge also nicht in ihren objektiven Ausmaßen, sondern nehmen sie in Relation zur eigenen Größe wahr: Für kleine Leute sind große Dinge besonders groß, für große Leute schon weniger. Es spielt also bereits ein so trivialer Umstand wie unsere Körpergröße eine etscheidende Rolle dabei, wie wir die Welt sehen.

Doch auch unser konkreter körperlicher Zustand hat Auswirkungen darauf, wie sich uns der Raum und seine Dimensionen darstellen. Eigentlich sollte man ja glauben, dass erwachsene Menschen auf die einfache Frage, wie weit ein bestimmter Punkt von ihnen entfernt sei, einigermaßen ähnliche Antworten geben. Tun sie aber nicht. Und wieder ist der Körper daran schuld. Menschen schätzen die Neigung eines Hangs oder eine Wegstrecke ganz unterschiedlich ein – je nachdem, wie gut bzw. schlecht sie sich fühlen, so das Ergebnis einer einschlägigen Untersuchung.[16] Waren die (durchtrainierten) Testpersonen ausgeruht, nahmen sie einen Hang deutlich flacher wahr als eine Stunde später; da kamen sie nämlich von einer anstrengenden Joggingrunde. In diesem Zustand erschien ihnen der Hang markant steiler. Das Phänomen wiederholte sich, als müde Testpersonen auf ihrem Rücken das Gewicht eines schweren Rucksacks spürten; auch dann erschien der Hang in ihrer Wahrnehmung plötzlich unbezwingbar, das Ziel unerreichbar. Der Mechanismus lässt sich mit dem «grundlegenden Gesetz des Überlebens» erklären, dem unser Gehirn unterliegt.[17] Es animiert unseren Kopf dazu, eine Berechnung anzustellen: Würde mein aktueller Körperzustand die Besteigung des Hügels erlauben? Zeichnen sich Schwierigkeiten ab, verändert das Gehirn einfach die Wahrnehmung – und lässt einen sanften Hügel plötzlich als Eigernordwand erscheinen. Meist verzichten die betroffenen Menschen dann auf deren Besteigung. Wer in alledem eine reine Kopfangelegenheit vermutet, liegt falsch. Auch wenn das Gehirn eine wichtige Rolle spielt – es ist unser Körper, der die ganze Wahrnehmungsverzerrung anstößt und bedingt. Von ihm stammt die Information, dass er geschont werden muss, woraufhin unser Gehirn einknickt und unsere Wahrnehmung so manipuliert, dass der Körper seinen Willen bekommt.

Es gibt weitere vergleichbare Untersuchungen. Sie alle zeigen, wie klug Körper und Kopf zusammenarbeiten. Eine Studie führt die Sache mit der Kosten-Nutzen-Rechnung in einer besonders spannenden Variante vor.[18] In deren Rahmen bat man Versuchsteilnehmer, auf einen

Knopf zu drücken, wenn sie glaubten, ein sich näherndes, bedrohlich klingendes Geräusch befände sich direkt vor ihnen. Erstes Zwischenergebnis: Alle Studienteilnehmer drückten zu früh. Zweites Zwischenergebnis: Manche drückten viel zu früh. Und zwar alle jene, um deren Fitness es nicht zum Besten stand. Deutlich später betätigten hingegen all jene das Knöpfchen, die trainierter waren. Hinter diesen unterschiedlichen Wahrnehmungen steckt ein weiteres Mal ein selbstbewusster Körper im Dialog mit einem fürsorglichen Gehirn: Weil fitte Menschen schneller vor einem bedrohlichen Etwas davonrennen können, bläst ihr Hirn deutlich später zum Aufbruch. Den fußlahmen Versuchspersonen jedoch räumte das Hirn eine deutlich längere Fluchtzeit ein, indem es ihnen viel früher signalisierte, dass das Geräusch bei ihnen angekommen war. Ziemlich tricky. Und ziemlich effektiv, denn von alledem bekommen wir in der Regel nichts mit.

Wenn Sie jetzt glauben, das Zusammenspiel zwischen Kopf und Körper könne raffinierter nicht sein, dann haben Sie wahrscheinlich den Eiffelturm noch nie im Liegen betrachtet. Oder doch? In einer Wahrnehmungsstudie ging es um die Frage, ob wir die Höhe eines Bauwerkes unterschiedlich einschätzen, je nachdem, ob wir es in aufrechter oder nach links geneigter Körperhaltung sehen.[19] Antwort: Das tun wir. Und zwar nehmen wir den Eiffelturm, nach links hängend, deutlich kleiner wahr als in ordnungsgemäß aufrechter Haltung.

Die Urheber der Studie bieten eine Erklärung, die aufmerksame Leser daran erinnern wird, was wir über den Zusammenhang von Sprache, Raum und Körper erfahren haben. Sprachwissenschaftler hatten ja die These entwickelt, dass wir mit Hilfe von räumlichen Sprachbildern denken und abstrakte Dinge greifbar machen. Genau so eine Metapher sei die Ursache dafür, dass wir den Eiffelturm – nach links gelehnt – kleiner einschätzen. Unser Gehirn würde sich nämlich Zahlen in einem imaginären Raum entsprechend ihrem Wert geordnet vorstellen, und zwar die niedrigen links, die hohen rechts. Ein Bild, das wir übrigens auch verwenden, um uns Vergangenheit (links) und Zukunft (rechts) plausibel zu machen. Wenn wir uns nun nach links lehnen, würden wir uns jenem Bereich annähern, in dem wir die kleinen Zahlen ansiedeln. Daher sei es auch plausibel, dass wir niedrigere Zahlen nennen, wenn wir mit Linksdrall auf den Eiffelturm schauen.

In dieser Vorstellung haben wir uns derart häuslich eingerichtet, dass wir förmlich in ihr herumschauen können.[20] Das zeigt die Studie einer Gruppe von Neuropsychologen, in der die Teilnehmer in einem vorgegebenen Rhythmus Zahlen nennen sollten, und zwar zufällige aus dem Zahlenraum von eins bis dreißig. Währenddessen beobachteten die Wissenschaftler die Augenbewegungen der Versuchspersonen. Diese verrieten ihnen zuverlässig, ob gleich eine hohe oder niedrige Zahl genannt und ob sich dazwischen eine hohe Differenz befinden würde. So exakt wechselten die Probanden ihre Blickrichtung: nach links unten schauen wir zum Beispiel, wenn wir an kleine Zahlen denken.

Doch wir stehen nicht nur mit schweren Rucksäcken vor Hügeln, um sie plötzlich für unbezwingbar zu halten, oder schätzen die Höhe von Eisentürmen anders ein, wenn wir schief stehen. Nein – auch unsere Gefühle bewirken mitunter, dass wir die Welt mit *völlig neuen Augen sehen.*

Wenn wir zum Beispiel aufgrund erwähnter Pheromone frisch verliebt sind: Wo bisher ein ganz hübscher Sonnenuntergang zu beobachten war, nehmen wir nun eine voll orchestrierte Romantik-Oper wahr. Und wo wir bisher unsere Gesprächspartner nicht mehr als nötig beachtet haben, verfolgen wir nun jede Geste des anderen, weil sie welterklärende Bedeutung hat. Kurz: Kaum durchflutet uns ein einfaches Gefühl, spielen unsere Aufmerksamkeit und Wahrnehmung verrückt.

Weil ich davon ausgehe, dass Sie diese Gefühlsgewitter aus eigener Erfahrung kennen, wende ich mich einem weniger beachteten Phänomen zu. Auch ein paar gute Witze können unsere Wahrnehmung beeinflussen. Zumindest vorübergehend. Herausgefunden hat das der australische Professor für Physiologie John D. Pettigrew.[21] Seine Studie legt den Schluss nahe, dass wir die Welt deutlich flacher sehen, wenn wir uns amüsieren. Der Grund: Wir büßen beim Lachen die Fähigkeit ein, unsere Umgebung dreidimensional wahrzunehmen. Wie es dazu kommt, erklärt Professor Pettigrew anhand vieler komplizierter Fachbegriffe, die auf die Wahrnehmungsrivalität unserer beiden Augen abzielen, zu der es kommt, wenn man ihnen gleichzeitig unterschiedliche Bilder zeigt. Pettigrew verweist darauf, dass dieses Phänomen zentrale Vorgänge in unserem Gehirn um Motivation, Emotion und Stimmung spiegle, also eine Mischung kognitiver und körperlicher Vorgänge darstelle. Das Manko der Studie: Sie verschweigt, *welche* Witze dazu führten, dass die Testpersonen die Welt kurzzeitig als Scheibe wahrnahmen. Aber vielleicht bekommen wir die in einer weiteren Studie nachgereicht.

Bekanntlich sendet unser Körper Gefühlssignale ans

Gehirn. Ab und zu geschieht es, dass das Hirn manche davon mit der falschen Ursache verknüpft und dadurch unsere Aufmerksamkeit in eine irrige Richtung lenkt – bis wir plötzlich darauf aufmerksam gemacht werden. Nachlesen kann man das in einer Studie, die zwei Psychologen veröffentlicht haben, Donald Dutton und Arthur Aron, und zwar bereits vor vierzig Jahren. Ihre Erkenntnisse werden immer wieder gern zitiert. Die beiden haben das Verhalten männlicher Passanten auf zwei unterschiedlichen Hängebrücken studiert. Die eine Brücke war stabil und gefahrlos überquerbar. Die andere hingegen führte über einen siebzig Meter tiefen Abgrund, in dem ordnungsgemäß ein reißender Fluss gurgelte.[22] Hatten die männlichen Passanten eine der beiden Brücken betreten, wurden sie von einer attraktiven Interviewerin angesprochen. Und gebeten, doch gleich jetzt verschiedene Bilder zu beschreiben, die sie ihnen zeigte und mit denen sie ihre Wahrnehmung testen wolle. Hatten die Passanten den vorgelegten Fragebogen ausgefüllt, verriet ihnen die Interviewerin ihre Telefonnummer – für den unwahrscheinlichen Fall, dass die Herren eine Frage an sie hätten.

Die Ergebnisse waren seltsam und logisch zugleich. Die Herren von der furchteinflößenden Hängebrücke taten nämlich zweierlei: Sie schrieben «signifikant häufiger» sexuell gefärbte Geschichten als die Jungs von der langweiligen Brücke. Und sie riefen ebenso «signifikant häufiger» die hübsche Interviewerin an. Keine Unterschiede zwischen den Befragungen ergaben sich, als die Passanten auf beiden Brücken von männlichen Interviewern angesprochen wurden. Und nun zur Erklärung dieses eigenartigen Verhaltens. Die Herzen der Versuchsmänner in schwindelnder Höhe hatten ganz offensichtlich vor Aufregung gepocht. Weil unser Gehirn für solch körperliche Symptome eine Erklärung braucht, sucht es sich eine. Jeder zweite Mann fand sie in der attraktiven Frau – und nicht in der furchteinflößenden Hängebrücke. Das bedeutet: Wir nehmen ein bestimmtes Körpergefühl wahr, erklären es uns und richten unsere Aufmerksamkeit danach aus. Was wiederum dazu führt, dass Männer sexuell aufgeladene Geschichten schreiben und wildfremde Frauen anrufen. Vor diesem Hintergrund wird auch plausibel, warum wir uns während des Urlaubs deutlich schneller verlieben als im Alltag: Wir erleben einen hochemotionalen Sonnenuntergang nach dem anderen – und rechnen ihn der zufällig durchs Bild spazierenden Urlaubsbekanntschaft zu.

Die Wechselbeziehungen von Gefühlen bzw. Empfindungen, Körper und Kopf ließen sich noch mit unzähligen weiteren Beispielen illustrieren. Sie alle deuten an, dass sowohl unsere Aufmerksamkeit als auch unsere Wahrnehmung stark durch Emotionen beeinflusst werden. Schickt der Körper dem Gehirn zum Beispiel Signale des Hungers und des Dursts, wenden wir unsere Aufmerksamkeit von den Lateinvokabeln ab und den Vorräten im Kühlschrank zu. Durchströmen uns ohnehin schon traurige Gefühle, so richten wir unseren Fokus vor allem auf Negatives, sind wir glücklich, entdecken wir vorwiegend Positives. Deshalb erscheint traurigen Menschen die Welt traurig und fröhlichen Menschen fröhlich. Was wiederum dazu führt, dass wir unsere Gefühlslage stabilisieren, weil all unsere Wahrnehmungen von neuem bestätigen, was wir bereits zu fühlen und zu wissen glauben. Viele dieser Prozesse laufen ab, ohne dass wir es merken. Es kommt also unserer Aufmerksamkeit zu, sie in unser Bewusstsein zu heben.

Wollen Sie sich auf das nun Folgende einstimmen, lassen Sie bitte für ein paar Minuten dieses Buch sinken. Und sehen Sie sich ein wenig in jenem Raum um, in dem Sie sitzen. Mal angenommen, vor Ihnen befindet sich ein Couchtisch, auf dem die Mitglieder Ihres Haushalts alles Mögliche abgelegt haben (wie in meinem Fall) – allein der Versuch, sämtliche Bestandteile dieses Durcheinanders aufzuzählen und ihre Geschichten und Verwendungsmöglichkeiten zu beschreiben, würde einige Seiten benötigen. Ganz zu schweigen davon, dass Sie binnen Sekunden in einen narkotischen Tiefschlaf sinken würden, so überbordend-langweilig wäre die detaillierte Schilderung der fünf Bücher, des Handyladegeräts, des Brillenetuis, der externen Festplatte zum Speichern dieses Textes, der neuen Ökoklebebänder, der Mahnung vom Steuerberater, der Eintrittskarten für den Hamburger Zoo, des in Küchenpapier eingewickelten Bestandteils eines Gartenbrunnens, des Stapels alter Zeitungen, des abgenagten Lollistiels, der Münzen, der Computermaus, des braunen Briefkuverts und des Nintendos 3D.

Um in diesem Überfluss an Informationen, Formen, Farben, Bildern, Querbezügen und Bedeutungen nicht zu ertrinken, helfen nur ein paar Tricks. Der radikalste besteht darin, aufzustehen und wegzugehen. Also das Chaos einfach auszublenden. So wie das unser Gehör mit den hohen Tönen macht. Genauso kann auch unsere Muskulatur Informationen unterdrücken, vor allem solche aus unserem Körperinneren. Wenn wir sie anspannen und dabei den Atem reduzieren, nehmen wir bestimmte Signale nicht mehr wahr. Eine Strategie, die in der Psychotherapie als «Körperabwehr» bezeichnet wird. Wir panzern unseren Körper im sprichwörtlichen Sinne und machen ihn dadurch für das Grummeln im Bauch unempfänglich. Auch das geschieht unbewusst, weshalb wir in der Regel nicht sagen können, wann wir es tun. Je nach konkreter Situation kann uns der Körper mit diesem Mechanismus helfen oder schaden. Befinden wir uns in einer schwierigen Situation, die unsere ganze Aufmerksamkeit erfordert, kosten uns Gefühle unnötige Kraft. Dann ist es sinnvoll, sie uns *vom Leibe zu halten*. So kommt es, dass wir bei einem Unfall eines Familienmitglieds zum eigenen Erstaunen ruhig und gelassen bleiben. Unser Körper wirft alle verfügbaren Ressourcen ins Notfall-Management (Adrenalin, beschleunigter Herzschlag, Stopp der Verdauung, Muskelanspannung, vermindertes Schmerzempfinden). Erst hinterher, wenn alles ausgestanden und der andere in Sicherheit ist, brechen wir dann ausgepumpt und schlotternd zusammen.

Stehen wir hingegen vor einer wichtigen Entscheidung, wird uns ein gepanzerter Körper keinen guten Dienst erweisen. Denn ob eine Entscheidung richtig oder falsch ist, sagt uns nicht zuletzt der Bauch.

Abhilfe schafft nur der Wille, unsere Aufmerksamkeit dem eigenen Körper zuzuwenden. Womit wir beim nächsten Trick angekommen wären, mit dem sich jene im Übermaß vorhandenen Informationen unserer Umwelt filtern lassen: Wir nehmen einfach nur das in den Blick, was aktuell wichtig ist. Und ignorieren den Rest. Für Ihre aktuelle Situation bedeutet das: Lesen Sie ein Buch, blenden Sie den Zustand des Couchtisches aus. Wollen Sie hingegen endlich einmal das Chaos im Wohnzimmer aufräumen, rückt der Tisch ins Zentrum Ihrer Aufmerksamkeit. So lässt sich die Kunst der anlassbezogenen Ignoranz auf den Punkt bringen. Eine Fähigkeit, die übrigens all jenen fehlt, die unter einem Aufmerksamkeitsdefizit leiden. Sie haben kein Talent zur Ignoranz, finden vielmehr alles gleichermaßen interessant. Eine prinzipiell sympathische Eigenschaft. Sie hat nur den entscheidenden Nachteil, dass die Betroffenen zwar alles mitbekommen, sich aber nur kurz damit beschäftigen und sich ständig überfordern.

Trotz aller Filter kommen noch jede Menge Informationen in unserem Gehirn an. Um sie zu bewältigen, bedienen wir uns zweier zentraler Strategien: Wir vereinfachen und bilden Muster. Um zu zeigen, wie das abläuft, komme ich auf den erwähnten Couchtisch zurück, der überraschenderweise immer noch so unordentlich aussieht wie vorhin. Um diese Vielzahl von Informationen zu verarbeiten, muss unser Gehirn ein paar knifflige Aufgaben meistern – und zwar gleichzeitig.

· Zum einen muss es das Durcheinander verringern. Das tut es, indem es sich nicht mit jedem Detail beschäftigt (den Kratzern auf dem Brillenetui, den Schlagzeilen der alten Zeitungen), sondern großzügig drüber hinwegblickt und sich auf das seiner Ansicht nach Wesentliche konzentriert.

· Gleichzeitig ordnet unser Gehirn das vereinfachte Bild zu sinnvollen Einheiten, zu Mustern. Es unterscheidet also den Hintergrund (den Tisch) von den darauf herumliegenden Dingen. Dann setzt es aus einzelnen Elementen (Deckel, Seiten, Lesebändchen) etwas schlüssiges Ganzes zusammen (Buch). Das mag bei ruhenden Objekten noch machbar erscheinen. Endgültig zu einer

Meisterleistung wird es, wenn unser Gehirn es mit dynamischen Dingen zu tun bekommt: Menschen etwa, die herumrennen, jedes Mal anders angezogen sind, lustige Hütchen tragen oder sich einen dichten Bart ankleben. Doch auch diese Menschen nimmt unser Gehirn mit unerschütterlicher Verlässlichkeit als stets dieselben wahr.

- Die Wahrnehmung des Couchtisches ist jedoch kein Puzzle, das unser Gehirn mechanisch zusammenlegen würde. Vielmehr versehen wir die Dinge mit Bedeutungen, stellen Vermutungen über sie an, setzen sie in Beziehung zueinander und greifen auf unser Gedächtnis zurück. Wir beginnen uns darüber Gedanken zu machen, wer das Chaos angerichtet hat und was uns dieser Jemand damit signalisieren will. Das heißt: Wir konstruieren das Bild eines Couchtisches, das einiges mit der Realität, aber noch viel mehr mit uns selbst zu tun hat. Erinnern und Lernen funktioniert ganz ähnlich. Auch hier verknüpfen wir vernetzt abgespeicherte Informationen zu Mustern, denen wir einen stark persönlich geprägten Sinn verleihen.

- All das geschieht in der Regel unbewusst. Aus Gründen und mit Folgen, von denen bereits die Rede war.

Wie meisterhaft wir die Kunst beherrschen, Muster zu bilden und sie mit Bedeutung aufzuladen, können Sie leicht selbst überprüfen: Rufen Sie einfach ein paar Freundinnen und Freunde an, packen Sie etwas zu trinken ein, fahren Sie mit ihnen in den Park und schauen Sie ein bisschen in die Wolken. Jede Wette, dass binnen weniger Minuten irgendjemand sagen wird, er habe eben ein Gesicht entdeckt, das aussieht wie der einstige Lieblingslehrer, oder ein seltsames Fabelwesen, das durch einen Feuerreifen springt. Wir Menschen sind von den ersten Lebenstagen an so sehr darauf trainiert, die Welt zu entschlüsseln und ihr eine Bedeutung unterzuschieben, dass wir gar nicht mehr anders können. So erkennen wir in Wolken Fabelwesen und in einem uralten Käsetoast das Porträt der Heiligen Maria. Ein Phänomen, für das es sogar einen Namen gibt: Apophänie. Und bisweilen sogar Käufer. So sorgte besagter Toast bei einer Internetauktion für beträchtliche Aufregung, Menschen boten aberwitzige Summen, um in dessen Besitz zu gelangen.[23]

Auch in diesen Zusammenhängen spielt unser Körper eine wesentliche Rolle. Er stellt uns nämlich das Handwerkszeug zur Verfügung, mit dem wir die chaotische Realität auf einfache Muster reduzieren können. Und das kommt so: Bekanntlich verdanken wir unserem Körper eine ganze Menge sinnlicher Erfahrungen. Das heißt: Wir erfahren die Welt vom ersten Lebenstag an in Form konkreter Dinge, vorneweg in Gestalt des eigenen Körpers.[24] Sie alle können wir berühren, bewegen, bearbeiten, also unmittelbar sinnlich erfahren. Daher ist es nur logisch, dass wir diese Form des direkten Umgangs auf alles und jedes übertragen. Also nicht nur auf Kartoffelsäcke und Schulhefte, sondern auch auf abstraktere Dinge: Gefühle, Ideen, Erlebnisse.[25] So reden und denken wir über Ideen, Emotionen oder Strukturen, als wären sie einzelne Objekte mit klaren Grenzen – und keine flüchtigen Wesen wie kognitive Konstrukte oder körperlose Begriffe.[26] Wir sprechen etwa kurz und knapp von «der Weltwirtschaft». Und meinen damit ein undurchschaubares System, das von Politikern, Bankern, Unternehmern, Spekulanten usw.

mitgestaltet wird, indem sie Geld- und Warenströme lenken, an der Börse spekulieren, mit Informanten einen Cappuccino trinken gehen (oder zwei), Produktionsstätten ins Ausland verlagern und was es da noch so alles geben mag. All das fassen wir zu «der Weltwirtschaft» zusammen, obwohl niemand genau zu sagen weiß, welche Form sie hat, ob es eine solche Form überhaupt gibt, wer ihr zugehört und wer nicht, wer welchen Anteil woran hat und wie sie sich entwickeln wird.

Weil es freilich sinnlos und auf Dauer nicht praktikabel ist, dieses verworrene System jedes Mal zu erklären, sagen wir der Einfachheit halber «die Weltwirtschaft». Geht schneller. Versteht jeder. Diese Verkürzung von etwas Hochkomplexem zu etwas Einfachem ist zwar nachvollziehbar, hat aber ambivalente Auswirkungen. Erklären wir die Weltwirtschaft zu einem Ding, dann bringen wir wichtige Aspekte dieser wahrlich komplizierten Angelegenheit einfach zum Verschwinden. Das heißt: Es gelingt uns durch die Verwendung eines bestimmten Wortes tatsächlich, dass wichtige Teile der Wirklichkeit nicht in unser Bewusstsein vordringen. Und noch eine Auswirkung hat unsere Strategie, die Dinge beim verkürzten Namen zu nennen: Wer von «der Weltwirtschaft» redet, als sei sie ein klar umrissenes Einzelgebilde, der suggeriert, man könne sie anfassen, herumschieben, stapeln – mit einem Wort: beherrschen. Genauso wie wir Bauklötze, Kartoffelsäcke oder Bücher beherrschen. Was für eine wunderbar paradoxe Strategie: Zum einen basiert sie auf vollkommen absurden Annahmen («Die Weltwirtschaft» steuern? Ha!); zum anderen versetzt sie uns überhaupt erst in die Lage zu handeln; denn würden wir damit erst beginnen, nachdem wir «die Weltwirtschaft» wirklich verstanden und korrekt benannt hätten, würden wir schlicht und einfach – zu gar nichts kommen.

Es gibt noch eine Steigerungsmöglichkeit der Strategie, «ontologische Metaphern» zu bilden (so nennen Lakoff und Johnson jene Sprachbilder, mit denen wir Abstraktes in Konkretes verwandeln). Wir können uns nämlich «die Weltwirtschaft» nicht nur bloß als Ding, sondern gleich als Person vorstellen, die folglich mit eigenem Willen ausgestattet ist und über bestimmte Charaktereigenschaften verfügt. Und genau das tun wir auch. Indem wir sagen, dass «die Weltwirtschaft» krank oder gesund sei, schwächelt oder fit ist, belastbar oder frei. Sollten Sie diese Behauptung für überzogen halten, empfehle ich Ihnen einen Blick in die Presse. Dort werden Sie Schlagzeilen finden, die klingen, als sei vom Gesundheitszustand eines Menschen die Rede: Da heißt es «Die Weltwirtschaft schwächelt extrem», «Die Weltwirtschaft kommt in Schwung» oder «Die Weltwirtschaft wird enttäuschen»[27] – als wäre sie tatsächlich eine Person, die sich nur ausruhen müsste, um wieder fröhlich und flink wie die Kinder des Hauses um jenen Couchtisch zu rasen, der immer noch genauso unaufgeräumt dasteht wie vor einer halben Stunde.

Der einfache Grund für diesen Trick: Auf diese Weise versuchen wir uns zu erklären, wie sich so unübersichtliche Gebilde wie Staaten und Unternehmen entwickeln, warum wir plötzlich alle über das gleiche politische Thema sprechen und worin eigentlich der Sinn des Ganzen liegt.

Was wir von der Welt mitbekommen, ist also das Ergebnis eines vielfachen Filter- und Interpretationsprozesses, an dem Kopf und Körper gleichermaßen beteiligt sind. Das gilt für unseren Couchtisch ebenso wie für die Weltwirtschaft.

Kleine Zwischenbemerkung: Jeder von uns greift auf ontologische Metaphern zurück. Wenn ich zum Beispiel vom «Denken», von «der Seele» oder vom «Geist» spreche, verwandle ich Konzepte in Dinge und verleihe ihnen menschliche Eigenschaften. Den Geist verstehen die meisten von uns übrigens als «Maschine», wie die beiden Sprachwissenschaftler Lakoff und Johnson analysiert haben, und die Seele als «zerbrechliches Objekt».[28] Uns ist diese Art, zu sprechen und zu denken, mittlerweile derart in *Fleisch und Blut* übergegangen, «daß wir sie im allgemeinen für fraglose, wörtliche Beschreibungen mentaler Phänomene halten», schreiben die Wissenschaftler. Dass es sich um Konstruktionen handeln könnte, das «kommt den meisten Menschen nie in den Sinn».[29]

So will ich die seltene Gelegenheit nutzen, in der das gerade *nicht* so ist, wir also unsere Aufmerksamkeit auf eine dieser absoluten Selbstverständlichkeiten des Lebens richten. Und die Frage stellen: Wenn es uns auf sprachlicher Ebene hilft, abstrakte Gedanken in konkrete Dinge zu verwandeln – müsste uns das nicht auch auf realer Ebene helfen? Wenn wir also etwas Abstraktes wie zum Beispiel Gedanken *tatsächlich* behandeln wie konkrete Dinge?

Nur so als Idee. Denn jeder kennt Situationen, in denen er sich wünscht, lästige Grübeleien loswerden zu können. Da trifft es sich gut, dass eine Gruppe von Psychologen sich gefragt hat, ob wir mit bestimmten Gedanken besser umgehen können, wenn wir sie wie Gegenstände behandeln. Um es vorwegzunehmen: Wir können. Und das sehr gut.

So habe man die Teilnehmer im ersten Teil der Studie darum gebeten, auf einem Zettel zu notieren, was sie an ihrem Körper mögen und was nicht.[30] Anschließend wurden alle Beteiligten gebeten, über das Notierte nachzudenken. Einem Teil der Versuchspersonen sagte man dann, sie könnten das Papier mit den Notizen nun zerreißen und wegwerfen. Der andere Teil der Gruppe sollte hingegen über seine Notizen nicht nur nachdenken, sondern sie aufbewahren und auf Rechtschreibfehler überprüfen. War das geschehen, sollten alle Beteiligten von ihrer Einstellung dem eigenen Körper gegenüber berichten. Der unterschiedliche Umgang mit den Zetteln zeigte deutliche Wirkung: Wer seine Gedanken notiert und weggeworfen hatte, für den spielten sie für die jetzige Beurteilung des Körpers kaum noch eine Rolle – ob diese nun positiv oder negativ gewesen war. Wer hingegen seinen Zettel nochmals angesehen und zudem eingesteckt hatte, bezog sich deutlich stärker darauf.

In einem zweiten Versuch sollten die Teilnehmer der Studie auf Zetteln notieren, welche Argumente ihnen für oder gegen die sogenannte Mittelmeer-Diät einfielen. Mit einem entscheidenden Unterschied: Ein Teil der Gruppe sollte seine Notizzettel behalten und sicher in der Brieftasche verwahren. Mit wiederum eindeutigem Ergebnis: Wer seine Gedanken physisch mitnahm, der konnte sie so schnell nicht vergessen. Und noch etwas fanden die Psychologen heraus: Sich bloß *vorzustellen*, man schreibe bestimmte Dinge auf einen Zettel, bewahre sie auf oder werfe sie weg, bleibt wirkungslos.

Zusammengefasst bedeutet das: Wollen Sie lästige Gedanken loswerden, bringen Sie sie zu Papier und werfen sie anschließend einfach weg. Wie genau Sie dabei vorgehen, welches Ritual Sie damit verbinden oder wie beiläufig Sie die Sache erledigen – völlig egal. Ich kann aus eigener Erfahrung berichten, dass es sich um eine sehr wirksame Intervention handelt, deren größte Herausforderung darin besteht, sich bei der Umsetzung nicht allzu blöd vorzukommen. Als ich längere Zeit an einer schwierigen Aufgabe saß und sie mir auch zu Hause, spätnachts, nicht aus dem Kopf gehen wollte, verfiel ich irgendwann auf die Idee, sie in sicherem Abstand zur Wohnung «abzulegen». Erst stellte ich mir auf dem nächtlichen Nachhauseweg bloß vor, wie ich mir den ganzen Wust an Gedanken aus dem Kopf zog (wie das Dumbledore mit seinen Erinnerungen macht, um sie im Denkarium abzulegen). Als das zwar ein wenig nutzte, aber nur für kurze Zeit, begann ich damit, auf kleinen Zetteln zu notieren, was mir Belastendes durch den Kopf ging, knüllte diese Zettel zusammen und warf sie in den Fluss. Mit dem Effekt, dass ich den Kopf deutlich freier hatte als zuvor – bis mich am nächsten Abend ähnliche Bedenken von neuem beschäftigten. Aber das spricht nicht gegen diesen einfachen und wirkungsvollen Trick, vielmehr gegen meinen Hang, es gelegentlich mit dem Wälzen von Gedanken zu übertreiben. Ende der – diesmal etwas längeren – Zwischenbemerkung.

Doch unserem Körper kommt im Rahmen der Komplexitätsreduzierung und Musterbildung noch eine zweite wichtige Aufgabe zu. Er setzt vorschnellen Interpretationen einen gewissen Widerstand entgegen und bringt sie damit auf den Boden der Tatsachen zurück. Denn es ist das eine, wenn unser Gehirn aus Einzeleindrücken einfache Muster und Metaphern formt. Mindestens ebenso wichtig ist es aber, zu überprüfen, ob diese Muster noch irgendetwas mit der Welt zu tun haben. Ob also die Bilder in unserem Kopf mit den realen Verhältnissen auf unserem Couchtisch zusammenpassen bzw. sich als stabil erweisen. Diese Rückkopplung zwischen Gehirn und Couchtisch geschieht mit Hilfe unseres Körpers, *kann* nur mit dessen Hilfe erfolgen. Wir sehen das Buch auf dem Tisch, fassen es an, hantieren damit, legen es wieder weg. Wenn geschieht, was wir erwarten, wenn sich das Ding anfühlt wie gedacht, wenn es seine Form behält – dann hat unser Gehirn einen guten Job gemacht. Ein wenig abstrakter formuliert es die Psychoanalytikerin Maja Storch. Sie sagt, auf diese Art der Verkörperung seien «Symbole und Denken insgesamt angewiesen».[31] Und weiter: «Zum Finden der sinnvollen Muster braucht es eine Anregung, ja den Antrieb von außerhalb des Musterbildungssystems: durch die Einbettung, das heißt durch die Umwelt des Denkapparates.»[32] Was nichts anderes heißt als: Unser Denken braucht einen Körper – erst dann kann es sich entfalten und ein konsistentes Bild der Welt entwerfen, mit dem wir etwas anfangen können.[33] Wenn es auch oft ein wenig zu einfach oder zu phantasievoll geraten mag, dieses Bild.

Waren wir mit unserer Komplexitätsreduzierung, Muster- und Metaphernbildung erfolgreich, speichern wir sie in unserem Gedächtnis ab, um jederzeit darauf zugreifen zu können. Im nächsten Kapitel wird davon eingehender die Rede sein, geht es darin doch um die seltsam anmutende Eigenart unseres Gedächtnisses, Erinnerung mehrfach, vernetzt und ungenau abzuspeichern sowie um die Frage, warum es das macht.

Unser Gedächtnis steckt im ganzen Körper

In jeder Sekunde unseres Lebens greifen wir auf
Erfahrungen zurück, auf Gelerntes, auf Erinnerungen.
Wir leben nie vollständig in der Gegenwart, sondern
immer halb in der Vergangenheit. Grund genug, uns
die ganze Angelegenheit des Erinnerns einmal genauer
anzusehen – und die wichtige Rolle, die unser Körper
dabei spielt.

Wer nach klassischen Lebensweisheiten sucht, wird sehr schnell auf die Empfehlung stoßen, ganz im Hier und Jetzt zu leben. Wozu sich mit dem Gestern beschäftigen? Die Erfüllung liege darin, heißt es, den Moment zu genießen, unsere ganze Aufmerksamkeit auf die Gegenwart zu richten. So plausibel dieser Ratschlag auch klingen mag – er führt uns direkt in die Katastrophe. Denn das Geheimnis der menschlichen Erfolgsgeschichte liegt im exakten Gegenteil, nämlich gerade nicht im Hier und Jetzt zu leben. Sondern vielmehr auf den reichen Schatz der eigenen Erfahrungen zurückzugreifen.

So kommt es, dass wir alles, was immer wir gerade erleben, sehen, riechen, fühlen, hören, denken oder wahrnehmen, im selben Moment in Beziehung bringen zu unseren Erfahrungen, unseren Prägungen und unserem Wissen.[34] Mittlerweile gilt es als gesicherte Tatsache, dass äußere Reize «das Gehirn veranlassen, in den bisherigen neuronalen Netzwerken nach ähnlichen Erinnerungen oder lebensgeschichtlich bedingten Mustern»[35] zu suchen. Dazu müssen uns diese Reize nicht einmal bewusst sein.

Schuld an unserer Vorliebe für die Vergangenheit ist die Evolution. Sie habe einen «fabelhaften Job» gemacht, was «die Lösung vieler kniffliger Probleme» betreffe, schreiben der Kognitionspsychologe Arthur M. Glenberg und der Neurophysiologe Vittorio Gallese.[36] Deshalb sei die Evolution auch eher konservativ. Das heißt: Sie neige dazu, bei neuen Herausforderungen erst einmal auf bekannte Lösungen zurückzugreifen, Gelerntes immer wieder anzuwenden. Der Mensch ist «überwiegend von Erinnerungen geprägt»[37], die er auf die Gegenwart anzuwenden versucht. Daher kommt niemand, der sich mit unseren kognitiven Fähigkeiten beschäftigt, am Gedächtnis vorbei. Und an unserem Körper ebenso wenig.

Es beginnt damit, dass der Körper jenes Bild prägt, das wir uns vom Gedächtnis und dem darin Gespeicherten machen. Es war bereits die Rede davon, wie es dazu kommt: Wir erfahren die Welt in Form ganz konkreter Dinge, vorneweg in Gestalt des eigenen Körpers. Diese Erfahrung übertragen wir auf unseren Umgang mit der Welt. Mithin auch auf Abstraktes wie das Gedächtnis, die Erinnerungen und das Wissen. So kommt es, dass wir uns das Gedächtnis oft als gigantisches Archiv vorstellen, das über viele Stockwerke und noch viel mehr Regale verfügt, als Magazin oder als Lager. Die gespeicherten Erinnerungen wiederum verstehen wir als «Einzelgebilde», die «scharfe Grenzen» aufweisen.[38] Deswegen können wir sie in unserer Vorstellung auch problemlos an bestimmten Speicherorten ablegen und wieder hervorholen.[39] Wir sprechen davon, dass wir in unseren Erinnerungen *kramen* (wie in einem Haufen Krimskrams), etwas im Gedächtnis *bewahren* (wie in einem Lager) oder dass uns etwas *entfallen ist* (wie aus einem schlecht verschlossenen Behälter). Manchmal stellen wir uns Erinnerungen auch wie Personen vor und statten sie mit entsprechenden Fähigkeiten und Eigenarten aus. So sagen wir, dass uns die Erinnerung keine Ruhe lässt (als sei sie ein lästiger Nachbar), dass uns das Vergangene verfolgt und einholt (wie ein flinker Läufer), dass Erinnerungen uns überfallen (wie ungebetene Besucher) oder sich schwer auf unser Gemüt legen (wie ein dicker Mensch).

Nicht anders begreifen wir jenes Wissen, das uns in Schulen und auf Unis weitergegeben werden soll (wie eine wertvolle Fracht). Wir sehen es ebenfalls als etwas sehr Konkretes. Lehrer sprechen davon, dass sie ihren Schülern einen bestimmten Lehrstoff einbläuen, während sich Studenten beklagen, dass sie für die Klausur noch eine Riesenmenge an Lernstoff bewältigen müssen. Wenn wir etwas gelernt haben, dann haben wir es intus (wie ein Nahrungsmittel), weshalb es nur schlüssig ist, das neue Material erst mal verdauen zu müssen. Und über einen Neunmalklugen spotten wir, er habe die Weisheit mit Löffeln gefressen.

Dass wir auf diese vereinfachende Weise über Wissen und Erinnerungen sprechen, ist nur zu verständlich. Das macht komplexe Sachverhalte greifbar, was umso nötiger erscheint, da über die Struktur unseres Gedächtnisses und über die richtigen Methoden der Wissensvermittlung die unterschiedlichsten Theorien kursieren, die einander tendenziell auch noch widersprechen. Ich werde mich im Folgenden daher auf die beiden für uns zentralen Aspekte beschränken (müssen): Welchen Einfluss unser Körper darauf hat, wie wir Erinnerungen abspeichern und abrufen; und welche Chancen wir haben, steuernd einzugreifen. Es wird dabei etwas unübersichtlicher werden, als wir es aus unseren Sprachbildern kennen. Denn unser Gedächtnis ist ein ebenso komplexes wie dynamisches System, das die Wissenschaft noch viele Jahre lang beschäftigen wird.

Dennoch ist es sinnvoll, sich kurz jene Sprachbilder anzuschauen, mit denen wir Erinnern und Lernen beschreiben: Denn so wie wir darüber sprechen, so denken und handeln wir letztlich. Wer davon überzeugt ist, dass man Wissen in Pakete packen kann, der wird diese Päckchen an Schüler *weitergeben* wollen und Schulen planen, die eher einem Logistikcenter ähneln als einem Lernort. Wer fürchtet, dass Wissen *verloren gehen* könnte wie kostbare Fracht, der wird von Kindern verlangen, dass sie bei der *Übermittlung* still und brav dasitzen, um die gesamte Ladung aufzunehmen. Wer sagt, man könne Kindern Lateinvokabeln *eintrichtern*, der sieht sie als leere Gefäße und nicht als lebendige Wesen, die man fürs Sprachenlernen begeistern muss (wie auch immer das aussehen mag). Wer sein Gedächtnis als Tiefspeicher versteht, in dem problemlos aufrufbare Ereignisse einzeln abgelegt sind, der wird davon überzeugt sein, jede seiner Erinnerungen entspreche der Wahrheit. Und wer sagt, dass er mit jemandem seine Erinnerungen *austauscht*, der behandelt sie wie Freundschaftsbändchen, die man weiterreichen kann und dafür andere bekommt.

All das ist ein wenig überspitzt formuliert, ich weiß. Wir sollten unsere Metaphern jedoch keinesfalls unterschätzen. Meist klingen sie unspektakulär, entfalten aber große Wirkung. Sie verleiten uns nicht nur zu falschen Strategien, sondern verstellen auch den Blick darauf, wie unser Gedächtnis und das Lernen wirklich funktionieren. Anders als das Bild vom geordneten Archiv suggeriert, hat unser Gehirn vielmehr die Eigenart, Erinnerungen vernetzt abzuspeichern. Es fasst alle mit einem bestimmten Ereignis verbundenen Sinneseindrücke, Gefühle, Gedanken, Bewegungen, Gesichtsausdrücke, Erfahrungen zu Einheiten zusammen und speichert sie auch gemeinsam ab. Unseren sinnlichen Eindrücken, Körperbewegungen und den Räumen, in denen wir uns aufhalten, kommt beim Abspeichern und Abrufen von Informationen eine so wichtige Rolle zu, dass ich ihnen je ein eigenes Kapitel widmen werde.

Unser Gedächtnis zeichnet eine weitere Eigenart aus, die nichts mit dem Wesen eines Archivs zu tun hat. Es speichert sämtliche Informationen «mehrfach und parallel».[40] Wir nutzen bei der Wahrnehmung bekanntlich alle Sinneskanäle und legen deren Reize in unserem Gedächtnis ab. Dadurch kommt es zu teilweisen Überschneidungen von Informationen. Das ist kein Versehen, sondern eines der Erfolgsgeheimnisse unseres Gedächtnisses. Das Verfahren funktioniert so gut, dass die neueste Generation von Computern sich ein Beispiel daran genommen hat: Die sogenannten Assoziativ-Computer «arbeiten wie die Neuronen und Synapsen im menschlichen Gehirn. Sie legen Informationen in einem Neuronengeflecht ab und nicht an bestimmten Stellen. Die Synapsen schalten sich je nach Anforderung zusammen, haben aber keine festen Speicheradressen.»[41]

Dass unser Gehirn Erfahrungen und Wissen auf diese vernetzte, vielfache und umständlich anmutende Art und Weise speichert, hat einen sehr triftigen Grund. Wir Menschen bewegen uns bekanntlich in einer Welt, die vieles sein mag, nur eines mit Sicherheit nicht: stabil. Vielmehr ändert sie ständig ihr Gesicht. Im übertragenen wie wörtlichen Sinne. Davon war bereits die Rede: Menschen schneiden lustige Grimassen, lassen sich Bärte wachsen und das Haar kürzen. Wäre unser Gedächtnis tatsächlich konstruiert wie ein Archiv voller Bilder, die die jeweiligen Standardausprägungen konkreter Gesichter zeigten – wir wären in der Realität restlos überfordert. Und zwar bereits durch die kleinsten äußeren Änderungen – wie jene Computerprogramme, die eine bereits identifizierte Person plötzlich nicht mehr wiedererkennen, nur weil sie jetzt das Gesicht halb abgewandt hat.

Im Gegensatz dazu haben wir Menschen kein Problem damit, unsere Freunde selbst dann blitzartig zu erkennen, wenn sie modisch zweifelhafte Schnurrbärte oder fröhliche Sonnenbrillen tragen. Der Grund: Unser Gehirn ist darin geübt, mit ständig variierenden Ansichten derselben Person oder Sache umzugehen. Sein Trick: Es speichert Informationen nicht nur vernetzt und mehrfach ab, sondern auch ungenau. Diese Ignoranz den Details gegenüber ermögliche «eine optimale Generalisierungsfähigkeit und Adaptionsmöglichkeit an neue Situationen», wie Marianne Leuzinger-Bohleber und Rolf Pfeifer schreiben.[42] Ein Umstand, der Schülern, Studenten und Berufstätigen völlig neue Argumente an die Hand gibt. Wenn unsere Erinnerungen ein wenig ungenau sind, zeigt das nämlich nicht, dass wir wieder einmal nicht aufgepasst oder geschlampt haben; vielmehr ist eine gewisse Unschärfe der Beweis eines funktionierenden Gedächtnisses! Damit schafft dieses eine lebensnotwendige Voraussetzung dafür, dass wir in einer bewegten Welt den Durchblick behalten.

Als wäre das nicht schon genug Unschärfe, Dynamik und Unübersichtlichkeit, müssen wir beim Versuch, unser

Gedächtnis zu verstehen, noch einen weiteren Punkt berücksichtigen: Selbst unsere erfolgreich abgespeicherten Erinnerungen behalten keine stabile Form, sondern verändern sich ständig. Rufen wir uns eine konkrete Situation ins Bewusstsein, dann erinnern wir mehr als nur das Bild der vergangenen Realität, wie wir es uns nach eigenem Ermessen zusammengebastelt haben; wir verbinden diese Erinnerung vielmehr mit gegenwärtigen Reizen. Also den Gefühlen, die uns im Moment des Erinnerns durchfluten, unseren sinnlichen Eindrücken und Körperbewegungen. Um anschließend alles gemeinsam wieder im Gedächtnis abzuspeichern. Was entsteht, ist eine um Gegenwärtiges angereicherte Erinnerung, also eine *neue* Erinnerung. Das bedeutet: Je öfter wir uns an ein Ereignis erinnern und anderen davon erzählen, umso wahrscheinlicher ist es, dass sich diese Erinnerung immer mehr von der Realität entfernt, zu einer ganz persönlichen Erzählung unserer Lebensgeschichte wird. Für den Mediziner und Psychotherapeuten Christian Gottwald leitet sich daraus eine überaus nützliche Erkenntnis ab.[43] Zum Beispiel, wenn es in einer Auseinandersetzung darum geht, wer was wann gesagt hat und wie etwas wirklich gewesen ist. Ab einem gewissen Punkt ist es müßig, mit anderen über das objektive Bild der Vergangenheit zu streiten. Man wird die Wahrheit nicht mehr rekonstruieren können. Ausschlaggebend ist etwas ganz anderes: und zwar die erlebte Vergangenheit, also die Ereignisse, wie sie sich uns eingeprägt haben und heute darstellen. Das macht die Bewältigung der Vergangenheit nicht unbedingt einfacher, erinnert uns aber daran, dass wir nicht um *die* Wahrheit kämpfen sollten, sondern vielmehr um *unsere* Wahrheit. Dass wir die anderen von ihr überzeugen, ist nicht gesagt – aber sie muss zumindest von unserem Gegenüber respektiert werden, wollen wir miteinander ins Gespräch kommen.

Greifen wir in einer aktuellen Situation auf unsere Erfahrungen zurück, geschieht das Gleiche. Wir fügen dem Vergangenen neue Erlebnisse, Bilder oder Routinen hinzu, um es anschließend verändert abzuspeichern. Man nennt das einen Lerneffekt. Befinden wir uns das nächste Mal in einer vergleichbaren Situation, wiederholt sich dieser Prozess – immer so fort, immer von neuem. Und diese Mischung aus vergangenen und gegenwärtigen Daten hat es in sich, denn mit ihrer Hilfe bewältigen wir nicht nur unsere Gegenwart, sondern versuchen auch, die Zukunft zu konstruieren und vorwegzunehmen. Diese werde daher auch stark davon geprägt, wie wir unsere Vergangenheit und Gegenwart empfinden.[44] Das Abspeichern und Abrufen, das neuerliche Abspeichern und neuerliche Aufrufen von Gedächtnisinhalten kann übrigens bewusst oder unbewusst ablaufen, das nur nebenbei. Wir können uns also ganz bewusst darum bemühen, etwas im Gedächtnis zu behalten. Oder es geschieht, ohne dass wir etwas davon mitbekämen. Darum soll es jetzt gehen.

Wenn wir von unserem Gedächtnis sprechen, dann meinen wir damit in der Regel jenen Teil unseres Gehirns, in dem wir Telefonnummern, Vokabeln und Urlaubserinnerungen aufbewahren. Das ist nicht falsch, aber nur die halbe Wahrheit. Wir verfügen nämlich über zwei Gedächtnisarten, die unterschiedlicher nicht operieren könnten: das explizite und das implizite Gedächtnis. Wir sollten sie uns *keinesfalls* als zwei voneinander getrennte Archive vorstellen, sondern vielmehr als … ja, als was denn?

Wie das explizite Gedächtnis funktioniert, ist schnell erklärt. Darin speichern wir all jenes, was wir klassischerweise in den Regalen unseres «Erinnerungsarchivs» vermuten – Telefonnummern, Schuhgrößen, Eindrücke vom letzten Geburtstagsfest, wilde Geschichten aus der Jugend, Anekdoten vom Job, das Rezept für einen echten Wiener Apfelstrudel. Kurz gesagt: all jene Informationen, sinnlichen Eindrücke, Gefühle und Ereignisse, die wir uns Tag für Tag einprägen bzw. einzuprägen versuchen und die wir ohne Probleme abrufen können (meistens zumindest). Manche prägen wir uns bewusst ein, manche beiläufig, ohne uns groß mit ihnen befasst zu haben. Manche dieser Erinnerungen verblassen, manche vergessen wir ganz, manche sehen wir so deutlich vor uns wie am ersten Tag.

Das implizite Gedächtnis hingegen kann nicht in einem Absatz beschrieben werden, und das aus mehreren Gründen: Es bildet sich zu Beginn unseres Lebens, weshalb wir nur schwer über seine Inhalte sprechen können; es beeinflusst unsere Handlungen ungleich stärker als das explizite Gedächtnis; und es ist zudem eng mit dem Körper verbunden. Wo beginnen? Am besten in dem Moment, da es entsteht.

Wir Menschen sind bekanntlich soziale Wesen. Vor allem in den ersten Lebensjahren sind wir existenziell darauf angewiesen, dass andere sich um uns kümmern. Das erledigen in der Regel unsere Eltern (oder andere «Caregiver»). In dieser Lebensphase machen wir eine Unmenge grundlegender Erfahrungen. Wir lernen nicht nur, dass Berührungen Geborgenheit und soziale Akzeptanz bedeuten, sondern auch, uns als kleine Wesen wahrzunehmen, die von anderen getragen und abgelegt werden können.

Wir lernen, uns als uns zu begreifen; dass es von uns getrennte Personen gibt, die freundlich gesinnt sind (weil sie lächeln) oder feindlich (weil sie wütend dreinsehen); dass es Gegenstände gibt, die sich weich, stachelig oder kalt anfühlen. Wir merken, dass wir Angst bekommen, wenn wir zu weit von unserer Bezugsperson wegkrabbeln, dass das aber auch spannend ist, wenn wir es nicht zu heftig treiben. Wir sehen Licht und Schatten, Rot und Blau. Wir hören Flüstern und Kreischen. Wir schmecken süß und bitter. Und wir nehmen den wunderbaren Duft von Mutter, Vater und der restlichen Welt wahr.

Kurz: Sobald wir den ersten Schrei auf Erden tun, werden wir in ein dichtes Geflecht von sensorischen Eindrücken, Gefühlen, Bewegungen und Beziehungen, zu anderen Menschen, zu uns selbst, zur Welt, eingewoben. Das Entscheidende an all diesen Erfahrungen: Wir machen sie mit Hilfe unseres Körpers. Mit Gesten also, Gesichtsausdrücken, Bewegungen, mit Händen, Beinen und Ohren. Zudem entwickeln wir unsere frühkindlichen Fähigkeiten nicht geordnet nacheinander, sondern mehr oder weniger gleichzeitig. So entsteht ein «Gehirn-Körper-System»[45], in dem alles mit allem zusammenhängt: Be-wegungen mit Gefühlen mit sensorischen Reizen mit Gesichtsausdrücken mit Reaktionen anderer. Auf diese Weise lernen wir nicht nur zu krabbeln, zu gehen und zu essen, sondern eine Unzahl weiterer, ungleich subtilerer Fähigkeiten: die Mimik anderer zu verstehen und die eigene zu formen, blitzschnell Stimmungen zu erfassen, die Beziehung zwischen anderen zu dekodieren undsoweiterundsofort.

Um die zentrale Rolle des Körpers zu beschreiben, wird

diese zweite Form des Gedächtnisses gern «Leibgedächtnis» oder «zwischenleibliches Gedächtnis» genannt. Die mit seiner Hilfe gespeicherten Inhalte und Fähigkeiten wiederum «frühkindliches Beziehungswissen» oder «implizites Beziehungswissen». Im Grunde beziehen sich all diese Bezeichnungen auf dieselben Strukturen. Christian Gottwald hat sie so beschrieben: Das zwischenleibliche Gedächtnis sei «eine affektiv-sensomotorische, untrennbar mit dem Körper verbundene Einheit».[46] Es bewahrt Erinnerungen in der bereits beschriebenen vernetzten, vielgestaltigen, ein wenig unscharfen Form. Etwas wissenschaftlicher formuliert: Unsere frühkindlichen Erfahrungen werden «in den verschiedenen sensorischen, visuellen, auditorischen und motorischen Karten der Hirnrinde und des limbischen Systems mehrfach parallel abgespeichert».[47]

Da das zwischenleibliche Gedächtnis in unserer frühen Kindheit entstanden ist, sind in ihm freilich keine Telefonnummern, Urlaubserlebnisse oder Schuhgrößen gespeichert, sondern vielmehr Bewegungsformen, Sinneseindrücke und Körpergefühle. Und noch in etwas anderem unterscheidet sich das zwischenleibliche vom expliziten Gedächtnis: Während wir über dessen Inhalte mehr oder weniger problemlos Auskunft geben können, bleibt uns das implizite Gedächtnis im Wesentlichen verschlossen. Weder können wir seine Inhalte in anschauliche Bilder fassen noch in konkrete Sätze, denn in dieser Form wurden sie nie gespeichert (unser Gehirn war in seinen frühen Entwicklungsphasen dazu physisch noch gar nicht in der Lage). Weshalb Christian Gottwald das implizite Gedächtnis auch als «Substrat des Unbewussten»[48] bezeichnet, als Essenz all dessen also, von dem wir keine Ahnung haben. Und das dennoch unser Leben nachhaltig beeinflusst, auf eine von Mensch zu Mensch andere Art. Unser implizites Gedächtnis besteht nämlich aus rein individuellen Erfahrungen, die wir im Laufe unserer Kindheit machen oder eben *nicht* machen. So erleben viele eine liebende, schützende Mutter, während andere vom ersten Tag an ohne eine solche Instanz auskommen müssen. Was freilich noch nichts darüber aussagt, wie die Betreffenden auf ihre jeweilige Prägung reagieren; auch das hängt von individuellen Parametern ab, über die man ganz allgemein nicht befinden kann.

Seine zentrale Rolle macht das zwischenleibliche Gedächtnis zum eigentlichen «Träger unserer Lebensgeschichte, unserer persönlichen Identität», wie der Mediziner, Philosoph und Psychotherapeut Thomas Fuchs sagt. Der Grund: «Verleiblichte Gewohnheiten machen uns zu Personen mit einer gewissen Konstanz und Verlässlichkeit, sie sorgen dafür, dass wir bei allem äußeren Wechsel dieselben bleiben.»[49] So kommt es zu der paradoxen Situation, dass wir unsere persönliche Geschichte, unsere Identität einem Gedächtnis verdanken, von dessen Inhalten wir ein Leben lang keine Ahnung haben. Aber vielleicht hilft uns ja der eigene Körper, zumindest manche unserer biographischen Geheimnisse zu lüften.

Sowenig wir über den konkreten Inhalt unseres Leibgedächtnisses wissen, so wichtig ist es für den Verlauf unseres weiteren Lebens. *Wie* wichtig, hat Stefan Zweig in seiner Autobiographie sehr poetisch beschrieben: «Was ein Mensch in seiner Kindheit aus der Luft der Zeit in sein Blut genommen, bleibt unausscheidbar (...). Selbst aus dem Abgrund des Grauens, in dem wir heute halb blind herumtasten mit verstörter und zerbrochener Seele, blicke ich immer wieder auf zu jenen alten Sternbildern, die über meiner Kindheit glänzten, und tröste mich mit dem ererbten Vertrauen, daß dieser Rückfall dereinst nur als ein Intervall erscheinen wird in dem ewigen Rhythmus des Voran und Voran.»[50] Das heißt: Obwohl die Nationalsozialisten Stefan Zweig und seiner Familie alle nur erdenklichen Demütigungen zufügten, hielten den Schriftsteller jene ungreifbaren Erfahrungen seiner Kindheit aufrecht, die er «aus der Luft der Zeit in sein Blut genommen» hat; er tröstete sich mit dem «ererbten Vertrauen», dass die aktuellen Schrecken nur eine Episode bleiben werden. Irgendwann aber reichte die Macht der kindlichen Gewissheiten nicht mehr aus – und Stefan Zweig nahm sich gemeinsam mit seiner Frau Lotte im brasilianischen Exil das Leben.

Wir können unsere frühen Erfahrungen und ihre Auswirkungen auf unser späteres Leben gar nicht überschätzen. Sie beeinflussen unsere seelische und körperliche Gesundheit, wie man mittlerweile herausgefunden hat.[51] Was wir in Kindheitstagen erleben, prägt sich nicht nur unserem Gedächtnis ein. Vielmehr hinterlässt es auch objektiv nachweisbare genetische Spuren, die wir sogar an die nächste Generation weitergeben. Für den Psychiater Robert N. Emde ist diese Einsicht daher auch eine der «dramatischsten Erkenntnisse auf molekularer Ebene seit der Entdeckung des menschlichen Genoms». Die Erfahrungen des Säuglings beeinflussen seine genetische Anlage und bestimmen dadurch grundlegend sein späteres Denken, Fühlen und Handeln.[52]

Neben dem Leibgedächtnis gibt es noch weitere Ge

dächtnisarten, die dem impliziten zuzurechnen sind. Eines davon ist das «prozedurale» Gedächtnis. Darin speichern wir eingeübte Bewegungsabläufe, wie wir sie fürs Gehen oder fürs Fahrradfahren benötigen. Wir nutzen dafür die Prozesse des impliziten Gedächtnisses, weil wir dessen Inhalte jederzeit abrufen können, ohne das Bewusstsein zu involvieren. Das ist überaus sinnvoll, denn unsere Aufmerksamkeitsressourcen sind beschränkt, wie wir gesehen haben. Wir haben Besseres zu tun, als uns darauf zu konzentrieren, einen Fuß vor den anderen zu setzen. Unser Bewusstsein benötigen wir für Wichtigeres. Zur Klärung der Frage zum Beispiel, *wohin* wir gehen sollen, mit *wem* und ob wir dafür einen Regenschirm mitnehmen sollten.

Eine weitere Form des impliziten Gedächtnisses, das «traumatische», speichert schmerzhafte Erfahrungen ab. In der Folge erinnert sich unser Körper sehr genau daran, wie und wo er verletzt worden ist, und reagiert darauf – wiederum ohne dass wir uns bewusst damit befassen. Wie unmittelbar und autonom das geschieht, weiß jeder, der sich schon einmal den Arm gebrochen hat oder unter konkreten Schmerzen leidet. Er wird unwillkürlich zurückweichen, wenn jemand der verletzten Stelle zu nahe kommt oder den entsprechenden Körperteil anfassen will; oder er nimmt automatisch eine «Schonhaltung» ein, wie das Mediziner nennen. Das heißt, er bringt seinen Körper in eine Position, die ihm weitere Schmerzen erspart. In der Folge reagiert unser Körper dann nicht mehr, wie Thomas Fuchs schreibt, «als koordiniertes Ganzes wie beim prozeduralen Gedächtnis, sondern gehemmt, unkoordiniert» und mit eingeschränkter Freiheit. Traumatische Erinnerungen können weitreichende Folgen haben: Sie «schreiben sich dem Leibgedächtnis ein und können so auch zu späteren psychosomatischen Leiden führen».[53]

Das Leben ist anstrengend, unsere Ressourcen sind beschränkt, Körper und Gehirn daher darauf gepolt, es sich leichtzumachen. Und leicht machen wir es uns, indem wir erfolgreiche Lösungen abspeichern und später darauf zurückgreifen. Je nachdem, welche Art von Aufgabe wir zu lösen haben bzw. erfolgreich hinter uns gebracht haben, wenden wir uns an das explizite oder implizite Gedächtnis. Das gilt für Fakten ebenso wie für Verhaltensweisen. Hatten wir mit einem Vorgehen Erfolg, speichern wir es in Form von Routinen bzw. Schemata ab. Obwohl diese «komplexe Muster des Wahrnehmens, Bewertens, Denkens, Planens und Handelns»[54] darstellen, versetzen sie uns in die Lage, aktuelle Situationen schnell zu meistern. Schemata ähneln also einem komplizierten Computerprogramm, für dessen Programmierung wir sehr lange gebraucht haben, das wir aber einfach abrufen und anwenden können. Im Laufe des Lebens entwickeln wir eine immer differenziertere Sammlung unterschiedlichster Schemata, für kognitive Vorgänge ebenso wie für emotionale, die zudem – um die Sache endgültig verwirrend zu machen – auch noch so eng miteinander verknüpft sein können, dass sie einander aufrufen. Kurz gesagt: Schemata sind das Ergebnis von Vereinfachungen, die wir unter anderem zur Vereinfachung einsetzen.

Es gibt sehr viele Varianten, in denen sich das Wechselspiel aus Abspeichern und Abfragen von Informationen vollzieht. Im nächsten Kapitel soll es darum gehen, die zentrale Rolle unseres Körpers in diesem Zusammenhang zu beschreiben: Wie kann er uns konkret helfen? Zum Beispiel dabei, uns etwas einzuprägen oder uns leichter an etwas zu erinnern? Den Anfang machen wir am besten mit – unserer Nase.

Ein Fall für alle sieben Sinne

Je mehr Gerüche, Geschmäcker und Gefühle wir mit einem Ereignis verbinden, umso leichter behalten wir es im Gedächtnis – und umso schneller erinnern wir uns daran. Das gilt für den vergangenen Urlaub ebenso wie für Lateinvokabeln.

Als der Schriftsteller und spätere Nobelpreisträger Elias Canetti nach Marrakesch kommt, landet er, wie er in seinen späteren Reiseerinnerungen beschreibt[55], während eines Stadtspaziergangs auf «einem kleinen, rechteckigen Platz», in dessen Zentrum einige Garküchen stehen. «Manche brieten Fleisch, andere kleine Krapfen; sie hatten ihre Familie bei sich, die Frauen und Kinder.» Bauern in Berbertracht verkaufen lebende Hühner, am Rande des Platzes «waren Läden; in manchen arbeiteten Handwerker, ihr Hämmern und Klopfen tönte in den Lärm der Sprechenden».

Das alles schildert Elias Canetti eher beiläufig, ganz wie es seinem Vorsatz, ein herzloser Reisender zu sein, entspricht. Doch dann entdeckt er einen alten Bettler in der Mitte des Platzes. Und die Situation beginnt sich zu verändern: «Mit der Münze, die er bekam, wandte er sich sofort einem der kleinen Krapfen zu, die heftig in der Pfanne brutzelten. Es waren mancherlei Kunden um den Koch und der alte Bettler mußte warten, bis er an die Reihe kam. Aber er blieb geduldig, selbst so nah vor der Erfüllung seines dringlichen Wunsches. Als er den Krapfen schließlich bekommen hatte, stellte er sich damit wieder in die Mitte und aß ihn mit weit offenem Mund.» Und in diesem Moment ist es um Elias Canetti geschehen. Seine kühle Distanz verschwindet, er lässt sich vollkommen auf die Stimmung des Ortes ein: «Mir war zumute, als wäre ich nun wirklich woanders, am Ziel meiner Reise angelangt. Ich mochte nicht mehr weg von hier. Ich fand jene Dichte und Wärme des Lebens ausgestellt, die ich in mir selber fühle. Ich war dieser Platz, als ich dort stand. Ich glaube, ich bin immer dieser Platz.»

Es gibt sicher mehrere Lesarten dieser Szene aus den «Aufzeichnungen nach einer Reise», die Canetti zufällig, als Begleiter eines Filmteams, nach Marrakesch unternommen hat. Eine davon lautet: Als er auf den kleinen Platz kommt, bestürmen ihn eine Unzahl sinnlicher Eindrücke: der Anblick der Garköche, der Geruch des gebratenen Fleisches, das Hämmern und Klopfen der Handwerker, das Stimmengewirr, der (vorgestellte) Geschmack der brutzelnden Krapfen, das sinnlich wahrgenommene Behagen des essenden Bettlers. Möglicherweise führen ihn diese Eindrücke unvermittelt in die eigene Vergangenheit zurück. Und zwar in eine so frühe Phase, dass er dort keine konkreten Bilder findet und keine Sprache, sondern ein atmosphärisches Ganzes. Doch warum hat dieser kleine Platz den Schriftsteller so gefesselt? Und warum hat sich die Erinnerung daran so tief in seinem Gedächtnis verankert (das Buch veröffentlichte er erst ein Jahrzehnt nach der Reise)? All das hängt, so viel sei vorweggenommen, mit den vielfältigen Sinneseindrücken zusammen, die auf Canetti eingestürmt sind.

Es ist hinlänglich bekannt, dass sich uns etwas umso tiefer ins Gedächtnis gräbt, je öfter wir es erleben. Weniger bewusst ist den meisten, dass das auch dann geschieht, je mehr Sinneseindrücke, Gefühle und Körperbewegungen damit verbunden sind. Das gilt für Ereignisse ebenso wie für Fähigkeiten und Lateinvokabeln. Es mag Faktenwissen geben, mit dem wir nur sehr wenige sinnliche Reize verbinden, doch in der Regel gilt, dass unsere Wahrnehmung multisensorisch arbeitet. Dass wir also gar nicht anders können, als Erlebtes in Form verschiedenster Sinneseindrücke abzuspeichern. Und das hat einen guten Grund, denn wenn wir Neues über mehrere Sinneskanäle aufnehmen, werden im Gehirn auch mehrere Regionen aktiviert. Diese «Tiefe der Verarbeitung» befördert das Erinnern.[56]

Auf diese Weise behalten wir von einem großen Geburtstagsfest nicht nur die Bilder der Tanzenden im Kopf, sondern auch Musikfetzen, die Sommerluft auf der Haut, den Geruch von Gewürzen, den Geschmack des Nachtischs und die Kopfschmerzen am nächsten Tag. Und selbst beim Lernen von sperrigen Lateinvokabeln spielt sich in unserem Kopf mehr ab als gemeinhin angenommen. Wir prägen uns nämlich nicht nur das Verb «amare» (lieben) ein, sondern verbinden mit ihm auch das Bild einer Statue des Liebesgottes Amor, den Geruch unseres Klassenzimmers, den Anblick der Seite aus dem Lateinbuch und die Angst vor dem vokabelabfragenden Vater. Das heißt: Wir erinnern uns nicht bloß an ein konkretes Ereignis oder einen Begriff, sondern speichern einen sinnlich-bildlich-emotionalen Komplex ab, in dem das strahlende Gesicht des Geburtstagskindes oder das Wörtchen «amare» nur jeweils *ein* Element sind.

Das Wunderbare daran: Die Sache funktioniert auch umgekehrt. Je dichter das multisensorische Netzwerk einer Erinnerung gesponnen ist, umso leichter lässt sie sich wieder abrufen. Oft genügt, wie der Hirnforscher Gerald Hüther schreibt, schon ein kleiner Anlass, «ein bestimmtes Geräusch, ein spezieller Geruch, eine besondere Körperstellung oder ein eigentlich belangloser Satz, und alles ist plötzlich wieder präsent: Das ganze alte Geschehen steht uns wieder klar vor Augen, die gleichen alten Gefühle werden wieder wach, und wir rutschen sogar wieder in dieselbe Körperhaltung wie damals.»[57] Je mehr Knotenpunkte unsere Erinnerungsnetzwerke haben, umso höher die Wahrscheinlichkeit, dass einer von ihnen aktiviert wird – und uns der ganze Rest der Erinnerung wieder präsent wird. Ob so ein Knotenpunkt willentlich, zufällig, bewusst oder unbewusst aktiviert wird, spielt keine Rolle: Trifft es den richtigen, erinnern wir uns an ein lange zurückliegendes Ereignis. Manchmal sehr genau, manchmal vage, in Form eines flüchtigen Gefühls.

Es hängt von der individuellen Lebensgeschichte ab, welcher Art die Erinnerungen sind, die aktuelle Sinneseindrücke, Bewegungsformen oder Impulse wachrufen. Traumatisierte Menschen können bereits durch harmlos anmutende Reize in die schrecklichste Vergangenheit zurückversetzt werden. Wer hingegen vorwiegend Positives erlebt hat, dessen Alltag birgt die permanente Chance, das früher erfahrene Glück mit Hilfe kleinster Details von neuem zu durchleben.

Mittlerweile weiß man, warum sinnliche Eindrücke so unerwartet heftige Erinnerungen und Gefühle auslösen können: Wir nehmen sie unmittelbar wahr, ohne dass sich das Bewusstsein damit befasst. Auf diese Weise verbinden sie sich leichter mit Bildern, Gefühlen und Ereignissen. Und können deswegen die verschütteten Erinnerungen auch leichter reaktivieren.

Aber nicht nur Sinneseindrücke rufen bestimmte Bilder wach, sondern umgekehrt auch Bilder die Sinneseindrücke. Herausgefunden hat das eine Gruppe Neurowissenschaftler, die den Teilnehmern ihrer Studie Bilder und einen spezifischen Geruch präsentierte und sie gleichzeitig bat, sich dazu eine Geschichte auszudenken.[58] In der darauffolgenden Testphase ließ man den Geruch weg und präsentierte denselben Menschen nur mehr die Bilder. Wie beim ersten Mal beobachtete man dabei gleichzeitig ihre Gehirntätigkeit. Und siehe da: Auch das Bild allein aktivierte jene Hirnregionen, die für die Wahrnehmung von Gerüchen verantwortlich sind.

Diese Studie mag auf den ersten Blick wie ein akademisches Detail erscheinen, hat aber bei genauerer Betrachtung das Zeug, uns vor versteckten Manipulationsversuchen zu bewahren. Der an der Studie beteiligte Neurologe Jay Gottfried wies nämlich darauf hin, dass sich die Werbung unseres assoziativen Gedächtnisses bediene.[59] So präsentiere man uns Produkte gemeinsam mit Details, die in uns zum Beispiel die sinnlichen Eindrücke aus dem eigenen Urlaub wachrufen. Auch wenn die einzige Ähnlichkeit zwischen Werbung und persönlicher Erinnerung der Sonnenhut sei, den eine Person in einem Clip trage, könne das bereits genügen, uns zu einer Kaufentscheidung zu bewegen.

Doch Sinneseindrücke beeinflussen nicht nur unser unmittelbares Erinnerungsvermögen. Sie spielen auch für das Erlernen und Verstehen von Sprache eine wichtige Rolle. Wie gut uns beides gelingt, hängt nämlich unter anderem davon ab, welche optischen und taktilen Reize wir dabei empfangen. Bereits seit längerem ist bekannt, dass wir beim Zuhören nicht nur auf den Sinn der Worte achten, sondern unbewusst auch die Mimik und Lippenbewegung unseres Gegenübers verfolgen. Passen sie zum Gesprochenen, können wir besser folgen, wenn nicht, kommen wir durcheinander. Ein Phänomen, das in der Entwicklungspsychologie als «McGurk-Effekt» bekannt geworden ist. Namensgeber ist der Psychologe Harry McGurk, der in den 1970er Jahren seinen Versuchsteilnehmern Videos vorspielte, auf denen jemand zu sehen war, der mit den Lippen die Silben «ga ga» formte, während jedoch «ba ba» zu hören war. Diese Irritation führte dazu, dass die Versuchsteilnehmer etwas ganz anderes – nämlich «da da» – verstanden.

Deutlich neueren Datums ist die Entdeckung, dass auch Berührungen der Haut sich darauf auswirken, wie gut wir andere verstehen. Im Rahmen einer Studie wurden den Teilnehmern verschiedene Silben vorgespielt, während ihnen gleichzeitig ein sanfter Lufthauch in den Nacken oder auf den Handrücken blies.[60] Und siehe da: Diese kaum merklichen Interventionen veränderten das subjektive Verständnis der Silben. Daraus schlossen die Wissenschaftler, dass «unser Sprachsystem viel multimodaler funktioniert als bislang angenommen», wir also grundlegend auf unsere Sinne angewiesen sind, wenn wir unsere Mitmenschen verstehen oder ganz allgemein mit Sprache besser umgehen wollen; auch darauf haben unsere Sinneseindrücke Einfluss.

Wie stark der ist, zeigen die Erkenntnisse der Sprach- und Kognitionsforscherin Angela Friederici. Sie hat die Entwicklung von Kindern untersucht, die dem Thomaner-Chor angehörten, also von früh an Musikunterricht erhielten.[61] Und sie mit jener von Kindern verglichen, die über ähnliche Intelligenz und gleiche sozioökonomische Voraussetzungen verfügten, aber nicht regelmäßig sangen. Sie führte mit beiden Gruppen Sprachtests durch und fand heraus, dass die Thomaner-Kinder Fehler in Sätzen viel eher erkannten als ihre Altersgenossen. Und das aus einem klar zu benennenden Grund: «Wenn man sich ansieht, welche Hirnareale das bewirken, dann sieht man, dass die Hirnareale, die Sprache verarbeiten, und diejenigen, die Musik verarbeiten, eine große Überlappung zeigen. Wenn ich also das Gehirn mit Musik trainiere, profitiert man gleichzeitig auch bei der Sprachverarbeitung.»

Denn nicht nur sinnliche Eindrücke führen dazu, dass wir uns plötzlich an konkrete Situationen erinnern. Auch Gefühle lösen diesen Effekt aus. Der klassischen Redewendung folgend, dass sich Gleich und Gleich gern gesellt, provoziert die aktuelle Gefühlslage ähnlich gefärbte Erinnerungen. In einer glücklichen Stimmung erinnern wir uns eher an glückliche Erlebnisse.[62] Der Nachteil an diesem Mechanismus: Er gilt für alle Stimmungen. So ruft schlechte Laune schlechte Erlebnisse wach. Es hängt also von der konkreten Situation ab, in welche Phase des Lebens uns die mächtigen Gefühle zurückbeamen. Dazu in der Lage sind sie in jedem Fall. Ein mächtiges Gegenmittel, um jenen Automatismus zu bekämpfen, der uns in traurigen Phasen bloß Trauriges sehen lässt, bietet uns der eigene Körper. So genügt es mitunter, kurz zu lächeln – und schon bringen wir die direkte Verbindung zwischen mieser Stimmung und miesen Erinnerungen ein wenig durcheinander.

Es mag banal klingen, aber man sollte ganz prinzipiell

die Kraft eines positiven Grundgefühls nicht unterschätzen. So gibt es nur wenige Situationen, in denen es nicht hilfreich wäre, auf die eigene Stimmung zu achten und sie nach Möglichkeit aufzubessern. Auch unser Erinnerungsvermögen wird durch Glücksgefühle nachweisbar beeinflusst. So zeigt eine aktuelle Studie, dass Dopamin (besser bekannt als Glückshormon) Auswirkungen auf das episodische Gedächtnis hat, also auf jenen Teil des Langzeitgedächtnisses, in dem wir persönliche Ereignisse speichern.[63] Der einfache Grund für die Wechselbeziehung zwischen Glück und Erinnerungsvermögen: Unser Gehirn braucht das Dopamin, um sich Erlebnisse einzuprägen. «Es verbessert sozusagen die Überlebenschance von Gedächtnisinhalten», so die Wissenschaftler. Das wiederum gilt für alle Gefühle und für alle Formen von Erinnerungen: Je heftiger die Emotionen, die mit einem bestimmten Ereignis verbunden sind, umso tiefer gräbt es sich in unser Gedächtnis ein.

Doch für unsere Gedächtnisleistung ist bei weitem nicht jede starke Emotion hilfreich. Stress zum Beispiel nicht. Wenn uns die Dinge über den Kopf wachsen, dann schüttet unser Körper das Hormon Cortisol aus. Es sorgt dafür, dass wir uns plötzlich an nichts mehr erinnern können und vom sprichwörtlichen Blackout um die Früchte unseres Lernens gebracht werden. Was tun? Die Psychoanalytikerin Maja Storch weiß Rat: «Wenn man nun dafür sorgen will, dass man in einer Prüfungssituation optimalen Zugriff auf das ganze, in mühseliger Arbeit gelernte Wissen hat, muss man dafür sorgen, dass dieses Stresshormon gar nicht erst ausgeschüttet wird.»[64] Das klingt einfacher gesagt als getan, aber es kann manchmal schon reichen, eine aufrechte Haltung einzunehmen. Oder sich zu bewegen. Einmal abgesehen von den positiven körperlichen Effekten, die ein kleiner Spaziergang ganz grundsätzlich hat, erleichtert er es uns auch, neue sinnliche Eindrücke zu sammeln, im Gedächtnis zu behalten und später wieder wachzurufen. Grund genug also, uns in Bewegung zu setzen. Wie genau, davon nun Genaueres.

Mit den Händen denken und den Füßen Lernen

Oberste Schülerpflicht: Während des Unterrichts ruhig sitzen und still sein! Ein fataler Irrtum, denn nur wer sich bewegt, kann aufmerksamer sein, neue Ideen entwickeln und Neues lernen. Ganz zu schweigen von der Macht der Gesten: Sie helfen uns, sprechen zu lernen und Gedanken zu formulieren, die uns selbst noch nicht ganz klar sind.

In der Hitliste der Ermahnungen, die Schülerinnen und Schüler täglich zu hören bekommen, rangieren die folgenden ganz oben (so das Ergebnis einer privaten Umfrage): «Sitz doch endlich still!» – «Zappel nicht so rum!» – «Hör auf zu kippeln!» – «Ruhe dahinten!» Das lässt den Schluss zu, dass die Schule zwischen Bewegungslosigkeit und Lernerfolg eine direkte Verbindung herstellt, es also das Abspeichern und spätere Abrufen von neuem Stoff fördere, wenn man dabei möglichst passiv bleibt. Es fällt mir schwer, so zu tun, als gäbe es darüber eine ernsthafte Debatte, in der die Pros und Contras krachend aufeinandertreffen. Vielmehr purzelt einem schon nach kurzer Recherche eine Vielzahl von Studien mit eindeutigem Ergebnis entgegen. Deren Fazit: Wer sich regelmäßig bewegt, kann sich besser erinnern, tut sich beim Lernen leichter und fühlt sich ganz grundsätzlich besser. Die Gründe sind mannigfach: Häufige Bewegung sorgt für eine bessere allgemeine Durchblutung, wovon auch der Stoffwechsel im Gehirn profitiert. So wird der Abbau von Gehirnsubstanz gestoppt, der bei jedem Menschen ab dem dreißigsten Lebensjahr einsetzt. Neue Gehirnzellen bilden sich und Synapsen entstehen. Die Gefahr, an Alzheimer oder Parkinson zu erkranken, verringert sich, hängen doch beide Störungen mit der Rückbildung von Gehirnsubstanz zusammen. Kaum beginnen wir uns zu bewegen, durchflutet eine Unzahl wunderbarer Botenstoffe unseren Körper und unser Gehirn. Dadurch fühlen wir uns besser, was wiederum unsere Aufmerksamkeit, Lernbereitschaft und Merkfähigkeit erhöht. Die Gefahr depressiver Verstimmungen nimmt ab. Ganz zu schweigen davon, dass wir nach einer Joggingrunde meist zufrieden und glücklich nach Hause kommen und es auch noch eine ganze Zeit lang bleiben. Das Gleiche gilt fürs Schwimmen, Powerwalking, Radfahren, Hüpfen, Tanzen und Springen. Egal wie, wo und wann, Hauptsache, wir bewegen uns.

Zwar sind die Wechselwirkungen zwischen Bewegung und Lernerfolg weniger umfassend erforscht, doch auch bei diesem Thema herrscht prinzipiell Einigkeit. Die beiden Sportwissenschaftler Sigrid Dordel und Dieter Breithecker halten es für unbestritten, dass es «Zusammenhänge zwischen Motorik und Kognition» gebe. Auch die «Einflüsse von Wahrnehmung und Bewegung auf das Lernen, auf die Lern- und Leistungsfähigkeit von Kindern» seien nichts, worüber man noch debattieren müsse.[65] Ende der Durchsage.

Zeit, konkreter zu werden. Wie die Wissenschaftler der Universität Dundee in Schottland. Sie haben in einer kürzlich publizierten Langzeitstudie gezeigt, dass sich regelmäßiger Sport deutlich auf den Schulerfolg auswirkt.[66] Ihre Untersuchung ist besonders eindrucksvoll, da sie die Entwicklung von rund 4800 Schülerinnen und Schülern verfolgt. Das erste Mal untersuchten die Psychologen deren Bewegungsverhalten und Schulnoten als Elf-, dann als

Dreizehn- und schließlich als Sechzehnjährige. Das Ergebnis: Wer sich von Anfang an ausreichend bewegte, bekam – im Vergleich zu den weniger aktiven Mitschülern – auch gute Noten in Englisch, Mathematik und Naturwissenschaften. Es genügte bereits, wenn die Jungs pro Tag siebzehn Minuten mehr Sport trieben und die Mädchen zwölf. Eine Entwicklung, die mit steigendem Alter noch an Dynamik gewann: je mehr Sport, desto bessere Leistungen. Drei weitere bemerkenswerte Erkenntnisse lieferte die Studie. Die erste: Soziale Einflüsse scheinen bei der Leistungsverbesserung keine Rolle zu spielen. Die zweite: Je früher die Kinder mit dem Sport begannen, desto eher merkte man das ihren Zensuren an. Und die dritte: Vor allem Mädchen profitierten von der körperlichen Bewegung, besonders in den Fächern Mathematik und Naturwissenschaften. Was dazu führte, dass die meisten Berichte über diese Studie überschrieben waren mit «Sport lässt Mädchen in Mathe besser werden». Die Ergebnisse dieser Untersuchung sind also auch mit Blick auf die Bemühungen, Frauen in Naturwissenschaften zu fördern, von großer Bedeutung.

Diese enge Verbindung zwischen körperlicher Bewegung und der Entfaltung kognitiver Fähigkeiten geht auf unsere frühe Kindheit zurück. In dieser Zeit erfahren wir die Welt ausschließlich mit Hilfe unseres Körpers und unserer Sinne: Wir ertasten, schmecken, riechen, hören und sehen sie und speichern all diese Erfahrungen in unserem Leibgedächtnis ab. Unsere Umwelt können wir freilich nur entdecken, wenn wir nicht den ganzen Tag an einer Stelle verharren, sondern die Welt erkunden, uns neuen Reizen aussetzen und lernen, diese zu verarbeiten. Wir bewegen uns also in jeder Hinsicht: Kinder nehmen von Anfang an ihre Umgebung mit Hilfe der Bewegungen ihrer Augen, ihres Rumpfes, ihres Kopfes, ihrer Hände, Füße und Finger wahr. Und setzen damit eine Spirale des kontinuierlichen Lernens in Gang. Indem Kinder die Welt erkunden, verbessern sie auch ihre motorischen Fähigkeiten. Weil sie sich zunehmend sicherer, feinmotorischer und aufmerksamer bewegen können, werden sie motiviert, die Welt immer genauer zu erkunden.

Carl hüpft auf einem Bein. Carl dreht sich im Kreis. Carl bleibt stehen, zeichnet ein paar schnelle Bewegungen in die Luft. Carl rollt über den Boden. Mit einem Wort: Carl denkt nach. Wer Kinder schon einmal unauffällig beobachtet hat, wird schnell erkennen, dass sie zum Nachdenken ihren ganzen Körper benötigen. Und ihn mit großer Lust einsetzen. Für Außenstehende sieht das mitunter befremdlich aus, doch hat man das Schauspiel mehrfach erlebt, wird man ihm mit wachsender Faszination folgen. Und zugleich ehrlich bedauern, dass dieser ganzheitlichen Art des Erinnerns und des Lernens recht bald ein Ende bereitet werden wird. Durch Konventionen, Eltern und Schulen. Dabei ist Bewegung während kognitiver Vorgänge das Allernatürlichste und noch dazu Sinnvollste. Ein Beispiel für diese innige Verschränkung ist das Gestikulieren. Es lässt sich in allen Kulturen gleichermaßen beobachten, selbst Menschen, die von Geburt an blind sind, setzen ihre Hände beim Sprechen ein. Gestikulieren ist also ein angeborenes Verhalten, das eine Brücke zwischen Körper und Kopf schlägt: Gesten verbinden nämlich konkrete physische Bewegungen mit abstrakten kognitiven Vorgängen. Sie können zum Beispiel anderen verraten, wenn wir uns einer Sache nicht sicher sind.[67] Gleichzeitig aber ist es auch möglich, dass wir mit Hilfe von Handbewegungen selbst solche Gedanken formulieren, «für die wir noch keinen Ausdruck gefunden haben».[68] Wir entwickeln also gleichsam mit den Händen eine Idee, die wir erst später in Worte fassen können.

Daher kommt dem Gestikulieren eine so wichtige Rolle beim Verstehen und Lernen zu, nicht zuletzt beim Spracherwerb. Wenn Eltern ihren Babys Worte wie «Ball» und «Haus» und «Bauarbeiter» vorsprechen, ist das ein Anfang. Noch besser aber ist es, wenn sie dabei mit den Armen sinnvolle Bewegungen machen. Damit setzen sie eine Entwicklung in Gang, die sich auf das gesamte Leben des Kindes auswirkt, wie eine Langzeitstudie zeigen konnte.[69] Kinder von gestikulierenden Eltern übernehmen deren Angewohnheit, entwickeln nicht nur einen umfangreicheren Wortschatz, sondern sind später auch erfolgreicher in der Schule. Die Wissenschaftler erklären das so: Gesten dienen Kindern ab dem vierten Lebensmonat als Kommunikationsmittel, das das Sprachverständnis unterstützt. Sie zeigen auf ihr Fläschchen, die Eltern zeigen ebenfalls auf das Fläschchen, sagen «Fläschchen», das Kind merkt sich «Fläschchen», bis es dann eines Tages «Fläschchen» sagen kann. Einzelne Wissenschaftler vertreten sogar die These, der Spracherwerb gründe ausschließlich in unserer Fähigkeit zu gestikulieren. In diesem Zusammenhang sind freilich die sozialen Umstände von entscheidender Bedeutung, in denen ein Kind aufwächst. Reden die Eltern viel und gestenreich mit ihren Kindern, geben sie das unbewusst weiter, ihre Kinder tun es ihnen nach, werden dafür gelobt, lernen noch mehr und immer so fort. Fehlt diese äußere Anregung, drohen selbst größte Verbaltalente zu verkümmern.

Gesten helfen allerdings nicht nur beim Spracherwerb, sondern machen uns auch ganz allgemein klüger. So das Ergebnis einer Studie, die ein Forscherteam der Berliner Humboldt-Universität durchgeführt hat. Ausgangspunkt war die Beobachtung, dass Menschen beim Versuch, jemand anderem einen Sachverhalt begreiflich zu machen, auf unterschiedliche Weise gestikulieren. Daher wollten die Wissenschaftler herausfinden, ob zwischen der Neigung zum Gestikulieren und der fluiden Intelligenz eines Menschen ein Zusammenhang besteht – also der Fähigkeit, Probleme zu lösen und logisch zu denken. Das Ergebnis: Er besteht, der Zusammenhang. Man habe zweifelsfrei feststellen können, «dass Kinder, die man angewiesen hat, auf eine ganz bestimmte Art und Weise zu gestikulieren, neue Aufgaben besser lernen als Kinder, die nicht gestikulieren durften».[70] Darauf gekommen waren die Wissenschaftler im Rahmen eines Versuchs, der die Teilnehmer vor eine knifflige Aufgabe stellte. Dabei sollten sie herausfinden, ob zwei schachbrettartige Muster auf der linken Seite eines Computerbildschirms an derselben Achse gespiegelt worden waren wie die beiden Muster auf der rechten Bildschirmseite. Jene Teilnehmer, die über eine höhere fluide Intelligenz verfügten, lösten diese Aufgabe nicht nur besser, sondern sie gestikulierten deutlich mehr, als sie erklären sollten, wie sie das Problem gelöst hatten. Doch damit nicht genug: Sie verwendeten Gesten, die das Drehen eines Gegenstandes um eine Achse simulierten – und zwar überraschenderweise ohne dass sie darüber ein Wort verloren. So kam es, dass die Wissenschaftler nur anhand der Gesten unterscheiden konnten, ob Teilnehmer mit höherer oder geringerer fluider Intelligenz vor ihnen saßen. Gesten sind also dazu in der Lage, jene Bewegungen zu simulieren, die wir zur Lösung einer bestimmten Aufgabe benötigen. Eine These, die von einer weiteren Studie aufs schönste ergänzt wird.[71] Darin wurde gezeigt, dass man die kognitiven Fähigkeiten von kleinen Kindern bereits gut daran erkennen kann, wie sehr sie mit den Händen sprechen. Die Vielgestikulierer lösten ihre Aufgaben deutlich schneller als jene Kinder, die sich verhielten, wie man es klassischerweise von Schulkindern erwartet: still und brav. Die Wissenschaftler von der Humboldt-Universität sind deswegen überzeugt, dass sich Kinder «bei ihrer Entwicklung buchstäblich selber zur Hand gehen, indem sie mehr gestikulieren».[72] Sie können das, ganz zweifellos, man darf es ihnen nur nicht verbieten.

Ein klassisches Vorurteil lautet bekanntlich, dass Mathe eher ein Fach für Jungs sei. Das Frustrierende an diesem Stereotyp: Es stimmt mitunter. So belegt eine Reihe von Studien, dass Mädchen größere Probleme mit Aufgaben haben, bei denen es um räumliches Denken geht. Doch bevor Sie nun aufstöhnen – daran ist keinesfalls die mangelnde Begabung der Mädchen schuld, sondern etwas ganz anderes, ungleich Rätselhafteres: Mädchen gestikulieren kaum, wenn sie entsprechende Aufgaben zu lösen versuchen.[73] «Vielleicht hat man ihnen gesagt», spekuliert der Philosoph und Buchautor Lawrence Shapiro in einem Interview, «dass sie die Hände in den Schoß legen sollen oder irgend so etwas».[74] Jungs hingegen, so zeigen wiederholte Beobachtungen, sprechen und gestikulieren deutlich mehr beim Problemewälzen. Besonders bemerkenswert: Sie verfolgen sprachlich mitunter andere Lösungsansätze, als ihre Gesten nahelegen. Das lässt den

Schluss zu, dass sie beide Systeme unterschiedlich nutzen, Gesten also tatsächlich eigene Lösungsansätze ermöglichen und nicht nur sprachbegleitendes Beiwerk sind.

Bewegungen sind nicht gleich Bewegungen und Gesten nicht gleich Gesten. Vielmehr werden sie immer im Zusammenhang mit dem konkreten Kontext wahrgenommen. Nur logisch, dass es dabei zu Verwirrung kommen kann. In einer Studie wird das Beispiel einer Lehrerin angeführt, die ihren Schülern durch spontane, nur leider irreführende Gesten einen falschen Rechenweg nahelegte.[75] So habe die Lehrerin von einem Schüler verlangt, das Problem 7 + 6 + 5 = X + 5 zu lösen. Dieser habe geantwortet, X müsse 18 betragen. Während die Lehrerin dem Jungen erklärte, was er falsch gemacht habe, zeigte sie nacheinander auf die Zahlen links und rechts des Gleichheitszeichens, mit dem Ergebnis, dass der Schüler die Erklärungen der Lehrerin unterbrach – und eine neue Lösung anbot. Diesmal lautete sie: 23. Formal gesehen: falsch. Nimmt man jedoch die Gesten der Lehrerin, die eine Addition der vier Zahlen nahelegten, als Grundlage der Beurteilung: eindeutig richtig!

Eine gute Gelegenheit also für ein paar Tipps, wie man Gesten in der Schule und im Alltag einsetzen kann.[76] Erst mal sollten wir unsere Gesten daraufhin untersuchen, ob sie zum Lehrstoff bzw. unserer Botschaft passen. Schüler und Studenten müssten von den Lehrenden explizit zum Gestikulieren ermutigt werden, wenn sie ein Problem erklären wollen. Ihre Gesten können oft zeigen, dass sie der Lösung näher sind, als sie es verbal auszudrücken in der Lage sind. Lehrer können daran sowohl den Wissensstand als auch die Lernbereitschaft ihrer Schüler erkennen.

Falsch eingesetzte Gesten hingegen locken mitunter nicht nur bemitleidenswerte Grundschüler in mathematische Abgründe, manchmal machen sie auch Erwachsenen das Leben schwer. Immer dann nämlich, wenn wir in einer Art und Weise gestikulieren, die nicht zu unserem Denken passt. Was dabei herauskommt, zeigt ein Versuch, den der bereits erwähnte Lawrence Shapiro durchgeführt hat.[77] Die Teilnehmer mussten gleichzeitig zweierlei tun: Bohnen sortieren und beurteilen, ob die Sätze, die man ihnen vorlas, einen Sinn ergeben. In der Regel ging das den Teilnehmern flott von der Hand. Ins Stocken kamen sie immer dann, wenn in den Sätzen Bewegungen beschrieben wurden, die zwar ihren eigenen ähnelten, genau genommen aber nicht dazu passten. Als etwa vom Kartenausteilen die Rede war, reagierten die Versuchsteilnehmer prompt langsamer auf den vorgelesenen Satz.

Das funktioniert freilich auch umgekehrt: Wenn Gehörtes und Bewegungen zusammenpassen, verstehen wir Begriffe deutlich leichter. So verarbeiten wir gute Nachrichten schneller, wenn wir die dazu passende Armhaltung einnehmen – und zwar eine angewinkelte, so als wollten wir die Wörter umarmen. Negatives wiederum verstehen wir schneller, wenn wir die Arme abwehrend ausstrecken.[78] Diesem Phänomen liegt ein sehr altes und sehr einfaches Bewertungsschema zugrunde, auf das wir immer wieder zurückgreifen. Es kennt nur zwei Optionen: gut oder böse. Mit unserem Körper drücken wir aus, wie wir etwas empfinden. Bei angenehmen Dingen machen wir einladende Bewegungen oder nehmen eine offene Haltung ein. Erscheint uns etwas als böse, dann tun wir alles, um es uns *vom Leib zu halten*, weisen es also gestisch zurück. Auch Kopfbewegungen beeinflussen, wie gut wir bestimmte Begriffe wahrnehmen: Wer nickt, versteht positive Begriffe schneller (Nicken = Zustimmung = gut) und negative langsamer; beim Kopfschütteln läuft alles anders herum.

Wollen wir uns also die Sache mit dem Lernen ein wenig leichter machen, sollten wir auf unsere Bewegungen und Haltungen achten. Stemmt sich jemand im wahrsten Sinne des Wortes *mit dem ganzen Körper* gegen den Lernstoff, ist das nicht die beste Voraussetzung. Es ist der Phantasie des Einzelnen überlassen, wie er sein Kind, seinen Schüler oder Kollegen ganz beiläufig dazu bringt, das entsprechende Thema körperlich und inhaltlich *zu umarmen*. Dann ist zumindest ein Anfang gemacht. Auch fürs Lernen selbst gibt es kleine, feine Körpertricks. Sie wirken etwas eigenartig, daher wird die größte Aufgabe darin bestehen, die Skepsis der Lernenden zu überwinden. Eine Gruppe von Lernforschern hat nämlich in einer Studie etwas sehr Nützliches herausgefunden: Sowohl das Lernen als auch das Aufrufen von Fakten können wir uns deutlich leichter machen, wenn wir unsere Hände kurz zu Fäusten ballen.[79] Wie es am besten klappt, will ich jetzt kurz schildern.

Dazu sehen wir uns am besten an, was die Wissenschaftler mit ihren Versuchsteilnehmern angestellt haben. Sie zeigten ihnen eine Liste mit sechsunddreißig Wörtern, die sie sich einprägen sollten. Dann lenkten sie die Anwesenden mit einer kurzen Aufgabe ab. Anschließend sollten die Teilnehmer versuchen, möglichst viele der Wörter korrekt wiederzugeben. Also genau das, was Schüler für gewöhnlich bei Vokabeltests machen müssen. Eine Gruppe hatte *vor* dem Lernen einen Gummiball in die *rechte Hand* genommen und ihn zweimal fünfundvierzig Sekunden lang fest zusammengedrückt. Und dann das Gleiche noch mal mit der linken Hand. Diese kleine Übung hatte große Wirkung. Die Gründe: Unser Gehirn speichert Erinnerungen zwar vernetzt ab. Das bedeutet aber nicht, dass es in unserem Kopf überhaupt keine Ordnung gäbe. Es lassen sich durchaus Areale identifizieren, die für gewisse Aufgaben zuständig sind. So ist der linke Frontallappen offensichtlich unter anderem für das Abspeichern von Fakten zuständig. Und sein rechtes Pendant für das erfolgreiche Abrufen derselben. Hände und Hirnhälften sind bekanntlich miteinander verbunden, verwirrenderweise kreuzweise. Wer also die linke Hand zur Faust ballt, aktiviert die rechte Hirnhälfte und umgekehrt. Womit sich erklärt, warum das mit dem Fäusteballen klappt.

Hält Ihr Kind zum Beispiel während des Vokabellernens einen Stift fest in der rechten Hand, dann ist alles in bester Ordnung (rechts ballen = besser lernen). Geht es hingegen um das Wiedergeben gelernter Vokabeln, sollten Sie dem Kind den Stift sanft aus der rechten Hand nehmen und in die linke drücken, denn durch das Ballen der falschen Hand bereiten wir unserem Hirn zusätzlichen Stress.[80] Und wenigstens *das* sollten wir all jenen ersparen, an deren Erfolg beim nächsten Lateinvokabeltest uns gelegen ist.

Doch das war's noch lange nicht, Kopf und Körper haben noch einiges mehr drauf, um uns die Denkarbeit ein wenig leichter (und bisweilen auch schwerer) zu machen. Manchmal überlässt der Kopf dem Körper nämlich das Denken fast komplett. Und das sieht dann so aus ... ach was, bevor ich die Sache lange beschreibe, versuchen Sie es doch bitte selber. Bereit? Bitte finden Sie heraus, aus wie vielen Buchstaben das Wort «Donaudampfschifffahrtskapitän» besteht und tragen Sie die Lösung hier ein:_____. Das war's auch schon. Sind Sie nun vorgegangen wie die meisten von uns, dann haben Sie die rechte Hand zur Faust geballt, für jeden Buchstaben einen Finger ausgeklappt, beginnend beim Daumen, und haben dann mit der linken Hand genauso weitergemacht. Richtig? Womit sich der Hinweis auf die Studie zum Fingerzählen fast erledigt hätte, wenn sie nicht noch etwas Weiteres gezeigt hätte. Zum einen dass sich in vielen Kulturen die Menschen das Rechnen leichter machen, indem sie sich ihrer Finger bedienen, dabei aber verschieden vorgehen; in Japan startet man zwar ebenfalls mit der rechten Hand, beginnt aber mit der offenen Hand und klappt dann einen Finger nach dem anderen ein, den kleinen zuerst. Darüber hinaus ergab die Studie, dass es unseren mathematischen Erfolg steigert, wenn wir das Rechnen nicht allein dem Kopf überlassen, sondern es an den Körper delegieren. Und sei es an die Zehen, wie das die Menschen in Papua-Neuguinea tun.[81]

Unser Körper kann aber noch mehr: Eine Gruppe von Psychologen zeigte, dass wir sogar Wissen in unseren Körper auslagern, ohne etwas davon mitzubekommen.[82] Sie setzten hundert Studienteilnehmer vor Computertastaturen und baten sie, einfach draufloszuschreiben. Das Ergebnis: Im Durchschnitt schafften die Teilnehmer rund 73 Wörter in der Minute, also sechs Anschläge pro Sekunde; dabei tippten sie 94 Prozent der Wörter richtig. Die Leute wussten also mit einer Tastatur umzugehen. Die darauffolgende Aufgabe hätte sie eigentlich vor keine große Herausforderung stellen dürfen. Tat sie aber. Sie bekamen ein Blatt Papier in die Hand gedrückt, auf dem eine unbeschriftete Computertastatur abgebildet war. In die sollten sie nun binnen achtzig Sekunden die Tastaturbelegung eintragen. Das Ergebnis war verheerend: Die eben noch so flink tippenden Menschen konnten im Durchschnitt bloß fünfzehn Buchstaben korrekt angeben, also ein wenig mehr als die Hälfte. Des Rätsels Lösung, so die Psychologen: Ist eine Tätigkeit neu für uns, widmen wir ihr unsere volle Aufmerksamkeit, um sie zu verstehen und zu erlernen. Sobald das geschehen ist, delegieren wir die Sache weiter – im vorliegenden Fall an die Finger und das implizite Gedächtnis, das unter anderem für alle prozeduralen Fähigkeiten zuständig ist (Radfahren, Tennisspielen, Gehen). Gleichzeitig löschen wir das Wissen «So bediene ich korrekt eine Tastatur» aus unserem expliziten Gedächtnis. Ist ja erfolgreich gelernt, die Sache. Um es mit den Worten von Kristy Snyder zu sagen, der Hauptautorin der Studie: «Dieses Phänomen zeigt, dass wir extrem komplizierte Dinge tun können, ohne detailliert zu wissen, was wir da tun.»[83]

Doch wehe, uns wird das Unbewusste bewusst! Das kann unangenehme Folgen haben. Der entscheidende Vorteil, Wissen in unsere Finger und unser implizites, dem Bewusstsein nicht zugängliches Gedächtnis auszulagern, besteht nämlich darin, dass wir auf diese Weise schnell und fehlerfrei agieren können. Weder verschwenden wir wertvolle Aufmerksamkeitsressourcen, um uns an die Tätigkeit selbst zu erinnern, noch bringen wir uns durch bewusste Überlegungen aus dem automatisierten Konzept. So kommt es, dass der Körper eines erfahrenen Golfspielers wisse, was zu tun sei, ohne lange drüber nachzudenken, erzählt der Psychologe Gerd Gigerenzer. Wenn man freilich so einen Golfspieler anweise, «genau auf seine Bewegungsabfolge zu achten, dann werden diese Leute schlecht». Die Profis gehen also gleichsam in ihrer Entwicklung zurück und unterwerfen eine Fähigkeit, die ihnen längst in *Fleisch und Blut* übergegangen ist, wieder der umständlichen Kontrolle des Kopfes. Einem Anfänger hingegen würde die bewusste Beschäftigung mit den Bewegungen helfen, sagt Gigerenzer, denn er ist eben erst dabei, jenes Wissen zu sammeln, das er im nächsten Schritt an seinen Körper weitergibt. Und Gigerenzer gibt uns noch einen kleinen Trick mit auf den Weg. Das Phänomen sei auch strategisch verwendbar, meint er: «Angenommen, Ihr Tennisgegner hat heute eine so starke Vorhand, dass Sie kaum eine Chance haben. Wenn Sie dann die Seiten wechseln und beim Vorbeigehen sagen, Mensch, du hast heute aber eine tolle Vorhand, wie machst du das bloß, dann haben Sie eine gute Chance, dass er beginnt, darüber nachzudenken, und die Vorhand nicht mehr so gut ist.»[84]

Etwas zu lernen ist das eine. Es aus dem Gedächtnis wieder hervorzuzaubern das andere. Doch keine Sorge, auch dabei steht uns der eigene Körper hilfreich zur Seite. Wir müssen nur wissen, wie wir ihn dazu animieren können. Indem wir uns zum Beispiel auf eine ganz bestimmte Weise bewegen. Dann kommen die dazu passenden Erinnerungen wie von selbst. Wie das konkret aussehen kann, haben Daniel Casasanto und Katinka Dijkstra vom Max-Planck-Institut für Psycholinguistik gezeigt. Und zwar mit Hilfe eines einfachen Tests.[85] Sie ließen ihre Versuchsteilnehmer beidhändig Glaskugeln von einem unteren Fach in ein oberes sortieren oder umgekehrt. Gleichzeitig sollten die Menschen Fragen nach verschiedenen Erlebnissen aus ihrem Leben beantworten. So einfach der Versuch, so weitreichend die Erkenntnisse. Es zeigte sich nämlich zweierlei: Sortierten die Teilnehmer Kugeln von unten nach oben, dann beantworteten sie Fragen nach positiven Erinnerungen deutlich schneller und solche nach schlechten langsamer. Der Grund: Wir Menschen assoziieren *oben* mit Positivem und *unten* mit Negativem – wieder lassen unsere sprachlichen Metaphern grüßen. Wurden die nach oben Sortierenden gebeten, doch zu erzählen, wie sie einmal etwas wirklich Köstliches gegessen oder einen Wettbewerb gewonnen hatten, dann waren sie mit einer entsprechenden Anekdote schnell zur Hand; sollten sie sich freilich daran erinnern, wie sie einmal bestohlen worden waren oder ihnen so richtig schlecht gewesen war, brauchten sie sehr viel länger dafür. Dieser Versuch wird Sie vielleicht an das Beispiel vom Trampolin erinnern. Da war davon die Rede, dass vertikale, also nach oben gerichtete hüpfende Bewegungen bessere Laune machen und zu einer «gesteigerten Vitalität» führen, die sich wiederum positiv auf unsere kognitiven Fähigkeiten auswirkt. Es lohnt also in allen Fällen, in denen es um die Aktivierung positiver Konzepte geht, darüber nachzudenken, wie Sie solche aufwärtsgerichteten Bewegungen für sich nutzen könnten.

Schauspieler werde ich mit Erkenntnissen über die Wechselbeziehung zwischen Bewegung und Erinnerung nicht beeindrucken können; sie zu nutzen gehört zu ihrem Handwerkszeug. Wir Laien hingegen können von diesen Erfahrungen noch viel lernen. Theaterschauspieler proben ihre Rollen bekanntlich viele Wochen lang. Dabei lernen sie nicht nur jede Menge Text auswendig, sondern üben auch die zu ihrer Figur und deren Text passenden Bewegungen ein. Mit einem bemerkenswerten Effekt, den auch Studien wissenschaftlich belegen: Sind Textpassagen mit Bewegungen verbunden, so können sich Schauspieler noch Monate nach der letzten Vorstellung an diese Dialoge erinnern, während andere Passagen verblassen oder ganz verschwinden.[86] Es genügen mitunter aber auch einfache Gesten, wie eine weitere Untersuchung zeigt. Vollzogen die Versuchsteilnehmer Bewegungen gestisch nach, die ihnen in kurzen Filmen gezeigt wurden, speicherten sie diese nicht nur besser ab, sondern erinnerten sich auch drei Wochen später noch daran.[87] Es spricht also sehr viel dafür, niemanden zum Sitzen zu verdammen, wenn er etwas lernen soll. Vielmehr sollten wir alle dazu ermuntern, sich ab sofort und ausnahmslos in Bewegung zu setzen und die Matheformeln beim Auf-und-ab-Gehen zu lernen. Oder sich aufs Rad zu setzen. Klappt auch. So hat sich eine Gruppe von Psychologen, Sport- und Neurowissenschaftlern die Frage gestellt, wie es uns leichter fällt, Vokabeln zu lernen: wenn wir uns *nach* dem Lernen bewegen oder *währenddessen*. Das Ergebnis: Wir speichern neue Begriffe deutlicher besser ab, wenn wir dabei in Bewegung sind. Die über hundert jungen Frauen, die an der Studie teilnahmen, wurden auf ein Zimmerfahrrad gesetzt und sollten dabei achtzig polnische Begriffe lernen. Mit durchschlagendem Erfolg. Wer radelte, merkte sie sich besser. Besonders positiv wirkte sich das sanfte Strampeln in der zweiten Lernrunde aus. Der einfache Grund: Die Teilnehmerinnen hatten sich an das ungewöhnliche Prozedere gewöhnt.[88]

Pfuu! Zeit, langsam zur Ruhe zu kommen, nach so viel Gestikulieren, Fahrradfahren und Herumlaufen. Wie wäre es damit, wenn wir uns kurz niederlassen? Keine Angst: Wer die Kunst des richtigen Sitzens beherrscht, kann selbst in dieser ausgeruhten Position seine Erinnerungs- und Lernfähigkeit beeinflussen. Setzen Sie sich also bitte an den aus diesem Buch nicht mehr wegzudenkenden Couchtisch und drücken Sie von unten gegen die Tischplatte. Geschafft. Denn in dieser Haltung steigen Ihre Chancen erheblich, dass Sie sich leichter an Positives in Ihrer Vergangenheit erinnern.[89] Durch den nach oben gerichteten Druck aktivieren wir das bereits erwähnte uralte Annäherungsprogramm. Drücken wir hingegen von oben auf die Tischplatte, setzen wir eine ganze Reihe negativer Effekte in Gang.

Müssen Sie also auf ein Familientreffen und befürchten, dass nur die Streitereien der Vergangenheit zur Sprache kommen werden, dann rücken Sie Ihren Stuhl ein wenig näher an den Tisch und drücken Sie sanft von unten gegen die Platte. Und schon werden Sie in vorwiegend positiven Erinnerungen schwelgen. Dass Sie dabei ein wenig seltsam aussehen, dürfte sich nicht nur verschmerzen lassen, sondern in angenehmer Erinnerung bleiben.

Von der Kraft der eigenen vier Wände und der fremden ebenso

Ohne dass wir es ahnen, beeinflussen die Anordnung von Türen unser Gedächtnis und der Blick aus dem Fenster unsere Konzentrationsfähigkeit. Zeit, uns dessen endlich bewusst zu werden – und unsere Wohnungen gemäß diesen Erkenntnissen umzubauen.

Um ein Abenteuer zu erleben, muss man bisweilen nur von einem Zimmer ins andere gehen. So wie ich das vor einigen Jahren getan habe. Ich saß auf der (Schreib-)Couch im Wohnzimmer und brütete über einem Artikel. Da fiel mir ein Zitat ein, das ich verwenden wollte. Um dessen genauen Wortlaut nachzuschlagen, stand ich auf und ging ins familienintern «Bücherzimmer» genannte Bücherzimmer. Dort, auf dem Regal in Kopfhöhe, stand das betreffende Buch. Ich hatte ein Eselsohr hinterlassen, um den Satz gegebenenfalls sofort wiederzufinden. Jetzt war es so weit, auf dieses «gegebenenfalls» zurückzukommen.

Ich machte mich also auf den Weg. Kaum war ich durch die Zimmertür gegangen und hatte die Küche betreten (sie liegt zwischen den beiden Räumen), klingelte mein Handy. Auf dem Display leuchtete ein einziger Buchstabe auf, nämlich «M» wie Mutter. Ein Anruf, den man auch dann entgegennehmen sollte, wenn gerade der Seitentrakt des Hauses in Flammen aufgeht, der Lieblingsfußballverein drei Minuten vor Spielende 0:1 zurückliegt oder man eben ganz auf einen Artikel konzentriert ist und eigentlich nicht reden will. Ich nahm also ab. M hielt sich kurz. Sie sei gut von ihrer mehrtägigen Reise zurückgekehrt, warum ich mich denn nie melde und dass ich das später mal nachholen solle, Bussi!

«Ja, Bussi», sagte ich ein wenig zerstreut. Das Gespräch war vorbei. Auf dem Display des Handys verdämmerte das M. Und mit ihm der Plan in meinem Kopf. Plötzlich wusste ich nicht mehr, was ich eben noch gewollt hatte und wohin ich unterwegs war. Nur dass ich irgendetwas vorgehabt hatte ... um Himmels willen, was war es nur? In meinem Alter beginnt man, sich wegen solcher Ausfälle heftige Gedanken zu machen. Ich suchte also nach wissenschaftlicher Literatur, vielleicht würde sie mir sagen können, dass ich mit alledem nicht alleine war. Kurze Zeit später wurde ich fündig. Meine Beruhigungspille stammte von Gabriel Radvansky, einem Professor für Psychologie. Er hatte sich mit genau meinem Problem beschäftigt.[90] Der Befund: Alles plausibel.

Der Titel der Untersuchung: «Durch Türen zu gehen verursacht Vergessen». Nein, bitte wenden Sie sich nun nicht kopfschüttelnd ab! Und murmeln Sie nicht, das sei wohl eine dieser haarsträubenden Untersuchungen, die den Forschern Geld und Aufmerksamkeit, aber niemandem sonst irgendetwas bringe. Ersteres mag stimmen, Letzteres sicher nicht. Denn die Ergebnisse klingen nur im ersten Moment haarsträubend. Bei näherem Hinsehen fügen sie unserem Thema wichtige Erkenntnisse hinzu. Lassen Sie sich überraschen. Ja? Wusste ich es doch.

Die grundsätzliche Versuchsanordnung der Studien (eine aus dem Jahr 2006, die zweite von 2011) ist schnell erzählt. Und auch deren Ergebnisse. Die Psychologen forderten ihre Versuchsteilnehmer unter anderem auf, aus einer Menge bunter Gegenstände sechs auszuwählen, sie in einen Karton zu packen und diesen zu einem anderen Tisch zu tragen. In einem Fall stand der Zieltisch im selben Raum, im anderen im Nebenzimmer, das man durch eine Tür betreten konnte; beide Teilnehmergruppen waren zu ihrem jeweiligen Tisch gleich lange unterwegs. War der Transport erledigt, sollten sie aufzählen, welche Gegenstände sie ausgewählt hatten. Das Ergebnis: Wer im selben Raum geblieben war, konnte sich markant besser an seine Auswahl erinnern als jene, die ihre Kiste in den Nebenraum geschafft hatten. Ein Kontrolltest bestätigte Ursache und Ergebnis. Wer also eine Schwelle überschreitet, läuft Gefahr, sich nicht mehr daran zu erinnern, was er eben gemacht bzw. was er sich vorgenommen hat. Was wiederum bedeutet: Es ist vollkommen in Ordnung, in der Küche zu stehen, das Handy anzustarren und sich zu fragen, ob noch alles in Ordnung sei. Es ist!

Ein wenig mehr Platz brauchen die Antworten auf die Frage nach dem Warum. Sie sind allesamt hilfreich, und das aus zwei Gründen. Zum einen zeigen sie, dass auch hier unser Körper eine wichtige Rolle spielt. Und zum anderen liefern sie uns den einen oder anderen hilfreichen Hinweis für den Alltag.

Die Psychologen, die die beiden Studien durchgeführt haben, gehen davon aus, dass wir einen bestimmten Ort oder Raum als «Event» betrachten, als Ereignis also. Solange wir uns innerhalb dieses Ereignisses bewegten, erinnerten wir uns an alle damit verbundenen Informationen. Doch wehe, wir überschreiten eine Schwelle – die nämlich stellt eine «Ereignisgrenze» dar und kappt alle aktuellen kognitiven Vorgänge. Mit dem Resultat, dass wir im anderen Raum stehen und keine Verbindung mehr zu jenen

Ideen und Entscheidungen haben, die uns eben noch beschäftigten. Wenn wir also von einem Raum in den nächsten gehen, ist das wie beim Grenzverkehr zwischen zwei Staaten, die zwar die Einreise von Menschen genehmigen, in Zollangelegenheiten aber unerbittlich sind. Deshalb nehmen die Menschen gar keine Koffer mehr mit. In unserem Fall keine Informationen.

Gabriel Radvansky und seine Kollegen lokalisieren die Ursachen für unsere Vergesslichkeit also ausschließlich im Kopf. Es gibt aber noch einen zweiten Ansatz, über die Verbindungen zwischen Raum, Wissen und Körper nachzudenken. Der lautet wie folgt: Wenn wir Menschen beispielsweise ins Fußballstadion gehen, dann berichten wir zwar hinterher, das Spiel sei 1:1 ausgegangen, geben damit die Gesamtsituation aber nur ansatzweise wieder. In Wirklichkeit besteht so ein Nachmittag im Stadion aus einer wilden Mischung von Sinneseindrücken, Gefühlen und durchschwitzten T-Shirts. Es beginnt damit, dass wir schon von weitem die Gesänge der Besucher hören und uns der Geruch gegrillter Würstchen entgegenweht; es geht weiter mit dem intensiven Körpergefühl, stundenlang dicht gedrängt unter Fans zu stehen, die ihre Mannschaft anfeuern; setzt sich nahtlos fort mit den Schmerzen im Hals vom vielen Brüllen, den Umarmungen des Stehplatznachbarn, der uns beim langersehnten Ausgleich fasst zu Boden reißt, und endet mit den nachträglichen Spielanalysen vorm Stadion, geführt mit heiserer Stimme und dem einen Bier in der Hand, auf das wir besser verzichtet hätten. So ein Stadionbesuch ist also ein dichtes Geflecht sinnlicher Eindrücke, unterschiedlicher Gefühle und kognitiver Vorgänge. Und er ist vergleichbar mit all jenen Ereignissen unseres Lebens, in die wir auf ähnlich intensive Weise verstrickt sind. In eine «Bootsfahrt auf schäumendem Meer» etwa oder in einen «Spaziergang durch die nächtlich erleuchtete Großstadt».

Diese Beispiele hat sich (wie jenes vom Fußballstadion) der Mediziner, Philosoph und Psychotherapeut Thomas Fuchs ausgedacht. Und zwar als er sich mit solchen «Situationen» beschäftigte, wie er sie nennt. Sie alle eint, dass sie «ganzheitliche, unzerlegbare Einheiten leiblicher, sinnlicher und atmosphärischer Wahrnehmung» sind.[91] Sie lassen sich folglich nur als Ganzes im Gedächtnis bewahren. Dreh- und Angelpunkt für all das ist unser Körper. Er vermittelt uns nämlich nicht nur den Großteil der geschilderten Eindrücke, sondern sorgt auch dafür, dass wir sie uns in ihrer vielfältigen Intensität einprägen. Und zwar tun wir das nicht mit Hilfe unseres expliziten Gedächtnisses (Sie erinnern sich, das mit den Telefonnummern und Schuhgrößen), sondern mit Hilfe des impliziten Gedächtnisses, genauer des situativen (Sie erinnern sich, das mit den Inhalten, über die wir nicht sprechen können und die sich uns durch Gefühle mitteilen).

Nun erleben wir im Laufe unseres Lebens viele solcher Situationen. Die einen, weil wir uns erholen wollen (Palmenstrand, Sand auf der Haut, Cocktail), die anderen, weil wir unsere Jobs tun (surrender Projektor, Stress, Filterkaffee), und wieder andere, weil wir zufällig in sie hineingeraten (Stau, Unwetter, Demo). So unterschiedlich diese Situationen im Einzelnen auch sein mögen, eines haben sie gemeinsam: Sie hängen untrennbar mit konkreten Orten und Räumen zusammen. So ist die intensive Stimmung eines Fußballnachmittags mit dem Ort «Stadion» verbunden. Die turbulenten Stunden einer Präsentation mit dem Ort «Konferenzraum» und das Gefühl der Geborgenheit mit einem Raum, den wir «Zuhause» nennen. Wie immer diese Stadien, Konferenzräume und Zuhauses konkret auch aussehen mögen: Im Laufe der Zeit verbinden wir mit diesen konkreten Orten bestimmte Gefühle, Eindrücke und Gedanken. Daher sei unser situatives Gedächtnis «zugleich ein Raumgedächtnis», schreibt Thomas Fuchs.

Es gehört zu den Begleiterscheinungen unseres Lebens, dass wir ständig dazulernen. Das lässt sich gar nicht vermeiden, und wenn wir es wollen, müssen wir uns aktiv darum bemühen. So kommt es, dass wir immer mehr Situationen kennenlernen und damit immer mehr Räume. Unser diesbezügliches Gedächtnis wächst also; mit seiner Hilfe entfalten wir unseren «Lebensraum», wie Thomas Fuchs ihn nennt, also jene Welt, die wir als die eigene verstehen. Das Besondere daran: Dieser Lebensraum ist stets «um die Person und ihren Leib» zentriert. Ein ebenso naheliegender wie weitreichender Gedanke. Denn wie sonst sollten wir unsere Beziehung zur Welt entwickeln, wenn nicht aus unserer ganz persönlichen (leiblichen und ortsgebundenen) Perspektive heraus?

Aus diesem Blickwinkel heraus entwickeln wir ein immer feingliedrigeres Verhältnis zu jenen Orten, in denen wir uns bewegen. Wir beurteilen sie intuitiv, fühlen uns auf Anhieb wohl und charakterisieren die Verhältnisse in diesem Lebensraum durch Kategorien wie «Nähe oder Distanz, Enge oder Weite, Verbindung oder Trennung, Erreichbarkeit oder Unerreichbarkeit».[92] Auch das ist naheliegend: Vom ersten Tag an unterscheiden wir zwischen der schützenden Mutter und der eigenen Person, zwischen ihrer Nähe und phasenweiser Abwesenheit. Und übertragen diese Kategorien auf unser gesamtes Leben. So nehmen wir im Stadion die Fans unseres Fußballclubs als nah wahr, den Menschen hinter uns als erreichbar, während wir die Jungs im anderen Trikot als getrennt und fern erleben – all das auf dreierlei Art, nämlich körperlich wie mental wie metaphorisch.

Thomas Fuchs nennt eine Reihe weiterer Situationen, in denen wir «räumlich» denken: So entwickeln wir zum Beispiel ein sehr genaues Gefühl dafür, wie nah uns jemand kommen darf, ohne unseren persönlichen Raum zu verletzen; wo unser persönliches Territorium beginnt und endet (Zuhause, am Arbeitsplatz, im Zug) und wie wir bestimmte Räume mit ganz spezifischen Gefühlen verbinden (den dunklen Keller mit den einen, das lichtdurchflutete Loft mit den anderen). Wann wir freilich einen anderen Menschen als aufdringlich nah empfinden, welche Gefühle wir tatsächlich mit dunklen Kellern und hellen Lofts verbinden bzw. ob wir überhaupt etwas empfinden – all das lässt sich so allgemein nicht sagen. Darüber entscheiden unsere persönlichen Erfahrungen und Lebensgeschichten. Was nichts daran ändert, dass jeder Momente kennt, in denen er sagt: «Der ist mir aber unangenehm nahe gekommen!»

Keine dieser Empfindungen und Einschätzungen wird durch unseren Willen gesteuert. Dem Eindruck, jemand sei auf unserer Wellenlänge oder ein Raum habe eine unangenehme Atmosphäre, gehen keine längeren Überlegungen voraus. Vielmehr empfinden wir all das körperlich, blitzartig und automatisch. Darauf weisen auch die beiden Psychotherapeuten Eugene und Marion Gendlin hin, wenn sie schreiben, dass wir alle wüssten, «dass unser Körper sich bezüglich einer Situation wohl oder unwohl fühlen kann». Ohne dass wir darauf Einfluss hätten. Die klassische Erklärung dafür: Wir kennen die Situation, und unser Körper reagiert darauf. Das sei nicht völlig falsch, so Gendlin und Gendlin, treffe aber die Sache nicht ganz. Vielmehr würden wir unmittelbar körperlich reagieren, weil wir einen «situativen Körper» hätten. Das bedeutet: «Unser Körper fühlt eine Situation direkt», er empfindet sie.[93] Und er tut das ganz zweifellos, lässt sich ergänzen, weil er über ein entsprechendes implizites Gedächtnis verfügt, das sich der Mittel unseres Körpers bedient.

Diese Art des Gedächtnisses führt zu dem – im ersten Moment ein wenig esoterisch anmutenden – Phänomen, dass unser Körper «in der Tat oft mehr und früher zu wissen (scheint) als das Bewusstsein».[94] Der Psychologe Halko Weiss und der Psychiater Michael Harrer beziehen ihre Beobachtungen zwar auf Menschen mit Ängsten, man kann sie aber auch auf Orte und Räume übertragen. Phobische Personen reagieren «körperlich auf den Angst auslösenden Reiz (...), auch dann, wenn dieser gar nicht bewusst wahrgenommen wurde», weil sie ihn nur für einen winzigen Augenblick lang gesehen haben. Das schnell arbeitende, unbewusste situative Gedächtnis macht es möglich. Auf diese Weise lässt sich auch erklären, warum wir einen Raum betreten können und uns blitzartig wohl fühlen darin. Oder ihn schaudernd wieder verlassen.

Räume und Orte beeinflussen nicht nur deshalb unser Erinnern und Lernen, weil wir persönliche Erfahrungen mit ihnen verbinden. Sie haben auch bestimmte Wirkungen, die für alle gleichermaßen gelten. Und die sind mindestens ebenso ernst zu nehmen wie unsere Erinnerungen (wobei wir Räume ebenso sehr verändern wie diese uns und wir es also in der Hand haben, die äußeren Bedingungen im eigenen Sinne zu modifizieren – das magische Karussell, Sie erinnern sich). Leben wir zum Beispiel in einer bergigen Gegend, dann hat das maßgebliche Folgen für unseren Alltag. Allein die Mühe, die es kostet, von einem Ort zum nächsten zu gelangen, kann nicht ohne Auswirkung darauf bleiben, wie wir denken und handeln. Weil wir uns aber tagtäglich in Räumen bewegen, verschwenden wir an sie üblicherweise wenig Gedanken. Das ist klug, denn warum unsere kostbaren Aufmerksamkeitsressourcen auf etwas verschwenden, das wir doch nicht ändern können?

Manchmal freilich ist es durchaus sinnvoll, uns an den vertrautesten Orten ein wenig genauer umzusehen. Nur so können wir erkennen, wie sehr sie unser Wohlergehen beeinflussen. Hier also eine kleine Aufgabe für Ihren nächsten Arbeitstag: Bitte sehen Sie sich den Eingangsbereich jenes Bürohauses (jener Uni, jener Wohnanlage) genauer an, in dem Sie täglich ein und aus gehen. Haben die Architekten den Raum so entworfen, dass sich in der Mitte die Treppe zu den oberen Geschossen befindet? Oder stoßen Sie sofort mit der Nase auf den Aufzug? Im ersten Fall werden Sie täglich ein wenig Sport betreiben, indem Sie flink die Treppen hochstürmen, im zweiten werden Sie den Lift nehmen. Schuld daran ist die konkrete Gestaltung des Raums, die Ihnen eine bestimmte Entscheidung nahelegt. Denn wie wir aus vielen Studien wissen[95], folgen wir dem archaischen Impuls, stets auf das – in jedem Sinne –

Nächstliegende zurückzugreifen. So kommt es, dass uns die Gestalter von Räumen eine ganze Reihe von Entscheidungen nahelegen, die wir in der Regel genau so treffen.

Ich könnte nun beginnen, all jene Details aufzulisten, aus denen Räume und Orte bestehen, und herauszufinden versuchen, wie sie sich konkret auf unser Denken, Entscheiden und Handeln auswirken. Allein: Es fehlt der Platz dazu. Daher will ich mich mit drei Hinweisen begnügen, die zwar von Schülern handeln, aber genauso gut für unseren Arbeitsplatz oder unser Zuhause gelten können.

- Fenster und deren Ausblick: Starren Kinder beim Hausaufgabenmachen in den Garten, bekommen sie zu hören, sie sollten sich konzentrieren. Falsch und absurd! Denn genau das tun sie ja. Und zwar indem sie durchs Fenster in die Natur schauen. Es gibt eine Studie, die eindrucksvoll zeigt, dass es von entscheidender Bedeutung ist, was der Blick aus unserem Fenster zeigt.[96] Würden Kinder ins Grüne schauen, dann könnten sie ihre Aufmerksamkeit besser steuern. Lassen Sie also ein Fenster in die Wand stemmen. Oder setzen Sie Ihre Kinder so an den Schreibtisch bzw. Küchentisch, dass sie während des Nachdenkens aus dem Fenster blicken können.

- Licht: Zu viel, zu wenig, falsche Farbe. Bei der Beleuchtung von Räumen kann man viel falsch machen. Daher existiert eine lange Liste von Publikationen, die sich allesamt mit den Wechselbeziehungen von Licht und kognitiven Fähigkeiten beschäftigen. Eine der neueren Erkenntnisse: Selbst vollkommen blinde Menschen merken es, wenn eine Lampe mit blauem Licht eingeschaltet ist. Der Grund: Wir Menschen besitzen in der

Netzhaut einen Fotorezeptor, der über unser Wach- und Müdesein entscheidet. Strahlt Licht auf unser Auge, dann sorgt der Rezeptor dafür, dass die Produktion des einschläfernden Hormons Melatonin unterdrückt wird. Sobald es dunkel wird, gibt der Rezeptor sein Okay, das Hormon überschwemmt unseren Körper und macht uns bettreif. Es ist also naheliegend, dass zu wenig Licht jene Kinder und Büroangestellten todmüde macht, die wir eigentlich unterrichten wollen bzw. die eigentlich nachdenken sollen. Ausreichend Tageslicht wirkt sich nicht nur nachhaltig auf unsere Leistungsbereitschaft aus, sondern auch auf unsere Gefühle. Wird es dämmrig, ist die Kunst der künstlichen Beleuchtung gefragt. Blaues Licht, so weiß man mittlerweile aus einer Studie, stimuliert unsere kognitiven Fähigkeiten.[97] Dass es sich lohnen würde, für alle Lernräume des Landes Beleuchtungskonzepte zu entwickeln, zeigen die Ergebnisse einer Hamburger Studie: «Um die Schüler zu aktivieren, tauchten sie (die Lehrer, Anm.) das Schulzimmer in helles, blau-weißes Licht. Wurden diese zu unruhig, wechselten die Lehrer auf warmes, beruhigendes Licht. Die Leseleistung, die Konzentration und die motorische Unruhe verbesserten sich signifikant.»[98]

- Sitzplatz: Zu den existenziellen Fragen eines Schülerlebens gehört: Wer sitzt wo? Und das aus einem guten Grund. Der Sitzplatz entscheidet nämlich über die Zensuren. Das gilt für Schulen, Universitäten und alle anderen Institutionen, in denen vorn jemand steht und Menschen unterrichtet, die später Klausuren über das Gehörte schreiben sollen. Als grobe Orientierung, welchem Sitzplatz aus Sicht des Lernerfolgs der Vorzug zu geben ist, kann eine Allerweltsweisheit dienen: Die Streber sitzen vorn und die Schlechten hinten. Und zwar nicht nur deshalb, weil sie das wollen, sondern auch, weil die Position im Klassenraum bzw. Hörsaal die kognitiven Fähigkeiten beeinflusst.

Es gibt eine Reihe von Untersuchungen, die diesem Phänomen nachgegangen sind. Eine frühe Studie widmete sich zum Beispiel der Frage, wie gut sich Medizinstudenten an den Inhalt einer Vorlesung erinnern konnten, und zwar unmittelbar nach der Lehrveranstaltung bzw. vier Monate später.[99] Das Ergebnis: Wie viel sie sich merkten, hing von dreierlei ab. Erstens davon, ob man den Studierenden die Lehrinhalte visuell oder mündlich vermittelt hatte (die Bilder blieben den Studenten eindeutig besser im Gedächtnis). Zweitens variierte die Erinnerungsfähigkeit je nach Zeitpunkt, zu dem die Studenten den Lehrstoff serviert bekommen hatten (am besten prägten sich ihnen all jene Informationen ein, die sie zwischen der 15. und 30. Minute der Vorlesung gehört hatten, am schlechtesten jene, die in der ersten Viertelstunde dran waren). Drittens schließlich hing es vom Sitzplatz ab, wie gut die Studenten das Gehörte wiedergeben konnten (jene, die vorn gesessen hatten, erinnerten sich an deutlich mehr). Die Begründung der Wissenschaftler: Es habe wohl weniger an den Plätzen selbst gelegen als vielmehr daran, dass sich vor allem die Motivierten und Interessierten in die vorderen Reihen drängen würden.

Die gegenteilige These vertraten zwei Psychologen wenige Jahre später. Der Grund für die unterschiedlichen Leistungen sei eindeutig der Sitzplatz und nicht die persönliche Einstellung der Studierenden. Diese Erkenntnis verdankten sie mehreren Versuchen, bei denen sie den Hörsaal in neun Sektionen einteilten und die Sitzplätze auf drei verschiedene Arten zuwiesen[100]: Einmal wurden die Studenten gemäß dem Anfangsbuchstaben ihres Namens platziert, einmal in der Reihenfolge ihrer Sozialversicherungsnummern, und einmal durften sich die Studenten ihre Plätze selber aussuchen. Die Ergebnisse waren eindeutig: All jene, die während der Vorlesungen in den vorderen und mittleren Sektionen gesessen hatten, erzielten bei den anschließenden beiden Tests «deutlich bessere Ergebnisse» – und zwar ungeachtet der Methode, mit der sie im Auditorium verteilt worden waren. Egal, ob zufällig oder aufgrund ihrer persönlichen Vorlieben: Der Sitzplatz bestimmte darüber, wie gut die Teilnehmer abschnitten. Die beiden Psychologen gaben auch eine Begründung für dieses Phänomen: Einziger Unterschied zwischen den einzelnen Sitzplätzen sei doch, ob und wie sie Blickkontakt zwischen Vortragendem und Studierenden ermöglichten. Saßen die Studenten weiter vorn, hätten sie dem Vortragenden häufiger ins pädagogische Auge geblickt und dadurch den Eindruck gewonnen, von diesem persönlich angesprochen worden zu sein, was sich wiederum positiv auf den Lernerfolg ausgewirkt habe.

Einer relativ aktuellen Studie schließlich gelang die Synthese aus beiden zitierten Positionen.[101] Um dem Geheimnis des richtigen Sitzplatzes auf die Spur zu kommen, werteten zwei Professoren der Wirtschaftswissenschaften die Daten von knapp zweihundert Studierenden aus, die zwei verschiedene Vorlesungen besucht hatten; eine über Makro- und eine über Mikroökonomie. Ihre erste Erkenntnis: Studenten mit einer erklärten Vorliebe für die hinteren Plätze fahren markant schlechtere Zensuren ein. Es bestehe also ein unmittelbarer Zusammenhang zwischen den Präferenzen und den Noten. Die Ursache liege weniger darin, dass die Hinterbänkler schlechter sehen oder hören; vielmehr seien sie weniger motiviert, sich den Lehrstoff anzueignen. So weit bekannt.

Was diese Studie interessant macht, ist der Umstand, dass sie Antworten auf die Frage liefert, was denn geschieht, wenn Studenten, die gerne hinten gesessen hätten, von äußeren Umständen dazu gezwungen werden, sich den Strebern vorn anzunähern? Also wider Willen in die ersten Reihen rücken? Das Ergebnis: Sie profitieren davon! Saß also ein unmotivierter Student in einer Mittelreihe, dann verringerte sich die Wahrscheinlichkeit, dass er eine miese Note bekam, von 23 Prozent auf zwölf Prozent. Das sei ein «elfprozentiger Nettogewinn», schreiben die Autoren der Studie. Und noch eine eindrucksvolle Prozentzahl haben die beiden Wirtschaftsprofessoren auf Lager: Gemessen an der durchschnittlichen Wahrscheinlichkeit, eine sehr gute Zensur zu bekommen, erzielten all jene Studenten, die gern hinten gesessen hätten, aber in der Mitte sitzen mussten, sogar einen Nettogewinn von vierzig Prozent!

Der Schluss aus diesen Ergebnissen kann also nur lauten: Die Motivation jedes Einzelnen ist wichtig, aber mindestens ebenso wichtig ist der Sitzplatz.

Überblickt man die einschlägige Literatur, dann gibt es gute Gründe, das Vornesitzen zu favorisieren bzw. sich ganz grundsätzlich über Sitzordnungen den Kopf zu zerbrechen. Ein Grund ist ein sozialer: Meldet sich jemand aus der ersten Reihe, stellt das für den Rest der Schulklasse keine Überraschung dar («die da vorne wieder»), während die in den letzten Reihen damit Aufsehen erregen («der macht einen auf Streber»). Zudem sitzt vor der ersten Reihe niemand, der sich umdrehen könnte, um Grimassen zu schneiden, wenn der Fleißige etwas Kluges sagen will. Ein mindestens ebenso wichtiger Grund ist die räumliche Nähe zum Ort des Geschehens. Der befindet sich im klassischen Frontalunterricht immer noch vorn, an der Tafel, beim Lehrer, bei der Dozentin. Die Schüler und Studenten in der ersten Reihe sehen besser, hören alles, halten Blickkontakt mit dem Unterrichtenden und der mit ihnen. Mit einem Wort: Die Lernenden auf den besseren Plätzen sind Teil eines intensiven pädagogischen Austauschs, der von Reihe zu Reihe immer schwächer wird, bis er dann ganz hinten, auf den billigen Rängen, irgendwann abreißt.

Abschließend merken die beiden Professoren bedauernd an, dass ihre Studienergebnisse nichts daran ändern würden, dass nicht alle Studenten vorne und in der Mitte sitzen könnten; es müsse daher, so ihre indirekte Schlussfolgerung, wohl oder übel auch deshalb zu Leistungsunterschieden kommen. Aber – warum eigentlich? Es müsste doch gewieften Architekten möglich sein, eine Schulklasse oder einen Hörsaal zu entwerfen, in dem alle vorn oder mittig sitzen können. Ich erwarte in großer Vorfreude die ersten Entwürfe.

Der Geograph Peter Meusburger hat sich eingehend mit der Wechselbeziehung zwischen Wissen und Raum beschäftigt. Er schreibt, dass wir Menschen oder Dingen symbolische Bedeutungen zuweisen, und zwar aufgrund ihrer «Positionen oder räumlichen Konfigurationen».[102] So spielt es für unsere Aufmerksamkeit eine entscheidende Rolle, wo konkret Menschen und Gegenstände im Raum positioniert sind. Im Supermarkt zum Beispiel achten wir besonders auf jene Waren, die in der Mitte eines Regals stehen. In der Folge nehmen wir sie länger wahr, was wiederum dazu führt, dass wir sie bevorzugt kaufen. Die Situation während des Unterrichts oder einer Vorlesung hat zwar äußerlich wenig mit einem Supermarktregal zu tun, aber im Grunde geht es hier wie da um die Aufmerksamkeit der Menschen. So neigen Lehrer offensichtlich dazu, eher die Schüler in der Mitte wahrzunehmen (und die hinteren aus dem Auge zu verlieren), wie umgekehrt ein aus der ersten Reihe wahrgenommener Lehrer eher einen Schüler zu fesseln vermag als eine weit entfernt herumhampelnde Figur, die sich die Aufmerksamkeit mit den Faxen der Mitschüler teilen muss. In allen zitierten Fällen entscheidet die konkrete räumliche Konstellation darüber, ob es gelingt, Interesse zu erregen, es aufrechtzuerhalten, Informationen weiterzugeben und Einsichten anzuregen.

Peter Meusburger weist auf ein weiteres Phänomen hin, das ebenfalls Einfluss aufs Lernen hat: dass jene Informationen, die uns von unserer Umwelt (in diesem Fall: im Unterricht oder in der Vorlesung) präsentiert werden, immer lückenhaft seien. Glücklicherweise hat unser Gehirn die Fähigkeit, sich aus rätselhaften Teilen ein sinnvolles Ganzes zusammenzureimen (Sie erinnern sich an die Sache mit den Wolken). Zu *welchem konkreten* Ganzen wir nun diese Details zusammensetzen, wird von vielerlei Faktoren beeinflusst. Unter anderem würden unsere Schlussfolgerungen «ganz maßgeblich aus der räumlichen Positionierung» der Dinge und den «Relationen zwischen ihnen» beeinflusst. Was für die Situation im Klassenraum nur bedeuten kann: Welche Vorderleute den Schülern den Blick versperren. Wie oft es ihnen gelingt, mit den Lehrern in unmittelbaren Kontakt zu treten. Kurz: Auf welchem Platz sie sitzen dürfen/müssen/sollen.

Die Räume, in denen wir leben, lernen und arbeiten, sollten also eine ebenso enge Beziehung zur eigenen Lebensgeschichte aufweisen wie zu jenen Dingen, mit denen wir uns eben beschäftigen: dem konkreten Projekt, den aktuellen Aufgaben, den sperrigen Vokabeln. Wie genau nun diese Räume aussehen müssten – das ist an dieser Stelle nur andeutungsweise zu beschreiben. Durch den Hinweis zum Beispiel, dass Eltern es zulassen sollten, dass die Zimmer ihrer Kinder weniger den eigenen ästhetischen Vorstellungen folgen (oder jenen großer Einrichtungshäuser, so hip und cool diese auch sein mögen), sondern vielmehr dem Geschmack jener Menschen, die sie bewohnen. Das Gleiche gilt für Schulräume und Hörsäle. Wir sollten uns immer wieder bewusst machen, dass Lernerfolg und Art unseres Denkens nicht bloß darin begründet liegen, wie klug oder aufmerksam wir alle *von uns aus* sind. Vielmehr ist unser aller Klugheit, Aufmerksamkeit und Erinnerungsfähigkeit zu einem wesentlichen Teil das Resultat jener Räume, in denen wir uns tagtäglich aufhalten. Weil Lernen eben nicht bloß eine Angelegenheit des Kopfes ist, sondern eine des ganzen Körpers.

Daher ist es von entscheidender Bedeutung, wie unsere Lern- und Lebensräume beleuchtet sind, was wir in ihnen hören, welche Farbe die Wände haben, wie sich die Oberflächen der Wände anfühlen und welchen Geschmack wir mitunter auf der Zunge spüren, wenn wir diese Räume betreten (denn das tun wir bisweilen tatsächlich). Eine Feststellung, die so selbstverständlich ist, dass sie immer wieder ignoriert wird. Anders ist nicht zu erklären, dass so triviale Erkenntnisse bis heute kaum Folgen hatten. Da gilt es zum Beispiel schon als beispielhafte Verbesserung, wenn es in einem Münchner Modellprojekt für Demenzkranke keine dämmrigen Flure mehr gibt und «keine finsteren Ecken. Zumindest nicht bei gutem Wetter. Die Beleuchtungsanlage ist tageslichtabhängig – ist es draußen regnerisch und grau, wird das Innenlicht heruntergefahren, helle Witterung erhöht die Lux-Zahl. Licht vermittelt Dementen den Tagesablauf weit besser als ein Ziffernblatt. Morgens strahlt bläuliches Licht durchs Haus. Es macht die Bewohner wach und aktiv; neigt sich der Tag, wird der Rotanteil gesteigert, die Lux-Zahl verringert, so dass sie den Abend fühlen und müde werden.»[103]

Dieses Beispiel zeigt anschaulich, wie viele Möglichkeiten es gäbe, um Klassenräume zu einer besseren Lernumgebung zu machen. Leider nutzen wir sie nicht. Ganz offensichtlich aus der Überzeugung heraus, dass der ganze äußerliche Kram dann doch nicht so wichtig sein kann. Er ist es aber. Nachweislich. Ganz so, wie es der interaktionistischen Theorie entspricht: Einerseits werden wir Menschen durch unsere Umwelt maßgeblich beeinflusst (durch Licht, Geräusche, Farben). Gleichzeitig haben wir die Möglichkeit und die Freiheit, diese Umwelt zu verändern. Eine Haltung, die sich um solche Trivialitäten wie die richtige Beleuchtung oder passendes Mobiliar nicht sorgt, kündigt die Wechselbeziehung zwischen Mensch und Umwelt nicht etwa auf, sondern überlässt die Entscheidung darüber, welchen Einfluss unsere Umwelt auf uns hat, anderen. Wer immer das sein mag.

Wer härtere Fakten braucht, um an diese Intervention zu glauben, bekommt sie von den Ärzten der Münchner Demenzstation postwendend geliefert: Inzwischen habe man die Medikationen der Bewohner «um dreißig bis vierzig Prozent reduzieren können». Die Pfleger wiederum seien deutlich seltener krank, weil die Patienten ihnen nicht mehr so zusetzen – sie seien ausgeglichener und weniger aggressiv.

Zeit für einige Ratschläge. Am besten, wir beginnen am Anfang. Und zwar mit jener Szene, die ich zu Beginn dieses Kapitels kurz geschildert habe. Sollten Sie ebenfalls die Erfahrung machen, dass Sie auf dem Weg von der Couch in die Küche vergessen, was Sie dort wollten – gehen Sie zur Couch zurück. Kann sein, dass Ihnen wieder einfällt, was Sie wollten. Menschen aus meiner Umgebung schwören darauf. Die Autoren der Studie hingegen meinen, es helfe nicht. In diesem Fall müssen Sie sich also anderer Mittel bedienen, um im Kopf zu behalten, dass Sie einen Espresso machen wollten. Je nach Lust und Laune können Sie einen eigenen Wohnungsnotizblock anlegen, «Espressoespressoespresso» vor sich hin singsangen oder die zu füllende Kaffeetasse mitnehmen.

Ungleich relevanter ist die Frage, ob denn das eingangs geschilderte Phänomen mit den Türen irgendwelchen Einfluss darauf hat, wie Arbeitsräume gestaltet werden sollten. Denn wenn das Überschreiten einer Schwelle nachweislich dazu führt, dass wir vergessen, was wir eben noch im Kopf hatten – dann wären kleine Büros und viele Türen der beste Weg, um die kognitiven Fähigkeiten von darin arbeitenden Menschen zu behindern. In einem Interview wurde der die Studie durchführende Gabriel Radvansky daher auch gefragt, ob denn Architekten von nun an möglichst schwellenfreie Häuser und Büros planen müssten und offene, große Räume.[104] Seine Antwort: Sollen Mitarbeiter zusammenarbeiten, «dann scheinen Großraumbüros tatsächlich besser dazu geeignet zu sein, wichtige Dinge im Gedächtnis zu behalten, als Einzelräume». Wenn es aber um spezifische Aufgaben geht, sieht die Sache ganz anders aus. Die zitierte Studie ist nämlich nur eine unter mehreren. Andere Forschungsergebnisse legen nahe, «dass es viel hilfreicher ist, spezifische Räume für spezifische Aufgaben einzurichten, anstatt viele unterschiedliche Aufgaben in einem Großraumbüro zu vereinen». Dass also Türen eine wichtige Funktion haben. Der Grund: «Die Trennung der Räume hilft dabei, unsere mentalen Narrative stabiler zu organisieren und uns leichter an sie zu erinnern.» Sie haben also bei der Planung Ihres Büros oder Ihres Hauses die Wahl. Und sind durch diese Erkenntnisse gut beraten, wie ich finde.

Als ich erstmals von den beiden eben zitierten Empfehlungen las, war ich verärgert und erleichtert zugleich. Verärgert, weil ich gern ein paar Jahre früher davon erfahren hätte. Und erleichtert, weil ich nun endlich verstand, warum ich mich damals, in meiner Studentenwohnung, nicht wohl gefühlt hatte. Sie besaß nämlich nur ein Zimmer, ich schlief und arbeitete im selben Raum. Das führte dazu, dass das eine so schlecht lief wie das andere. Denn: Lag ich im Bett, sah ich den Schreibtisch und dachte an die Arbeit; saß ich am Schreibtisch, sah ich das Bett und dachte ans Schlafen. Es sollte viele Jahre dauern, bis ich dahinterkam, dass man Bereiche, die unterschiedlichen Aufgaben dienen, auch räumlich trennen sollte. Heute fahre ich fünfzehn Minuten vom Schlafzimmer ins Büro. Wenn ich abends genug habe, schließe ich ab und fahre wieder nach Hause, (nicht nur) zu meinem Bett. Für den absoluten Notfall habe ich im Nebenräumchen meines Büros ein Daybed stehen. Und folge bisweilen seinen lockenden Rufen.

Zu unseren Wohnungen haben wir Menschen in der Regel eine besonders intime Beziehung. Das hat den einfachen Grund, dass wir viel Zeit darin verbringen. So kommt es, dass sich «leibliche Erfahrungen», wie Thomas Fuchs schreibt, «in besonderer Weise mit Innenräumen» verbinden. Und «je öfter dies geschieht, desto mehr verweist dieser Raum latent auf die Vergangenheit, ist geprägt von einer Atmosphäre der Vertrautheit. Wohnen und Gewohnheit sind gleichermaßen im Leibgedächtnis begründet.»[105] Welche Folgen das hat, hängt von der konkreten Situation ab. Sollten sich in unseren Wohnungen belastende Dinge ereignet haben, dann führt an einem Umzug kein Weg vorbei, auch wenn wir diese Wohnungen mühsam erkämpft oder teuer erworben haben. Die eigenen vier Wände sind eben nicht bloß irgendwelche Räume, sondern sie erinnern uns jede Sekunde unseres Lebens auf direkt-körperliche Art und Weise an das, was war, und bestimmen dadurch, was ist. Das bedeutet zugleich, dass Übersiedlungen, so sie gleichbedeutend sind mit dem Abschied von liebgewonnenen Wohnungen, nie bloß triviale Ortswechsel sind. Sondern existenzielle Veränderungen, die tief in unser emotionales Gleichgewicht eingreifen und dementsprechend ernst genommen werden sollen.

Zum Abschluss dieses Kapitels will ich auf jene «Situationen» zurückkommen, von denen bereits die Rede war.

Jenen ganzheitlichen, unzerlegbaren «Einheiten leiblicher, sinnlicher und atmosphärischer Wahrnehmung»[106], die sich eng mit einem ganz bestimmten Ort verbinden (Stichwort: Fußballstadion). Je häufiger wir bestimmte Situationen erleben, umso mehr Erfahrungen sammeln wir mit ihnen. So würden wir, sagt Thomas Fuchs, «mit geschultem Blick das Wesentliche oder Charakteristische einer Situation» erkennen und mit der Zeit so etwas wie «einen siebten Sinn, ein Gespür oder eine Intuition» entwickeln, wie wir sie am besten meistern könnten: «Der Torjäger hat den Riecher für torgefährliche Situationen im Strafraum. Der Seemann spürt an feinsten Anzeichen das Aufziehen eines fernen Sturms. Der erfahrene Kriminalist erkennt an einem Fall die Handschrift eines Täters.»[107]

Auch jene Momente, in denen wir etwas lernen bzw. anderen etwas erklären, sind solche Situationen. Geht es nach dem Psychiater und Psychotherapeuten Fritz B. Simon, dann gestalten sie sich deutlich anders als der klassische Frontalunterricht. Er vertritt nämlich die These, dass Botschaften nur «über zwischenmenschliche Beziehungen, Menschenbilder sowie moralische und ethische Werte» weitergereicht werden, und zwar «mit Schmuggeltechniken».[108] Simon illustriert das mit einem schönen Beispiel, das uns an die wichtige Rolle von Körper und Ort erinnert. Wer anderen beibringen will, worin das Wesen eines Kuchens besteht, der müsse ihm nicht nur sagen, was er zu tun hat, «um einen Kuchen herzustellen, welche Zutaten er wie mischen muß, wie er sie behandeln muß, sondern er muß ihn auch noch irgendwie dazu verführen, diesen Kuchen dann zu backen und zu essen. Nur so kann er seinem Lehrling die Erfahrung vermitteln, was das speziell kuchenartige an einem Kuchen ist: der Geruch, der Geschmack, die Bestandteile, die Entstehungsgeschichte usw.»[109]

Was für ein wunderbares Bild. Und wie passend. Ohne dass Fritz B. Simon es eigens erwähnen würde, spielen unser Körper und der konkrete Raum bei dieser Art der Wissensvermittlung zentrale Rollen: Der Körper macht das Rühren, Kneten und Mischen, an dem sich Lehrer und Schüler gemeinsam versuchen, erst möglich; er vermittelt den Beteiligten den Geschmack und den Geruch des fertigen Kuchens und verleiht damit dem abstrakten Rezept seine ganze sinnliche Wucht (ohne dadurch das Rezept überflüssig zu machen, ganz im Gegenteil). Kurz: Unser Körper ermöglicht die Anwendung jener «Schmuggeltechnik», von der Fritz B. Simon gesprochen hat. Auf wie vielfältige Weise der konkrete Ort des Geschehens in das ehrenwerte Schmuggeln von Wissen eingebunden sein kann, haben wir jetzt erfahren.

Kurze Schlussbemerkung: Wenn ich es richtig sehe, dann sind die beiden Begriffe Erinnern und Lernen ausschließlich positiv besetzt. Je mehr, desto besser – so lässt sich die herrschende Meinung zusammenfassen. Das kann man aber auch anders sehen, ja, man muss. Denn wer sich alles merkt, landet direkt in der persönlichen Katastrophe. Der Fall einer Frau, die sich seit ihrem elften Lebensjahr lückenlos an alles Vergangene erinnern kann, illustriert das eindrucksvoll.[110] Auch psychische Probleme sind im Grunde nichts anderes als Verhaltensweisen, die wir besser *nicht* erlernt hätten. Wir sollten es also ebenso als «Kunst» betrachten, «nicht zu lernen», wie Fritz B. Simon schreibt. Es würde zu weit führen, die Kunst des Nichtlernens hier vorstellen zu wollen. Daher will ich es bei dem kurzen, dafür aber umso dringlicheren Hinweis belassen: Üben Sie sich im richtigen Augenblick in der Tugend der Ignoranz, wie Simon das nennt. Sie kann Ihnen das Leben retten. Ende der kurzen Schlussbemerkung.

IV. Teil
Neue Ideen entwickeln, urteilen und handeln

In dem es um die Frage geht, warum geschlossene Augen das Kreativsein fördern – was auf harmlosen Zugfahrten alles geschehen kann – wie saubere Hände unsere moralischen Urteile beeinflussen – warum ein Holzstuhl uns zu harten Verhandlern macht – wie unsere Schreibhand die Welt in Gut und Böse teilt – und wie wir uns eigene Sprachbilder und Wörter ausdenken können, um endlich alte Probleme zu lösen.

Geben Sie den guten Ideen die Chance, Sie zu finden

Wenn wir gut vorbereitet sind, kommen neue Gedanken wie von selbst. So genügt es mitunter, es uns bequem zu machen, das Licht runterzudrehen, uns in hohe Räume oder ins Kaffeehaus zu setzen. Die Wege der Kreativität mögen verschlungen sein, finden können wir sie zweifellos. Ein kleiner Reiseführer.

Wenn der Philosoph Konrad Paul Liessmann nicht weiterweiß, setzt er sich aufs Rad. Nicht auf irgendeines, sondern auf sein Rennrad. Er fährt los, quer durch Ebenen, über Hügel, auf sehr hohe Berge und anschließend wieder hinunter ins Tal. Rund achttausend Kilometer legt er auf diese Weise im Jahr zurück. Wer Liessmann bei einer seiner Ausfahrten beobachtet, ahnt nicht, worum es ihm dabei wirklich geht. Er fährt Fahrrad, das ja. Aber gleichzeitig konzentriert er sich, denkt nach, hat neue Einfälle. Das Fahrradfahren setzt in ihm nämlich «Ideen, Erinnerungen bis hin zu Formulierungen frei». Deshalb weiß Liessmann auch, was er tun muss, wenn er eine Schreibblockade hat: «Wenn ich dann drei oder vier Stunden im Sattel sitze, kann sich das lösen. Begriffe kommen, Argumente fügen sich wie von selbst.» Nur zu verständlich, dass er das Fahrrad seine «Kontemplations- und Reflexionsmaschine» nennt und ihm sogar eine Hommage gewidmet hat.[1]

Um unserer Kreativität auf die Spur zu kommen, müssen wir im Grunde nur *eines* wissen und *zweierlei* tun. Wissen müssen wir, was sich da im Kopf des Philosophen abspielt, wenn er in die Pedale tritt. Ohne ihm zu nahe treten zu wollen, lässt sich sagen, dass er tut, was alle kreativen

Menschen tun: nämlich bekannte Dinge neu zusammenfügen. So zumindest die Kernthese der Neurowissenschaftlerin Nancy C. Andreasen, die quasi eine Expertin für die Gehirnaktivitäten kreativer Menschen ist. Diese sind ihrer Ansicht nach besonders gut darin, Beziehungen zwischen den unterschiedlichsten Ideen herzustellen. Sie sind Großmeister der Assoziation, weil sie Details auf besonders originelle Art und Weise verknüpfen können.[2]

Nun zum Tun. Es mag für viele enttäuschend sein, aber Kreativität hat viel mit Fleiß zu tun. Wer Neues und Überraschendes schaffen will, der muss sich erst mal gründlich mit den Fakten und Entwicklungen seines Gebiets beschäftigen. So wie Konrad Paul Liessmann, der viele Jahre lang Klassiker gelesen hat, bevor er seine eigene Philosophie entwickeln konnte; und so wie Steve Jobs, der sich mit den allerkleinsten Schräubchen des Computerbaus beschäftigt hatte, bevor er «One more thing ...» sagen konnte. Das kreative Gehirn benötigt zunächst grundsätzliche Bausteine, denn aus dem (intellektuellen) Nichts lässt sich nichts zusammenbasteln. Das kann nur der liebe Gott, und selbst in diesem Fall gibt es Debatten über die Details der Schöpfungsgeschichte.

Kennt man das eigene Thema in- und auswendig, folgt der zweite Schritt: Man muss die bekannten Einzelteile zu etwas Überraschendem zusammenfügen. Klingt einfach, ist aber schwierig – und trotzdem machbar. Nancy C. Andreasen ist zwar der Ansicht, dass der kreative Prozess nicht bis ins letzte Detail entschlüsselt werden kann, aber eine wesentliche Voraussetzung weiß sie dennoch zu benennen. Bei ihren Studien ist ihr nämlich aufgefallen, dass sich das Kreativsein nicht erzwingen lässt. Vielmehr müsse man die passenden Bedingungen schaffen und dann darauf vertrauen, dass unbewusste Vorgänge den (großen) Rest erledigen. Als Beispiel zitiert sie den amerikanischen Dramatiker Neil Simon. Der erzählte ihr, dass er nie bewusst schreibe; vielmehr gleite er während der Arbeit in einen Zustand jenseits der Realität. Eine Wahrnehmung, die Andreasens Studie bestätigte.[3] Darin zeigt sie, dass Menschen vor allem dann schöpferisch sind, wenn es ihnen tatsächlich gelingt, sich unbewussten Prozessen zu überlassen.

Nur, wie gelingt es den Kreativen, sich jener Mechanismen zu bedienen, die eigentlich unerreichbar sind für uns? Nancy C. Andreasen fand Antworten bei der Psychoanalyse.[4] Dort kennt man einen Weg ins Unbewusste, die freie Assoziation. Eine Technik, die im Wesentlichen darin besteht, sich zu entspannen und darauf zu achten, was einem gerade durch den Kopf geht – ohne Rücksicht darauf, ob es unlogisch, unanständig, provokant oder alles zugleich ist.

Diese Methode der Psychoanalyse entwickelte die Neurowissenschaftlerin zum «Random episodic silent thinking» weiter, zu Deutsch: zufälliges, episodisches und stilles Denken. Um sich in diesen Denkmodus zu begeben, muss man laut Andreasen nichts anderes tun, als sich bequem hinzusetzen bzw. hinzulegen, die Augen zu schließen und den Geist wandern zu lassen. Schon geht es los mit dem Assoziieren und dem Kreativsein. Sieht nicht nur bequem aus, sondern ist es auch, weshalb Andreasen die Methode auch mit dem Kürzel REST bezeichnet, ein «absichtlich ironisches» Akronym, wie sie sagt.[5] Kaum übten sich die Versuchsteilnehmer in dieser Kunst, untersuchte die Neurowissenschaftlerin deren Gehirntätigkeit. Und entdeckte, dass dabei der komplexeste Bereich des menschlichen Gehirns wie wild feuerte, der «Assoziationscortex». Das ist jene Hirnregion, mit deren Hilfe wir Dinge interpretieren und Informationen verarbeiten, die uns über unsere Sinnesorgane erreichen. Bei den entspannt ihren Ideen nachhängenden Denkern war also genau jener Gehirnteil aktiv, der fürs Kreativsein zuständig ist. Hinzu kam, dass sich das Gehirn spontan reorganisierte. Ganz anders sah die Sache bei jenen Studienteilnehmern aus, die sich angestrengt Neues ausdenken sollten. Bei ihnen herrschte im kreativen Teil des Gehirns deutlich weniger Betrieb.

Das kann nur bedeuten, dass zielgerichtetes Nachdenken nicht kreativ macht – sich bequem hinzusetzen und die Gedanken schweifen zu lassen aber schon. Genau das hat auch Albert Einstein in jenem Moment getan, als er seine bahnbrechende Idee von der Gravitationstheorie entwickelte. Wir erinnern uns: Er tat in diesem Moment nichts anderes, als auf seinem Stuhl im Berner Patentamt zu sitzen. Mit dem Resultat, dass er plötzlich das Bild einer im freien Fall befindlichen Person vor sich sah, die ihr eigenes Gewicht nicht spürt. «Mir ging ein Licht auf. Dieser einfache Gedanke beeindruckte mich nachhaltig. Die Begeisterung, die ich da empfand, trieb mich dann zur Gravitationstheorie.»[6]

Um frei assoziieren zu können, müssen wir es uns aber nicht unbedingt bequem machen. Manche setzen sich dazu aufs Rennrad. Genau das lassen die Schilderungen Liessmanns vermuten, wenn er sagt, dass das Radfahren Ideen und Formulierungen in ihm freisetze. Es könne gut sein, spekuliert der Philosoph über die Qualitäten seiner Fortbewegungsart, dass seine kreativen Leistungen durch «die kreisende, rhythmische Tretbewegung beim Radfahren» ausgelöst würden. Zentral jedenfalls seien die vielen sinnlichen Eindrücke, die er auf seinen mehrstündigen Fahrten sammle. «Wer einmal von 600 Höhenmetern auf einen Pass in den Alpen auf über 2000 Metern hinaufradelt, kann innerhalb von zwei Stunden vier Klimazonen durchfahren. (...) Als Radfahrer spürt man das direkt auf der Haut. Das sind sinnliche Intensitätserlebnisse, die in unserer Welt sehr selten geworden sind.»[7] Und die, so lässt sich ergänzen, das Knüpfen neuer, kreativer Verbindungen fördern, weil sie ihm den Raum und die Zeit geben, frei zu assoziieren.

Die einen finden also in langen und abwechslungsreichen Fahrradtouren die Möglichkeit, in den REST-Modus zu wechseln. Die anderen, indem sie herumlaufen. Freilich nicht irgendwie, sondern auf kreativitätsfördernde Weise. Denn unsere Art zu gehen wirkt sich unmittelbar auf unsere Art zu denken aus. Das hat eine Gruppe von Wissenschaftlern rund um die Psychologin Angela Ka-yee Leung herausgefunden. Ausgangspunkt ihrer Untersuchung war die Beobachtung, dass viele Binsenweisheiten zum Thema Kreativität eine direkte Beziehung zwischen konkreter körperlicher Praxis und kreativem Denken herstellen.[8] Ungefähr so: «Wer etwas Neues entdecken will, muss seine Gedanken auf Trab bringen!» Was, fragten sich die Wissenschaftler, wenn in diesen Allerweltssprüchen eine tiefe Wahrheit läge? Und siehe da: Genau das tut sie.

Angela Ka-yee Leung und Kollegen wählten drei klassische (englischsprachige) Plattitüden aus, die immer wieder hervorgekramt würden, um etwa «junge Wissenschaftler, Industriedesigner oder Hollywood-Drehbuchautoren zu inspirieren»: Und zwar: «think outside the box», «on one hand, then on the other hand» und «put two and two together». Und nahmen diese Metaphern wortwörtlich. Für einen ihrer Versuche bauten die Wissenschaftler tatsächlich eine «box», davon wird noch die Rede sein. Zunächst interessiert uns jener Teil der Studie, in dem die Wissenschaftler untersuchten, ob die Metapher, man denke kreativer «outside the box», also jenseits aller Beschränkungen, auch fürs Gehen gilt.

Die Anweisungen an die Versuchsteilnehmer waren denkbar einfach: Eine Gruppe sollte einem festgelegten, rechteckigen Weg folgen und diesen stur abgehen; genau so agieren also, wie wir das von unkreativen Menschen erwarten, die sich innerhalb klar gesteckter Vorgaben bewegen, sozusagen «inside the box». Die zweite Gruppe hingegen durfte völlig frei und intuitiv durch den Raum gehen. Die dritte Gruppe schließlich wurde gebeten, an jenem Tisch sitzen zu bleiben, an dem alle Probanden im Anschluss Kreativitätstests absolvieren sollten. Und tatsächlich bestätigten sich die Binsenweisheiten. Den stur ihren Weg abschreitenden Menschen fielen im Test deutlich weniger kreative Lösungen ein. Einfach nur mechanisch geradeaus zu laufen reicht also tatsächlich nicht, um neue Ideen zu haben, denn ihre Antworten waren genauso lahm wie die der Sitzenbleiber. Die deutlich kreativeren Antworten der frei durch den Raum wandernden Freigeister hingegen waren der schlüssige Beweis, dass wir denken, wie wir gehen.

Wie eng Bewegung und Denken in unserem Gehirn gekoppelt sind, zeigt der Umstand, dass es ausreicht, sich mit einer Computerfigur zu identifizieren, die sich auf assoziationsfördernde Art und Weise bewegt. Gezeigt haben das Angela Ka-yee Leung und Kollegen, indem sie die Studienteilnehmer vor einen Computer setzten und sie Figuren durch das Online-Simulationsspiel «Second Life» steuern ließen. Je nachdem, wie frei ihre Avatare agierten, fielen ihre Testergebnisse aus.

Herr Oehler geht spazieren. Dabei wird er von einem anderen Herrn begleitet. Wie er heißt, erfahren wir nie. Auch was er denkt, bleibt im Dunkeln. Wir wissen bloß, was Herr Oehler dem Unbekannten auf dem gemeinsamen Spaziergang erzählt: Etwas über den gemeinsamen Freund Karrer, der «verrückt geworden ist», und über die Ursachen, die er dafür verantwortlich macht.[9] Das ist, kurz gefasst, der Inhalt der Erzählung «Gehen». Sie stammt vom österreichischen Schriftsteller Thomas Bernhard. Darin widmet er sich neben seiner klassischen Obsession (der Hassliebe zu Österreich) der Wechselbeziehung zwischen Spazierengehen und Denken. Und das auf eine sehr hellsichtige Weise: «Wenn wir einen Gehenden genau beobachten, wissen wir auch, wie er denkt. Wenn wir einen Denkenden genau beobachten, wissen wir auch, wie er geht. Wir beobachten einen Gehenden längere Zeit auf das genaueste und kommen nach und nach auf sein Denken, auf die Struktur seines Denkens (...).» Thomas Bernhard lässt das seine Hauptfigur Oehler so begründen: «Gehen und Denken stehen in einem ununterbrochenen Vertrauensverhältnis zueinander, sagt Oehler. Die Wissenschaft des Gehens und die Wissenschaft des Denkens sind im Grunde genommen eine einzige Wissenschaft».[10]

Ob man tatsächlich von *einer* Wissenschaft sprechen kann oder das bloß eine der typischen Bernhard'schen Übertreibungen ist, kann und will ich nicht beurteilen. Doch der Schriftsteller bringt damit zwei Dinge zueinander, die im Leben vieler Künstler, Wissenschaftler und Denker eine enge Beziehung eingegangen sind und immer noch eingehen. Der Journalist Steven Johnson, der sich sehr genau mit der Geschichte der Kreativität beschäftigt hat, verweist auf eine Unzahl von Anekdoten, die allesamt davon handelten, wie kreative Menschen ein wenig spazieren gehen und plötzlich eine ganz wunderbare Idee haben.[11]

Als besonders eindrucksvolles Beispiel führt Johnson den Mitte des neunzehnten Jahrhunderts geborenen Mathematiker, Physiker und Philosophen Henri Poincaré an, dessen autobiographischer Bericht «wahrscheinlich die spaziergangslastigste Schilderung wissenschaftlicher Kreativität überhaupt» sei. Einmal befindet sich der Wissenschaftler in der Normandie auf einer geologischen Expedition, ein andermal wandert er am Meer die Klippen entlang, dann geht er einfach eine Straße entlang – und jedes Mal führen diese Gänge nach langen Phasen erfolgloser Grübelei zu einer neuen mathematischen Entdeckung. «Sobald er sich an den Schreibtisch setzte, schien seine Innovationskraft zu versiegen. War er zu Fuß unterwegs, flogen ihm die Ideen nur so zu.»[12]

Sich zu bewegen hat also ganz offenbar grundsätzlich positive Wirkungen auf unsere Kreativität, und zwar selbst dann, wenn wir uns nicht *selber bewegen*, sondern *bewegt werden*. Das legen zumindest die Aussagen von Joanne K. Rowling nahe. Danach befragt, wie sie denn auf die Idee für ihre Harry-Potter-Romane gekommen sei, erzählt die Autorin immer wieder dieselbe Geschichte: Im Jahr 1990 habe sie mit ihrem damaligen Freund von London nach Manchester umziehen wollen und ein ganzes Wochenende lang Wohnungen angesehen. Am späten Sonntagabend sei sie nach London zurückgefahren. In einem überfüllten Zug, alleine und (so meine Spekulation) müde, vom Rhythmus der ratternden Waggons abgelenkt und beruhigt.[13] Einer jener klassischen Momente also, in denen unsere Gedanken zu wandern und neue Verbindungen herzustellen beginnen: «Plötzlich tauchte aus dem Nichts die Idee ‹Zaubererschule› auf. (...) Gleichzeitig spazierte dieser kleine schwarzhaarige Junge in mein Hirn, von dem ich wusste, dass er nicht wusste, was er war.»[14]

Viele Jahre später geschah Rowling noch einmal exakt dasselbe. Wieder war sie unterwegs, wieder hatte sie einen Geistesblitz. Diesmal für ihren ersten Roman nach der Harry-Potter-Serie. So erzählte sie der Zeitung «The Guardian», dass sie sich offensichtlich immer in einer Art Fahrzeug befinden müsse, um eine «annehmbare Idee» zu entwickeln. «Dieses Mal geschah es in einem Flugzeug.»[15] Doppelt interessant sind die Aussagen von Rowling, weil sie deutlich machen, wie stark der Körper auf Ideen reagiert bzw. an ihrer Entstehung beteiligt ist. Als der Autorin im Zug nach London das Wort «Zaubererschule» in den Sinn kam, habe sie sofort gefühlt, dass sie mit Harry Potter einen ganz außergewöhnlichen Charakter erfunden hatte: «Ich spürte körperlich, wie gut diese Idee war, denn mir sprang das Herz im Leibe.»[16]

Wer nun freilich glaubt, dass Kreativität mit solchen Hochgefühlen, wie sie Rowling beschreibt, untrennbar verbunden ist, der liegt damit – falsch. Uns durchströmen ganz zweifellos Glücksgefühle, wenn wir plötzlich eine Eingebung haben, auf die wir lange gewartet haben. Das bedeutet jedoch nicht, dass Glücklichsein die Voraussetzung für gute Ideen wäre. Aus der folgenden Studie könnte man sogar das Gegenteil ableiten, zumindest aber den Schluss, dass Traurigkeit keine Ausrede dafür sein kann, dass es mit dem genialen Einfall nicht klappt.[17] Eine Psychologin und eine Managementprofessorin baten die Teilnehmer ihres Versuchs, vor Publikum eine kurze Rede über ihren Traumberuf zu halten. Bevor das geschah, wurde per Los entschieden, ob die eingeweihten Zuhörer darauf positiv, negativ oder gar nicht reagieren sollten. Was die Studienteilnehmer da vorne sagten, war also für die spätere Rückmeldung der Zuhörer vollkommen unerheblich.

Hatten die Teilnehmer ihre Rede beendet und ihr positives, negatives oder Null-Feedback erhalten, drückte man ihnen Bastelzeug in die Hand. Daraus sollten sie eine Collage anfertigen, die anschließend von Künstlern beurteilt wurde. Kreativ oder eher einfallslos, lautete die Frage. Die Resultate seien eindeutig gewesen: All jene, die negativ beurteilt worden waren und von sich sagten, sie seien darüber traurig, fertigten deutlich spannendere Collagen an. Die Zufriedenen bzw. die Nichtbeachteten hingegen lieferten eher uninspirierte Basteleien ab.

Stellen Sie sich vor, Sie wollen anderen einen neuen Gedanken erklären und es fehlen Ihnen die Worte. Was werden Sie tun? Höchstwahrscheinlich Ihre Hände zu Hilfe nehmen, um die Umrisse Ihrer Idee in die Luft zu zeichnen, damit sie für die anderen im wahrsten Sinne des Wortes *greifbar* wird. Sie werden also Ihre Gesten wie jene

Metaphern verwenden, von denen immer wieder die Rede war und mit deren Hilfe wir Abstraktes in Konkretes übersetzen. Wir sehr wir uns darauf verlassen, mit Händen auszudrücken, wofür die Sprache nicht reicht, erlebe ich als Journalist immer wieder. Wenn ich nämlich Interviews führe, die später abgedruckt werden sollen. Während des Gesprächs bin ich oft sehr angetan von dessen Verlauf, muss dann aber beim Abtippen feststellen, dass immer wieder halbe Sätze gefallen waren, wo ich ganze gehört hatte. In den Leerstellen hatten die Hände gesprochen.

Gesten helfen uns nicht nur, unsere Ideen anderen zu vermitteln, sie lassen diese Gedanken mitunter überhaupt erst konkret werden. Für kreative Menschen hat das den großen Vorteil, dass sie mit Handbewegungen eine noch vage Idee formulieren und dann nach und nach in Sprache fassen können, bis sie schließlich in ihrer ganzen Schönheit vor ihnen liegt. Von welchem anderen körperlichen Hilfsmittel ließe sich das sagen? Daher ein kurzer Hinweis an Eltern, die ihren Kindern immer wieder beizubringen versuchen, «sich zu benehmen»: Unsere Hände sind ein unverzichtbares Hilfsmittel, um kreativ zu sein. Und *das* wollen wir unterbinden?

Finden wir den richtigen Dreh, dann dürfen wir vom eigenen Körper noch deutlich mehr erwarten. Zum Beispiel, dass er uns direkt auf die kreative Lösung kniffliger Aufgaben stößt, wie sich im Rahmen einer Studie zeigte. Dabei wurden zwei Seile an der Decke eines Raums befestigt und die Teilnehmer gebeten, sie miteinander zu verknoten. Das Problem bestand darin, dass die Schnüre so weit voneinander entfernt hingen, dass man sie nicht gleichzeitig erreichen konnte. Was also tun? Um den Teilnehmern ein wenig auf die Sprünge zu helfen, boten ihnen die Versuchsleiter vier Dinge zur freien Verwendung an: einen Schraubenschlüssel, ein Taschenbuch, zwei kleine Hanteln und einen Teller. Die 52 teilnehmenden Studenten begannen also über die Sache nachzudenken. Zwischendurch erklang ein Signal. Pause. In dieser mussten sie eine von zwei Übungen durchführen. Die einen sollten ihre Arme seitwärts ausstrecken und so verharren, die anderen ihre Arme erst hängen lassen und dann nach vorne und hinten schwingen. Anschließend weitertüfteln!

Und siehe da: Je nachdem, was die Studenten in den Pausen mit ihren Armen angestellt hatten, waren sie unterschiedlich gut in der Lage, die verflixte Sache mit den beiden Seilen zu lösen. Die Teilnehmer, die die Arme seitlich ausgestreckt hatten, lösten die Aufgabe zu 62 Prozent, und diejenigen, die mit den Armen gependelt hatten, zu 85 Prozent. Der Grund für diesen signifikanten Unterschied: Die schwingenden Bewegungen hatten den Betroffenen die kreative Lösung unmittelbar nahegelegt; sie bestand nämlich darin, zum Beispiel den Schraubenschlüssel am Ende eines Seils zu befestigen, dieses dann in Schwingung zu versetzen, aufzufangen und mit dem anderen Seil zu verknoten. Es war also allein die passende Bewegung, die der Kreativität zum Durchbruch verholfen hatte.

Eine Erkenntnis, die in der weiter vorne erwähnten Studie von Angela Ka-yee Leung bestätigt wurde. Und zwar als sie überprüfte, ob es uns tatsächlich kreativer mache, wenn wir ein Problem erst «on one hand» betrachten und danach «on the other hand», von allen Seiten also. Und wirklich: Wenn die Versuchspersonen bei der Erörterung eines Sachverhalts ganz wortwörtlich erst mit der einen und dann mit der anderen Hand gestikulierten, fanden sie die deutlich kreativeren Lösungen. Sie hatten auf diese Weise ganz offensichtlich jene mentalen Hindernisse überwunden, die uns dabei behindern, phantasievolle kognitive Leistungen abzurufen.[18]

Von kreativen Menschen sagen wir gerne, sie hätten *hochfliegende* Ideen und einen *weiten Horizont*, während wir über weniger ideenreiche Zeitgenossen lästern, sie seien *Kleingeister*, dem *Schubladendenken* verhaftet und würden nie einen Blick *über den eigenen Gartenzaun* riskieren. Wir beschreiben also bestimmte Denkweisen mit Hilfe räumlicher Begriffe. Etwa die erwähnte Aufforderung, man solle doch tunlichst ohne Beschränkungen denken, auf Englisch: «outside the box».

Um zu überprüfen, ob es sich außerhalb dieser Metaphern-Box tatsächlich anders denkt als innerhalb, bauten die Wissenschaftler einfach eine nach. Diese Box bestand aus PVC und Pappe, hatte die Maße von rund 1,5 mal 1,5 Meter und war mithin groß genug, dass ein Mensch bequem darin sitzen konnte. Die Testpersonen sollten nun nacheinander einen aus zehn Aufgaben bestehenden Assoziationstest lösen – ein Teil der Gruppe in der Kiste sitzend, der andere davor. Das Ergebnis bestätigte die Redewendung: Nur «outside the box» kommt man auf neue Gedanken; wer «außerhalb der Box» dachte, lieferte deutlich kreativere Lösungen als der brav in seiner Kiste Sitzende. So wunderbar diese Studie auch sein mag, weil sie in Metaphern überliefertes Wissen so direkt überprüft – so wenig hilft sie uns bei der Frage, wie denn Räume nun idealerweise aussehen sollten, die uns freier denken lassen.

Nur gut, dass sich eine andere Studie dieser Frage angenommen hat. Und zwar unter dem Blickwinkel der Raumhöhe. Das Ergebnis: In hohen, lichten Räumen denken wir freier und kreativer. In niedrigeren Räumen hingegen arbeiten wir kleinteiliger und beginnen herumzupuzzeln. Herausgefunden hatte man das, indem man Versuchspersonen darum bat, eine Liste von Sportarten zu ordnen, und zwar anhand selbstausgedachter Kategorien; die einen sollten das in hohen, die anderen in niedrigen Räumen sitzend tun. Während Erstere individuelle, abstrakte Ordnungsprinzipien ersannen, vertieften sich Zweitere in Details, ordneten die Sportarten beispielsweise nach der Größe der Teams.[19]

Als Begründung dieses Phänomens führen die Wissenschaftlerinnen an, dass hohe Decken «das Konzept von Freiheit aktivieren, während niedrige Decken jenes von Beschränkung hervorrufen». Zur Unterstützung ihrer These verweisen sie auf die lange Tradition sakralen Bauens. So bringen hohe Kathedralen religiöse Menschen dazu, an Größe, Weite, also letztlich an Gott zu denken, während Kapellen durch ihre gedrungene Bauweise den Weg in unser Inneres eröffnen; so fallen uns Einkehr und persönliche Rückbesinnung leichter.

Betrachten wir vor diesem Hintergrund die Gestaltung vieler moderner Büros, dann müssen sie uns in einem zwiespältigen Licht erscheinen. Vor allem junge Unternehmen aus der Internetbranche versammeln ihre Mitarbeiter oft in Großraumbüros, eingerichtet in ehemaligen Fabrikhallen oder Ähnlichem. Um den einzelnen Mitarbeitern ein Mindestmaß an Privatsphäre zu verschaffen, werden in diese großen Räume dann Zellen eingebaut (oder die Mitarbeiter basteln sich selbst kleine Verschläge), die jenen «Boxen» nahekommen, von denen die Rede war. Die Mitarbeiter befinden sich also in einer widersprüchlichen Situation: Zum einen sitzen sie täglich viele Stunden lang in hohen, offenen Räumen, die Kreativität befördern; zugleich aber in kleinen Schachteln, die sie kleinteiliger denken lassen. Es wäre eine eigene Untersuchung wert, wie sich diese ambivalenten Raumverhältnisse auf die Menschen auswirken.

Sollten Sie nun erwägen, den Architekten Ihres Vertrauens anzurufen, damit er Ihnen lichte, inspirierende Räume (ohne Boxen drin) entwirft, so ist das prinzipiell begrüßenswert. Bedenken Sie aber bitte, wozu diese dienen sollen. Fürs Kreativsein oder Genausein? Es gibt übrigens eine einfache Methode, die Wirkung von Räumen noch zu steigern. Indem Sie nämlich den hohen Raum blau streichen und den niedrigen rot. Eine Studie widmete sich der Frage, welche Farbe welche Wirkung auf uns ausübt. Sie zeigte, dass die Versuchspersonen all jene Aufgaben deutlich kreativer lösten, die ihnen im Zusammenhang mit einer blauen Farbe präsentiert wurden. Bewegten sie sich hingegen in einer roten Farbwelt, dann nahmen die Menschen ihre Aufgaben genauer in den Blick und konnten sich auch besser an sie erinnern.[20] Effekte, die wie viele andere nie in unser Bewusstsein drängen und die wir daher auch viel zu wenig nutzen.

Manchmal machen wir aber auch alles richtig, wissen nur nichts davon. Genauer gesagt: Unser Körper ist schlau, aber der Kopf merkt es nicht. Ich zum Beispiel arbeite bevorzugt abends und nachts, auf der Couch sitzend. Die neben mir stehende Bogenlampe muss heruntergedimmt sein und ihr Lichtkegel auf das Buch gerichtet bzw. den

Laptop auf meinem Schoß. Der Rest des Raums liegt im Dunkeln, von fern hört man die verklingenden Betriebsgeräusche der Welt. Das sind die besten Stunden des Tages für mich. Bisher hielt ich das für eine rein persönliche Vorliebe. Seit kurzem weiß ich, dass ich mir damit unbewusst eine Situation geschaffen habe, die mir dabei hilft, auf die eine oder andere Idee zu kommen. Das zeigt eine jener Studien, die auf den ersten Blick ein wenig exotisch erscheinen, dann aber Erkenntnisse liefern, die all jene Menschen zu schätzen wissen, die beruflich Neues entwickeln müssen: Dunkle Räume mit kleinem Arbeitslicht machen kreativ. So die Kurzzusammenfassung der Ergebnisse.

Hier die geringfügig längere Version. Obwohl die Kreativität ihrer Mitarbeiter ein entscheidender Wettbewerbsfaktor sei, würden Unternehmen viel zu wenig darauf achten, wie Arbeitsräume eingerichtet und vor allem beleuchtet seien, schreiben die Autoren der Studie einleitend. Allerdings wisse man bisher tatsächlich viel zu wenig über die Auswirkung von Licht auf die kognitiven Fähigkeiten von Menschen. Die Studie untersuchte deswegen diese Wechselwirkung in sechs verschiedenen Varianten. Die Ergebnisse lauteten stets gleich: Wer in einem dunklen Raum mit einer singulären Lichtquelle arbeitet, der produziert deutlich mehr kreative Gedanken als jene, die in hell erleuchteten Räumen um neue Ideen ringen. Von entscheidender Bedeutung ist nicht nur die Lichtstärke, sondern wie wir das Licht einsetzen: Auch wenn wir den Raum nur schwach, aber gleichmäßig anstrahlen, verfliegt der kreativitätsfördernde Effekt sofort. Vielmehr müssen wir das (wenige) Licht direkt auf den Platz richten, an dem wir nachdenken, schreiben, herumspinnen.[21]

Die von den Wissenschaftlerinnen genannten Gründe für diesen Effekt lassen sich leicht nachvollziehen: Im Dämmerlicht fühlen wir uns weniger gehemmt. Wir sind freier und selbstbestimmter, was wiederum zur Folge hat, dass wir einen riskanteren und explorativeren Arbeitsstil – in diesem Fall – nicht *an den Tag*, sondern *in die Dämmerung* legen. Denn halbdunkle Räume geben uns Sicherheit und ermutigen uns, unserer Vorstellungskraft freien Lauf zu lassen. Außerdem können wir Ablenkungen besser ausblenden, wenn die Welt mit ihren unzähligen Details in der Dunkelheit versinkt.

Doch alles hat seine dunklen und hellen Seiten. So auch die Sache mit der Dunkelheit. Wir sollten von nun an nicht grundsätzlich das Deckenlicht aus- und die Arbeitslampe anknipsen, wenn wir arbeiten. Vielmehr nur dann, wenn wir nach neuen Gedanken suchen, verwegene Konzepte ersinnen sollen oder außergewöhnliche Ideen für den runden Geburtstag eines geliebten Menschen. Geht es freilich darum zu überprüfen, was wir uns da im Dunkeln ausgedacht haben, dann sollten wir das in hellen Räumen tun. Diese fördern, so die Studie, unsere analytischen Fähigkeiten. Die Empfehlung: «Kreativität mag in der Dunkelheit beginnen, aber sie sollte nicht dort enden.»[22]

Wer gern in Kaffeehäusern sitzt, kann die Ergebnisse der nächsten Studie sicherlich gut nachvollziehen. Gleichgültig, ob nun in Wien, Triest, Prag, Berlin oder Budapest – es muss sich bloß um ein richtiges Kaffeehaus handeln oder zumindest um eine Art von Lokal, das genauso funktioniert (wie immer das aussehen mag). Dazu gehören: ein großer Raum voller Menschen, allein, zu zweit, zu dritt, manche ins leise Gespräch vertieft, manche arbeitend, Zeitung lesend, in die Luft starrend, Bridge oder Schach spielend, versonnen im Kaffee rührend, dabei dieses typische klingende Geräusch verursachend, keine wie immer geartete Musik (!), die Stimme des Obers, die Geräusche von der Straße, Zeitungsstapel, WLAN. Das Wesen eines Kaffeehauses manifestiert sich in vielen Details, paradoxerweise sind weder der Kaffee noch das Essen von wirklich entscheidender Bedeutung. Vielmehr ist es die basisdemokratische Mischung der Menschen, die diesen Ort auszeichnet, dessen soziale Kreuz-und-quer-Verbindungen, die Gespräche, das Sehen und absichtsvolle Nichtsehen und schließlich – die Geräuschkulisse. Der Architekt Gregor Eichinger hat sich intensiv mit der Wiener Kaffeehauskultur beschäftigt und berichtet, dass es Menschen gibt, die ihr Kaffeehaus allein am Klang erkennen würden.[23]

Viele der Kaffeehausbesucher kommen dorthin, um zu arbeiten. Sind sie bisher bloß ihrer Intuition gefolgt, dann liefert ihnen die Studie von Ravi Mehta und Rui Zhu eine Erklärung, nach der sie nie gesucht haben. Die beiden Wissenschaftler haben sich nämlich die Frage gestellt, ob uns Umweltgeräusche immer ablenken würden oder ob sie sich auch positiv auf unsere Kreativität auswirken können. Dazu haben die beiden eine Serie von fünf Versuchen durchgeführt, in denen den Teilnehmern unterschiedlich laute Geräuschkulissen vorgespielt wurden, gemischt aus Cafeteria-Gemurmel, Straßen- und fernem Baulärm; währenddessen sollten sie einen jener Assoziationstests absolvieren, mit denen klassischerweise kreative kognitive Leistungen gemessen werden. Die Ergebnisse waren stets die gleichen: Die besten Ideen haben wir, wenn wir moderaten Umweltgeräuschen ausgesetzt sind. (Für Techniker: Am besten sind Geräusche von ungefähr siebzig Dezibel; das entspricht einem PKW-Motor, den wir aus rund zehn Meter Entfernung hören, bzw. einem Gespräch, von dem wir einen Meter entfernt sind.) Wurde es in ihrer Umgebung lauter oder leiser oder völlig still, schnitten die Versuchsteilnehmer deutlich schlechter ab.[24]

Klare Angaben über die Ursachen dieses Effekts können die beiden Wissenschaftler nicht machen. Die entsprechende Forschung sei noch nicht so weit. Lärm lenkt uns Menschen prinzipiell vom Nachdenken ab, so viel sei sicher. Das Geheimnis liegt, wie so oft, in der Dosierung. So hat ein Übermaß an Störung eindeutig hinderliche Wirkung; bleibt der Lärm hingegen moderat, dann bewirkt die leichte Störung eine «Unstetigkeit» im Gedankenfluss, was wiederum unsere Fähigkeiten stärkt, individuell und abstrakt zu denken. Und das ist für kreative Prozesse überaus förderlich, wie wir bei der Studie mit den hohen Räumen gesehen haben, in der Menschen Sportarten in selbstgewählte Kategorien einteilen sollten.

Wenn ich es richtig sehe, dann steht der Suche nach einem neuen Büro bzw. der Umgestaltung Ihres bestehenden Arbeitsraums nichts mehr im Wege. Die Kriterien der Räume, die Ihnen das Finden von Ideen und deren Bewertung leichter machen, sind hiermit umfassend aufgezählt, liegen also gleichsam auf meinem vielzitierten Couchtisch (der mittlerweile ein wenig umgeschichtet wurde, aber immer noch so ... aber lassen wir das). Wie Sie nun die geschilderten Details in ein schlüssiges Ganzes (oder zwei schlüssige Ganze) zusammenfügen – das ist Ihrer Kreativität überlassen. Also: Deckenlampe aus – Kopf an!

Vom frischen Geruch der Tugend und der Flüchtigkeit von Gut und Böse

Welches Urteil wir uns über andere bilden, hängt wesentlich von unserem Tastsinn ab, denn wir bringen körperliche Empfindungen mit abstrakten Prinzipien in Zusammenhang: Schwere mit Wichtigkeit, Sauberkeit mit Moral und Körperhaltungen mit politischen Vorlieben. Was zu überraschenden Empfehlungen führen kann. Zum Beispiel der, Kindern das Händewäschen zu verbieten.

Die Welt mag kompliziert und verwirrend sein. Manchmal aber läuft alles verblüffend einfach. So genügt es mitunter, abwehrend eine Hand zu heben, und schon hören wir auf, die wunderbaren Schokokekse zu verschlingen, die unsere Diät gefährden. Das Schönste an dem Trick: Er stammt nicht von fluffigen Hobbypsychologen, sondern von seriösen Wissenschaftlern. Der Sozialpsychologe Jens Förster beschäftigt sich seit Jahren mit den Auswirkungen von Körperbewegungen und -haltungen auf unsere Urteile und Handlungen.[25] Von ihm stammt die ebenso einfache wie weitreichende Erkenntnis, dass unsere Armbewegungen beeinflussen, ob wir eine Schüssel voller Schokokekse aufessen oder ob wir sie bloß ein wenig anknabbern (die Kekse, nicht die Schüssel).[26]

Um das Ziel der mittlerweile berühmten Studie zu verschleiern, wurden die Teilnehmer in dem Glauben gelassen, sie sollten über politische TV-Programme befragt werden. Man platzierte sie vor einem Fernsehapparat und stellte ganz nebenbei eine Schüssel mit zwanzig Keksen auf den Tisch, ohne sie mit einer Silbe zu erwähnen. Unter dem Vorwand, man wolle zudem ihre Muskelreaktionen testen, klebte man den Versuchsteilnehmern Elektroden an und bat die eine Hälfte von ihnen, von unten gegen die Tischplatte zu drücken, die andere Gruppe von oben. Waren die Vorbereitungen abgeschlossen, starteten die Wissenschaftler die Videoaufzeichnung einer Politdokumentation und überließen Versuchsperson und Schokokekse ihrem Schicksal. Nach fünfundzwanzig Minuten war der Spuk vorbei. Die Versuchsleiter stellten ein paar Fragen zur Dokumentation, schielten aber in Wirklichkeit in die Schüssel, um die verbliebenen Kekse zu zählen. Und siehe da: Die von unten gegen die Tischplatte Drückenden hatten deutlich mehr Kekse in sich hineingestopft als die, die von oben gedrückt hatten.

Das verlangt nach einer Begründung. Dazu müssen wir freilich einen kurzen Blick auf die menschliche Evolution werfen. Fürs Überleben war es (und ist es) von entscheidender Bedeutung, dass wir eine Situation beurteilen können. Und zwar nicht erst nach langen Überlegungen – «Könnte dieses kleine grün schillernde Tierchen uns wohlgesinnt sein? Oder doch eher feindlich? Oder verrät meine Frage nach der Farbe bereits eine gewisse Voreingenommenheit, weil ich ‹grün› mit gefährlich in Verbindung bringe? Lass mal überlegen ...» – das wäre politisch zweifellos korrekt gewesen, aber todbringend, weil wir längst vom politisch unkorrekten Tierchen gebissen worden wären. Um zu überleben, mussten wir also zweierlei Dinge tun: eindeutige Urteile treffen, und das rasend schnell.

So kam es, dass wir ein archaisches Beurteilungsprogramm entwickelt haben, das Tierchen ebenso wie Menschen, Jagdgebiete, Smartphones, Jobs und Straßenszenen

nach dem denkbar einfachsten Schema beurteilt: gut/
schlecht? – ja/nein? – Daumen rauf/Daumen runter? Der
Neurowissenschaftler und Psychologe Antonio Damasio
schreibt dazu, dass wir über ein Erfahrungsgedächtnis verfügen, das uns mit Hilfe «somatischer Marker», die man
vereinfachend Bauchgefühle nennen könnte, eine schnelle
Einschätzung zu dem Tierchen zuspiele. Und zwar nicht
erst nach langen Überlegungen, sondern rasend schnell.
Binnen zweihundert Millisekunden, so die Psychoanalytikerin Maja Storch, würden wir uns eine Meinung über
eine Situation bilden, was nur so viel bedeuten kann wie:
Ein kleines grünes Tierchen sehen und davonrennen, das
ist nahezu ein und dasselbe.[27]

Mit dem archaischen Bewertungsprogramm eng verbunden sind bestimmte Körperbewegungen und -haltun-
gen. So reagieren wir auf das Gefühl, eine Umgebung sei
uns wohlgesinnt, mit einem ganzen Repertoire von ein-
ladenden Signalen: Wir breiten die Arme aus, kommen
näher oder strecken die Hand aus. Ein genauso umfang-
reiches Repertoire steht uns für den negativen Fall zur Verfügung: Wir wenden uns ab, gehen auf Distanz oder machen abwehrende Handbewegungen.

Die Sache funktioniert aber auch umgekehrt, Stichwort
«Bodyfeedback-Hypothese». Gestikulieren wir abweisend,
stellt sich in uns blitzartig das vage Gefühl ein, wir be-
fänden uns in einer feindlichen Umgebung. Machen wir
hingegen eine einladende Bewegung, schaffen wir eine
wohlwollende Umgebung. Womit wir wieder bei der
Schüssel mit den Schokokeksen angekommen wären. All
jene Versuchsteilnehmer, die von unten gegen die Tischplatte drückten, vollzogen (unwissentlich) eine *einladende*

Geste – und aßen folglich sehr viele (freundliche) Schokokekse. Wer hingegen von oben auf den Tisch gepresst hatte, vollzog eine ablehnende Bewegung und griff seltener in die (feindliche) Schüssel. Von zentraler Bedeutung bei all diesen Prozessen: Sie bleiben unbewusst und laufen automatisiert ab. Das heißt: Eine Schüssel Kekse sehen, die Arme einladend öffnen, sie leeressen und sich hinterher fragen, wie man nur so hemmungslos sein konnte – all das geht Schlag auf Schlag. In diesen Prozess eingreifen können wir nur, wenn wir ihn uns bewusst machen.

Jetzt höre ich Sie sagen: «Okay, Schokokekse, hilfreich, danke! Ich werde mal drauf achten und die Sache mit der Handbewegung ausprobieren. Aber lohnt das den Aufwand? Die komplexen Theorien? Die Forschungsgelder?» Ja, das lohnt sich! Denn dieser Mechanismus wirkt sich nicht nur auf unser Verhältnis zu Süßigkeiten aus, sondern steuert auch unsere Einschätzung von moralischen und politischen Fragen. So genügt bereits eine triviale Armhaltung, um unsere Einstellung zu einer bestimmten politischen Partei zu verändern, zumindest kurzfristig. Eindrucksvoll gezeigt hat das Jens Förster, gemeinsam mit der Psychologin Lioba Werth. In ihrer Studie sollten sich die Teilnehmer fünf Minuten lang eine TV-Dokumentation über die FDP ansehen (wir schreiben das Jahr 2001) und ihren Arm entweder ablehnend von sich strecken, neutral in den Schoß legen oder einladend anwinkeln. Das Ergebnis: Die FDP schien den Armbeugern (einladende Geste) nicht nur deutlich sympathischer, sondern sie schrieben ihr auch größere Kompetenz zu und sahen sie bei der nächsten Wahl deutlich weiter vorn als die andere Testgruppe.[28] Es ist also ganz offensichtlich von entscheidender Bedeutung, was wir mit unseren Gliedmaßen anfangen, wenn wir uns eine Meinung bilden, sei es zur FDP oder zu Schokokeksen. Idealerweise achten Sie das nächste Mal darauf, ob Ihre Ansichten Hand und Fuß haben und ob Sie den Wahlzettel mit links oder rechts in Empfang nehmen. Denn auch das kann unerwartet weitreichende Folgen haben, wie wir gleich sehen werden.

Mit welcher Hand wir schreiben, gehört zu jenen Dingen, über die wir selten nachdenken. Das ist prinzipiell okay, aber wer sich besser verstehen will, kommt nicht umhin, sich mit seinem Rechts- bzw. Linkshändersein zu beschäftigen. Der Grund: Es hängt davon nichts Geringeres ab als unsere Vorstellung, wo sich Gut und wo sich Böse befindet. Wie hartnäckig wir uns an der eigenen Schreibhand orientieren, hat der Psycholinguist Daniel Casasanto in mehreren Studien eindrucksvoll gezeigt. In einer davon zeigte er Rechts- und Linkshändern eine Cartoonfigur. Auf demselben Blatt sollten sie zwei Tiere aufmalen; und zwar eines, das die Figur sympathisch findet, und eines, das sie unsympathisch findet. Dafür stand den Studienteilnehmern je ein Kästchen zur Verfügung, das eine links und das andere rechts von der Cartoonfigur.[29]

Das Resultat war erhellend: Die Rechtshänder malten das freundliche Tier überproportional häufig in die rechte Box, die Linkshänder in die linke; in das jeweils andere Kästchen steckten sie das unsympathische. Auch dieses Ergebnis besitzt über die Comicfiguren hinausweisende Relevanz: Denn auch wenn sich die Teilnehmer zwischen zwei gleichwertigen Produkten entscheiden sollten, wählten sie meist dasjenige, das sich auf ihrer Schreibhandseite befand.

Rechts- bzw. Linkshänder haben also ganz grundsätzlich die Tendenz, «von ihnen als gut bewertete Begriffe wie Intelligenz, Attraktivität, Ehrlichkeit und Glück (...) stark mit ihrer dominanten Seite zu assoziieren», wie Daniel Casasanto schreibt. Was nichts anderes bedeutet, als dass unser Körper mitbestimmt, welche Meinung wir uns von unserer Umwelt bilden und wie wir mit ihr umgehen. Mutmaßungen, wieso das so ist, gibt es viele. Die von Casasanto lautet: Da wir mit unserer dominanten Hand deutlich geschickter sind, empfinden wir ihre Seite als die bessere. Genau umgekehrt verhält es sich mit der schwächeren Hand. All das geschieht unbewusst, versteht sich.

Doch bei lebendigen Systemen, und das sind wir Menschen ja ganz zweifellos, kann sich jeden Moment alles ändern. So auch in diesem Fall. Werden Rechtshänder dazu gezwungen, sich mit ihrer Linken zu behelfen, entwickeln sie binnen weniger Minuten das exakt gegenteilige Gut-Böse-Schema: rechts wird schlecht und links wird gut. So bat Daniel Casasanto die rechtshändigen Teilnehmer seiner Studie, Dominosteine aufzustellen. Dabei sollten sie einen dicken Skihandschuh tragen – einmal links und einmal rechts. Im ersten Fall bestärkte der Handschuh die Rechtshänder in ihren Gewohnheiten. Trugen sie das unförmige Ding aber an der rechten Hand, mussten sie auf ihre linke umsteigen. Mit dem erstaunlichen Effekt, dass sie bereits nach wenigen Minuten eine neue Zuordnung trafen und plötzlich links als positiv empfanden.[30] Daniel Casasanto zieht daraus einen weitreichenden Schluss: «Menschen glauben grundsätzlich, dass ihre Urteile rational seien und ihre Konzepte stabil. Aber wenn es schon genügt, dass Menschen für einige Minuten einen Hand-

schuh tragen, damit sie ihre gewohnten Wertungen um-
kehren, was gut und was böse ist – dann ist wohl unser
Geist formbarer, als wir dachten.» Eine Erkenntnis, die man
auch deutlich poetischer formulieren kann, wie das der
Lyriker Ernst Jandl in seinem berühmten Gedicht «lich-
tung» gemacht hat: «manche meinen//lechts und rinks//
kann man nicht//velwechsern.//werch ein illtum!»[31] Das
zu glauben wäre tatsächlich ein schwerer Illtum. Man
kann die beiden Seiten nicht nur vel-, sondern auch ohne
Probleme auswechsern.

Wenn wir mit dem Kopf nicken, tun wir das nicht nur,
um anderen Zustimmung zu signalisieren, sondern auch
für uns selbst. Das klingt erst einmal absurd. Was sollte es
bringen, uns selbst zuzunicken? Wer die Studien der beiden Psychologen Pablo Briñol und Richard E. Petty liest,
wird freudig zu nicken beginnen, auch und vor allem für
sich. Und das kommt so: Für ihre Untersuchung luden die
Psychologen ihre Teilnehmer ein, an einem (angeblichen)
Produkttest teilzunehmen. Um die Klangqualität und den
Tragekomfort von Kopfhörern zu testen, sollte eine Hälfte
der Studenten den Kopf (zustimmend) heben und senken,
die andere Hälfte (verneinend) schütteln. Dabei hörten sie
das fiktive Programm eines Studentensenders; erst Musik,
anschließend einen Wortbeitrag. Darin plädierte jemand
dafür, dass Studenten stets einen Personalausweis bei sich
tragen sollten. Den Teilnehmern wurden aber zwei verschiedene Versionen dieses Plädoyers vorgespielt: Einmal
argumentierte der Sprecher plausibel und klug, das andere
Mal schwach und ungeschickt.[32]

Kleine Quizfrage: Wie lautete das Ergebnis? Was glauben Sie? Wenn Sie nun annehmen, die kopfnickenden Stu-

denten hätten dem Gesagten eher zugestimmt als die anderen, dann ziehen Sie zwar intuitiv den richtigen Schluss, liegen damit aber leider – falsch! Denn: «Mit dem Kopf zu nicken bedeutet nicht, dass wir allem zustimmen, was wir hören. Eine der überraschendsten Entdeckungen, die wir gemacht haben, war: Wenn wir negative Gedanken haben und gleichzeitig nicken, dann bestärken wir unsere Ablehnung.»[33] Die Sache ist also ein klein wenig komplizierter als angenommen, dafür aber noch spannender. Um das Phänomen zu verstehen, müssen wir zunächst festhalten, dass unsere Kopfbewegungen die eigenen Ansichten und Handlungen beeinflussen: Nicken wir, dann bestätigen wir die eigenen Gedanken und vertrauen ihnen damit mehr (wie immer diese Gedanken konkret auch lauten mögen). Schütteln wir hingegen den Kopf, dann erschüttern wir das Vertrauen in unsere Gedanken. Richard E. Petty hat diesen Mechanismus «Selbstbestätigungsthese» genannt. Klingt einfach, hat aber in der Realität mitunter verwirrende Auswirkungen:

- Überzeugen uns die Darlegungen anderer, dann stimmen wir ihnen logischerweise gedanklich zu. Nicken wir gleichzeitig mit dem Kopf, so stärken wir diese Einschätzung. Ungefähr so: «Ja, das sind sehr schlaue Argumente, das hast du gut erkannt!» Das bedeutet: Unser Kopfnicken *stärkt* die fremden Argumente.
- Schütteln wir jedoch den Kopf dabei, dann nehmen wir uns damit den Glauben an die eigene Urteilsfähigkeit. Das klingt etwa so: «Du glaubst zwar, dass das gute Argumente sind – aber liegst du damit wirklich richtig? Denk lieber noch mal nach!» Was gleichzeitig bedeutet: Unser Kopfschütteln *schwächt* die Überzeugungskraft

der fremden, guten Argumente. So weit, so plausibel. Aber jetzt:

- Können uns bestimmte Aussagen nicht überzeugen, dann zweifeln wir sie an. Nicken wir gleichzeitig mit dem Kopf, stärken wir unsere subjektive Überzeugung, dass da jemand Quatsch erzählt. Ergo: Unser Kopfnicken *schwächt* die ohnehin schon miesen Argumente zusätzlich.
- Schütteln wir dabei aber den Kopf, ziehen wir unsere ablehnende Haltung schneller in Zweifel. Nach dem Motto: «Du glaubst, dass du es besser weißt, aber wie kannst du dir so sicher sein?» Was wiederum bedeutet: Wenn wir den Kopf schütteln, *stärkt* das die schlechten Argumente.

Sollten Sie also demnächst jemandem gegenübersitzen, der fortwährend nickt, so bedeutet das nicht zwangsläufig, dass er ihnen zustimmt. Kann sein. Es ist aber ebenso möglich, dass er das Gehörte für Mist hält und sich in dieser Meinung bestärkt. Andererseits bedeutet ein Kopfschütteln nicht automatisch, dass Ihr Gesprächspartner Ihre Meinung nicht teilt. Es ist durchaus möglich, dass er sich selber davon abbringen will zu glauben, Ihr Vortrag sei schwach – weil er eben erkannt hat, dass Sie ihm eine wahre Flut an Neuigkeiten servieren.

Diese Erkenntnisse machen das Leben nicht unbedingt einfacher. Wenn unsere persönlichen Meinungen und Entscheidungen von so harmlos anmutenden Dingen wie einem Kopfnicken abhängen, dann sei das sogar «in gewissem Sinne gefährlich», sagt Richard E. Petty. Es gilt also, aufmerksam zu sein und eigene Standpunkte ständig zu hinterfragen – warum sind wir in manchen sicher, in anderen nicht?[34] Und noch etwas beschäftigt Richard E. Petty: unser unerschütterliches Vertrauen, vernünftig zu denken und zu entscheiden. «Wir wollen einfach nicht glauben, dass unser Selbstvertrauen damit zu tun haben könnte, dass wir lächeln, nicken oder gute Laune haben. Aber genau das scheint der Fall zu sein.»

Es scheint nicht nur der Fall zu sein, sondern es ist der Fall. Diesen Schluss legt zumindest eine Studie jüngeren Datums nahe. Sie stellte sich zwei Fragen: Finden wir eine Sache sympathischer, wenn wir uns ihr körperlich annähern? Und lässt sich diese Sympathie in einem Gehirn-Scan feststellen? Beide Fragen konnte die Studie mit einem klaren Ja beantworten. Sobald wir uns ein wenig nach vorn lehnen, beurteilen wir Menschen oder Dinge nicht nur positiver, sondern beginnen auch, uns tatsächlich für sie zu interessieren. In den Köpfen der Versuchspersonen ließ sich das genau beobachten. Wenn sie sich in die Richtung eines Menschen oder einer Sache neigten, wurden dieselben neuronalen Muster im Gehirn aktiviert, die auch dann tätig sind, wenn wir uns aus echtem Interesse damit beschäftigen. Das bedeutet: Es spielt keine Rolle, ob wir uns aus eigenem Interesse mit den Vokabeln oder dem chaotischen Couchtisch (ja, dem!) beschäftigen oder ob wir uns ihnen rein äußerlich, also körperlich annähern. Eine Erkenntnis, die Schülern und Studenten beim Lernen helfen könnte: Sie sind gut damit beraten, sich ihrem Lernstoff körperlich zuzuwenden. Das erspart ihnen zwar nicht das Lernen, erleichtert die Sache aber ungemein.[35]

Wir Menschen sind keine Einzelgänger, sondern soziale Wesen, die voneinander lernen und einander beeinflussen. Daher bleiben die vielen scheinbaren Nebensächlichkeiten, von denen die Rede ist, nicht ohne Wirkung auf die Gesellschaft. Wenn nämlich der Körper unsere persönlichen Urteile und Handlungen beeinflusst, dann folgt daraus, dass unser aller Körper das soziale Handeln ebenfalls prägen.[36] Überspitzt formuliert: Wie wir in einem Stuhl lümmeln, was wir mit unseren Armen anstellen und wann wir den Kopf schütteln, ist zwar unsere Privatangelegenheit, zugleich aber von gesellschaftlicher Bedeutung. Ganz im Sinne der alten Losung, dass das Private politisch ist. Wie sehr sich unser Körper in unser konkretes berufliches und gesellschaftliches Handeln einmischt, sollen einige eindrucksvolle Beispiele zeigen.

Fragen wir die Personalverantwortlichen großer Unternehmen, nach welchen Kriterien sie Bewerber beurteilen, dann hören wir, es seien die fachlichen und menschlichen Qualitäten, die den Ausschlag geben. Das klingt plausibel. Wir sollten es aber dennoch nicht glauben. Unsere berufliche Zukunft wird nämlich oft von läppischen Details entschieden. Zum Beispiel dadurch, dass die Entscheider etwas Schweres in der Hand halten, während sie unsere Bewerbung lesen, oder dass sie dabei auf einem harten Stuhl sitzen. Das klingt nach einer dieser Nachrichten aus der Welt der Pseudowissenschaften, stammt aber aus einer vielbeachteten Studie von drei Psychologen der Elite-Universitäten MIT, Harvard und Yale.[37] Joshua M. Ackerman, Christopher C. Nocera und John A. Bargh zeigen darin, dass die Art, wie wir über unsere Mitmenschen urteilen und uns ihnen gegenüber verhalten, von zufälligen haptischen Empfindungen beeinflusst wird. Also davon, ob wir gerade etwas Schweres in der Hand halten oder bequem sitzen. Das ist erklärungsbedürftig. Kein Problem.

Ausgangspunkt der Studie war die bekannte Beobachtung, dass wir Menschen uns bei der Bewältigung komplexer Aufgaben einfacher Alltagserfahrungen bedienen. So verknüpfen wir das Gefühl der Schwere mit der Überzeugung, etwas sei seriös oder wichtig. Daher sagen wir auch, der andere habe ein *gewichtiges Argument* vorgebracht, jemand, dem man nicht trauen könne, sei ein *Luftikus* und es seien *schwerwiegende Anschuldigungen*, die da erhoben würden. Um zu überprüfen, ob soziale Urteile tatsächlich durch das Gefühl von Schwere beeinflusst werden, wandten sich die drei Psychologen an zufällig vorbeikommende Passanten. Und baten sie darum, ihnen bei der Auswahl geeigneter Mitarbeiter zu helfen. Dazu drückten sie den Menschen ein Klemmbrett in die Hand, in dem ein Lebenslauf steckte; manche dieser Bretter waren leicht (ca. 340 Gramm), andere schwer (ca. zwei Kilo).

Und tatsächlich: Die Testpersonen hielten jene Kandidaten für deutlich besser qualifiziert, deren Lebensläufe in der schweren Unterlage klemmten; diese seien außerdem ernsthafter daran interessiert, den Job zu bekommen, behaupteten die Versuchsteilnehmer. In den Köpfen der Passanten war also das klassische Bewertungsschema angesprungen: schwer = wichtig und seriös = besser geeignet. Die anderen Kandidaten wurden im wahrsten Sinne des Wortes als zu *leichtgewichtig* für den Job empfunden. Und das, obwohl in den Mappen derselbe Lebenslauf gesteckt hatte.

Wie präzise bestimmte sinnliche Eindrücke und Bewertungen zusammenhängen, zeigt der Umstand, dass das Gewicht des Klemmbretts keinen Einfluss darauf hatte, wie die soziale Kompetenz der Kandidaten eingeschätzt wurde. Der Grund: Zwischenmenschliche Fähigkeiten erklären und verstehen wir nicht mit Hilfe von Gewichtskategorien; hier verwenden wir viel eher Temperaturangaben, sagen also, jemand sei *warmherzig* oder *kaltblütig*. Mit «schwer» oder «leicht» hingegen können wir in diesem Zusammenhang nichts anfangen.

Umso mächtiger hingegen erwies sich die Kopplung zwischen Gewicht und Moral. Wer eine große Last auf seinen Schultern fühlt, meint auf einmal auch *schwer an Schuld zu tragen*. Das ist das Ergebnis einer jüngeren Studie, bei der manche Teilnehmer einen schweren Rucksack tragen sollten. Alle, auch die wortwörtlich *Unbeschwerten*, wurden gebeten, sich Ereignisse ins Gedächtnis zu rufen, die in ihnen das Gefühl der Schuld wachriefen. Das Ergebnis: Die Rucksackträger empfanden das Gefühl deutlich stärker. In weiteren Tests vermieden sie Handlungen, bei denen sie sich potenziell hätten schuldig machen können: Sie schummelten weniger, sie wählten statt lustiger eher langweilige Aufgaben, und sie bevorzugten gesunde Snacks.[38]

Doch zurück zur vielbeachteten Studie von Ackerman, Nocera und Bargh, in der es um die Klemmbretter ging. Darin gelang es ihnen, noch auf eine andere Weise zu zeigen, wie stark einfache Tasterlebnisse unser Urteil über andere Menschen beeinflussen. Sie baten die Probanden, einen Text zu lesen, in dem eine mehrdeutige Szene zwischen zwei Menschen beschrieben wurde. Anschließend sollten sie bewerten, ob die beiden Beschriebenen eher freundschaftlich oder feindlich miteinander umgingen, konkurrierend oder kooperativ, ein Gespräch oder eher eine Auseinandersetzung führten. Bevor die Studienteilnehmer loslegten, sollten sie allerdings noch ein Puzzle machen. Das eine war mit einer rauen Sandpapieroberfläche beschichtet, das andere war glatt. Das Ergebnis: Wer das raue Puzzle zugeteilt bekommen hatte, nahm die Szene als deutlich konfrontativer und feindlicher wahr als jene, die das glatte Puzzle gelegt hatten.

Raue und glatte Puzzles mögen uns im Alltag nicht allzu oft unterkommen. Häufiger begegnen uns harte und weiche Stühle. Und die haben es ebenfalls in sich, denn es kann ausreichen, sich auf einen davon zu setzen – und schon sehen wir die Welt mit anderen Augen. Diesen Rückschluss lässt jedenfalls ein weiterer Test von Ackerman, Nocera und Bargh zu. Dabei sollten die Studienteilnehmer entweder auf einem harten Holzstuhl Platz nehmen oder aber auf einem weichgepolsterten Sessel. Anschließend galt es, folgende Aufgaben zu erledigen: das Verhalten eines Angestellten zu beurteilen und zwei Angebote für den Kauf eines neuen Autos abzugeben. In beiden Fällen schlug das Sitzgefühl direkt auf das Urteil bzw. das Verhalten der Versuchsteilnehmer durch. Wer hart saß, nahm den Angestellten als solider und weniger emotional wahr, und in den Verhandlungen ums neue Auto blieb er härter und konsequenter als diejenigen, die weich saßen. Die Probanden verhielten sich also ganz im Sinne jener Metapher von den *harten Verhandlungen*, die wir so lange führen, bis jemand *weich* wird und *nachgibt*; bzw. jener, mit der wir andere loben, sie seien *hart im Nehmen*, also verlässlich und unnachgiebig.[39]

Blicken wir auf die prägende frühkindliche Phase unserer Entwicklung zurück, dann wird recht schnell klar, warum der Tastsinn so große Wirkung auf unsere Urteile hat: Er gibt uns von Anfang an die Möglichkeit, mit unserer Umgebung zu kommunizieren, allen voran mit unserer Mutter. Wir fühlen sie, begreifen uns, haben aber auch die Möglichkeit, unsere Umwelt zu beeinflussen, indem wir uns an ihr festhalten oder sie bewegen. All diese archaischen Erfahrungen fließen in unser Verständnis sozialer Beziehungen ein. Daher verweisen die drei Psychologen Ackerman, Nocera und Bargh in ihrer Studie auch darauf, dass Berührungserfahrungen unseren Umgang mit der Umwelt ein Leben lang bestimmen. Vor diesem Hintergrund erscheint das Phänomen plausibel, dass uns ein weicher Stuhl sanfter verhandeln lässt und raue Oberflächen uns zu schroffem Verhalten animieren.

Paradoxerweise handelt es sich beim Tastsinn um den «in der Verhaltensforschung wohl am stärksten unterbewerteten Sinn», so Christopher C. Nocera.[40] Angesichts des Umstands, dass wir in der Regel nichts davon mitbekommen, wenn zufällige Berührungen unsere Urteile beeinflussen, können all jene, die sich auf die Manipulation unseres Tastsinns verstehen, damit rechnen, dass wir ihnen so schnell nicht auf die Schliche kommen. Und Möglichkeiten gibt es dafür reichlich. Wer eine moderate Stimmung schaffen will, wird seinen Gesprächspartnern weiche Stühle unterschieben. Wer hingegen mit den anderen hart und unnachgiebig verhandeln will, der nimmt auf einem unbequemen Holzstuhl Platz, während er die anderen aufs Sofa packt. Es gibt viele öffentliche Räume, in denen allein die Frage der Bestuhlung von großer Bedeutung ist. So müssen wir davon ausgehen, dass hart sitzende Richter den Angeklagten anders beurteilen als entspannt zurückgelehnte; dass auf harten Hörsaalbänken ausharrende Studenten anders zuhören als bequem dasitzende;

und dass der Verlauf langer Regierungsverhandlungen nicht unwesentlich davon bestimmt wird, welchen taktilen Reizen das Gesäß der Politiker und Wirtschaftsbosse ausgesetzt ist.

Ein weiteres Einsatzgebiet für «taktile Taktiken», wie das Nocera nennt[41], bietet die weite Welt des Konsums. Produktverpackungen spielen eine wichtige Rolle für den Erfolg von Waren, denn ihre Oberfläche entscheidet darüber, ob sie jenen Menschen angenehm in der Hand liegen, die sie kaufen sollen. Buchautoren, die von ihren Lesern ernst genommen werden wollen, sollten nicht nur lesenswerte Texte schreiben, sondern auch ihre Verlage überreden, den Texten eine passende Gestalt zu verleihen, also Bücher zu drucken, die sich gut anfühlen und vor allem das richtige Gewicht haben. Kommen Bücher zu luftig daher, gelten sie als *leichte Lektüre* – was für hohe Literatur und Sachbücher verhängnisvoll, für Urlaubsromane hingegen gerade richtig ist. Unter diesem Blickwinkel wird die Abneigung vieler Autorinnen und Autoren gegenüber elektronischen Büchern nur zu verständlich: Sie kritisieren vor allem deren physische Substanzlosigkeit. Ob sie sich dabei auf die zitierten Studien beziehen, scheint mir eher unwahrscheinlich – die Abneigung ist vielmehr ein schönes Beispiel für die Macht jener «somatischen Marker», von denen bereits mehrfach die Rede war.

Die Haptik spielt nicht nur beim Lesen eine entscheidende Rolle, sondern bei allen kognitiven Prozessen. Genau betrachtet wird jede unserer persönlichen Begegnungen von «taktilen Taktiken» bestimmt. Wenn wir anderen zur Begrüßung die Hand schütteln, ihnen links und rechts ein Küsschen auf die Wange hauchen oder über den Unterarm streichen – jedes Mal versuchen wir, die anderen für uns einzunehmen, denn das körperliche Gefühl der Wärme reaktiviert, wie erwähnt, die frühkindliche Erfahrung der Geborgenheit. Wem es gelingt, diese implizite Erinnerung in uns wachzurufen, dem werden wir auf deutlich freundlichere Weise begegnen als jemandem, dessen Gegenwart wir als kalt und schroff empfinden. Wer seinen Alltag aus dieser Perspektive betrachtet, dem wird auffallen, dass unser Tastsinn ununterbrochen mit Informationen versorgt wird, und das von verschiedensten Quellen. Durch unsere Kleidung (Unterwäsche, Schuhe, Hemden), Werkzeuge (Stift, Hammer), Geräte (Staubsauger, Computer, Fahrkartenautomat), Produkte, Spielzeuge etc. All das trägt auf beiläufige Weise mit dazu bei, unsere Urteile zu modulieren, zu beeinflussen und unsere Handlungen zu steuern. Überspitzt formuliert: Wir denken mitunter so hart und glatt, wie sich die Oberfläche unserer Smartphones anfühlt, und wir urteilen so weich, wie wir den Sessel unter unserem Po empfinden.

So jung die Theorie von der engen Beziehung zwischen Kopf und Körper auch ist – eine ihrer wichtigsten Thesen findet sich bereits im Neuen Testament formuliert. Dort hat Pontius Pilatus halbherzig versucht, die Kreuzigung Jesu zu verhindern: «Als aber Pilatus sah, dass er nichts ausrichtete, sondern das Getümmel immer größer wurde, nahm er Wasser und wusch sich die Hände vor dem Volk und sprach: Ich bin unschuldig an seinem Blut; seht ihr zu!» Pilatus machte also genau das, wovon hier schon vielfach die Rede war: Er verband ein kompliziertes kognitives Problem, die Frage nach seiner Schuld, mit einem einfachen körperlichen Vorgang, dem Händewaschen. Er tat

das in der unbewussten Annahme, damit auch seine Verfehlung loszuwerden. Das sollte dem römischen Statthal-
ter zwar nicht gelingen, ändert aber nichts daran, dass wir
bis heute ähnlich verfahren. Intuitiv und ohne es zuzuge-
ben, versteht sich.

Es gibt eine lange Reihe von Untersuchungen, die sich
mit diesem Themenkomplex beschäftigen. Eine stammt
vom Psychologen Chen-Bo Zhong und von Katie Liljenquist, die sich unter anderem mit Managementlehre beschäftigt. Die beiden konnten zweierlei zeigen[42]: dass wir
das dringende Bedürfnis entwickeln, uns zu waschen, wenn
wir unsere moralische Reinheit gefährdet sehen; und dass
der Trick tatsächlich wirkt, wenn wir ihn anwenden. Im
ersten Test baten die Wissenschaftler ihre Studienteilnehmer, sich an ein Ereignis aus der eigenen Vergangenheit zu
erinnern, bei dem sie sich entweder anständig verhalten
hatten, oder aber an eines, bei dem die eigene Rolle nicht
so rühmlich ausgesehen hatte. Zudem sollten sie die damit verbundenen Gefühle schildern. Im nächsten Schritt
mussten die Teilnehmer (englische) Wörter vervollständi-
gen, von denen ihnen meist nur Anfangs- und Endbuch-
stabe genannt wurden. So zum Beispiel «w___h» oder
«s___p». Das Ergebnis: All jene, die sich an fieses Verhalten
erinnert hatten, reimten auffällig häufig Wörter zusammen, die etwas mit Sichreinwaschen zu tun hatten; also
«wash» oder «soap», wo doch auch «wish» oder «soup» möglich gewesen wären.

Dass wir den Wunsch, uns körperlich von Schuld rein-
zuwaschen, um uns besser zu fühlen, ganz automatisch
entwickeln, zeigte eine Variante dieses Tests. Wieder sollten sich die Studienteilnehmer an Gutes und Schlechtes

aus der persönlichen Vergangenheit erinnern. Danach wurden ihnen zwei kleine Geschenke angeboten. Wer sich an Negatives erinnert hatte, griff überproportional häufig *nicht* zum Bleistift, sondern zum – antiseptischen Reinigungstüchlein. Als sich schließlich herausstellte, dass all jene Versuchsteilnehmer, die einen Text in Ichform per Hand abgeschrieben hatten, in dem es um das fiese Verhalten einem Arbeitskollegen gegenüber ging, aus einer Reihe von Produkten bevorzugt Reinigungsmittel auswählten – ließen es die beiden Wissenschaftler gut sein. Und fassten zusammen: Fühlen wir uns schuldig, wollen wir uns körperlich reinigen. Unsere täglichen Hygieneroutinen wie Händewaschen mögen einfach und harmlos erscheinen, sind es aber nicht: Vielmehr böten sie den Menschen «ein mächtiges Mittel, mit dem sie ihre gefährdete Moral retten können; indem sie im wörtlichen Sinne ihre Sünden wegwaschen».[43]

Was eine Reihe von spannenden Fragen aufwirft. Zum Beispiel jene, wie sich Reinigungsrituale auf das Verhalten von Menschen auswirken. Helfen uns strenge Hygienevorschriften dabei, uns anständig zu verhalten? Oder macht uns die einfache Möglichkeit, Schuld durch Händewaschen wieder loszuwerden, zu noch fieseren Zeitgenossen? Die Wissenschaftler äußern die Vermutung, dass wohl Letzteres zutreffe, es also unmoralisches Verhalten eher fördere, wenn man sich der eigenen Schuld leicht entledigen könne. Was die Institution der Beichte in der katholischen Kirche in einem wenig positiven Licht erscheinen lässt. Unter diesem Blickwinkel wirkt es auch wenig produktiv, Kinder ständig zum Händewaschen zu ermahnen. Vielmehr müssten Eltern es ihnen rigoros verbieten; und auf den Mitarbeitertoiletten sämtlicher Unternehmen müssten große Plakate angebracht werden, die die Benutzung der Waschbecken strikt untersagen. Denn nur wer unmittelbar fühlt, dass er sich nicht einfach so von Schuld befreien kann, sondern für sein Handeln verantwortlich bleibt, wird genauer darüber nachdenken, ob er sich die *Hände noch schmutziger machen* soll, als sie ohnehin schon sind.

Die Frage, wie man Menschen bewegen kann, sich moralischer zu verhalten, scheint Zhong und Liljenquist nicht losgelassen zu haben. Ein paar Jahre später führten sie eine weitere Studie durch, diesmal gemeinsam mit dem Wirtschaftswissenschaftler Adam D. Galinsky.[44] Ihre Erkenntnisse sind schnell erzählt: Halten wir uns in einem Raum auf, der von einem sauberen Duft erfüllt ist, agieren wir anständiger. So erwiderten Versuchspersonen in einem solcherart präparierten Zimmer nicht nur das ihnen entgegengebrachte Vertrauen, sondern boten zudem bereitwilliger an, sich gemeinnützig zu engagieren. Daran ist zweierlei bemerkenswert: 1. Die Menschen waren sich des feinen Dufts nicht bewusst, weil er so gering dosiert war, und dennoch wirkte er sich positiv auf sie aus. 2. Man braucht für ein sauberes Raumklima weder bei Vollmond gepresstes Zitrusöl noch biodynamische Irgendwasessenzen. Vielmehr reicht ein Hauch «Windex», seit 1933 der Standardglasreiniger amerikanischer Haushalte. Ich denke, es ist wissenschaftlich vertretbar, wenn ich Ihnen für den Fall, dass Sie sich das Studienergebnis zunutze machen wollen, ein handelsübliches europäisches Produkt empfehle. Einzige Bedingung: frisch riechen muss es.

Wie tief sich die Kopplung «saubere Hände = rein = moralisch» in unser Gedächtnis eingebrannt hat, können wir daran erkennen, dass wir das Konzept nicht nur auf unser nahes Umfeld anwenden, sondern auch auf ganze Staaten, zumindest metaphorisch. Als der italienische Staatsanwalt Antonio Di Pietro in den 1990er Jahren gemeinsam mit anderen begann, das dichte Geflecht politischer und wirtschaftlicher Korruption im Lande aufzudecken, brachte er damit das althergebrachte Parteiensystem Italiens zum Einsturz. Als Code für den umfassenden Selbstreinigungsprozess wählten die Justizbeamten einen schlüssigen Namen: «Mani pulite». Das bedeutet auf Deutsch so viel wie «Saubere Hände». Italien sollte also von jener Schuld reingewaschen werden, mit der das korrupte Establishment das Land beschmutzt hatte. Ein frommer Wunsch, ein bezeichnender Name.

Wer kennt das nicht: Da stehen wir vor einer Entscheidung und wollen sie nicht treffen. Der Grund: Die beiden Optionen liegen so eng beieinander, dass wir kaum einen Unterschied zwischen ihnen entdecken können. Irgendwann ringen wir uns in der Regel doch zu einer Wahl durch. Mit dem Resultat, dass uns im selben Moment das unangenehme Gefühl durchströmt, die falsche getroffen zu haben. Für dieses weitverbreitete Phänomen existiert ein schöner Begriff: «postdecisional dissonance effect», salopp übersetzbar mit «das nach einer knappen Entscheidung eintretende schlechte Gefühl».[45] Die gute Nachricht: Auch in diesem Falle nützt Händewaschen. In ihrer Untersuchung baten die beiden Sozialpsychologen Norbert Schwarz und Spike W. S. Lee ihre Probanden, zehn CDs aufzulisten, und zwar gemäß ihren persönlichen Vorlieben. War das erledigt, durften sich die Teilnehmer eine CD als Geschenk aussuchen; dabei mussten sie gemeinerweise zwischen zwei Musiktiteln wählen, die sie als mittelprächtig eingestuft hatten. Die beiden Psychologen führten also künstlich eine jener tückischen Entscheidungssituationen herbei, die frustrierend enden müssen. Nicht allerdings bei jenen Teilnehmern, die nach der Entscheidung ihre Hände waschen sollten. Diese waren tatsächlich mit sich und ihrer Entscheidung *im Reinen*. Im Gegensatz zu jenen, die den Seifenspender bloß untersuchen sollten; sie haderten später mit ihrer mittelprächtigen Wahl.

Kurze, aber wichtige Zwischenbemerkung: Es ist hier vor allem von unseren Händen die Rede und davon, dass wir uns durch deren Reinigung sauberer und damit schuldloser fühlen. Es könnte also der Eindruck entstehen, dieses Phänomen trete nur im Zusammenhang mit Händen auf. Tut es nicht. Diese Erkenntnis verdanken wir einer weiteren Studie.[46] Darin sollten sich Teilnehmer einem beruflichen Konkurrenten gegenüber gemein verhalten, indem sie fälschlicherweise behaupteten, ein bestimmtes Dokument nicht gefunden zu haben; die einen sollten ihm eine entsprechende Lügenmail schicken, die anderen auf den Anrufbeantworter schwindeln. Anschließend sollten die Teilnehmer wieder einmal aus einer Reihe von Produkten die attraktivsten heraussuchen. Welche sie wählten, hing davon ab, mit Hilfe welchen Körperteils sie ihre Lüge formuliert hatten. All jene, die die Lügenmail geschrieben hatten, suchten aus dem großen Angebot vor allem ein Händedesinfektionsmittel heraus; wer hingegen auf die Mailbox gesprochen hatte, bevorzugte ein Mundwasser. Wir können also davon ausgehen, dass jener Körperteil ins Zentrum unseres Sauberkeitsfimmels rückt, den wir mit unserem aktuellen schuldhaften Verhalten in Verbindung bringen. Und das kann theoretisch jeder sein. Ende der kurzen, aber wichtigen Zwischenbemerkung.

In wieder einer anderen Studie haben Wissenschaftler gezeigt, dass ein sauberes Gefühl auch dazu führen kann, dass wir unsere Mitmenschen milder beurteilen.[47] Wer sich die Hände wäscht, zeigt größere Nachsicht mit ihren Verfehlungen. Im ersten Teil ihrer Untersuchung wurden die Teilnehmer gebeten, aus vorgegebenen Wortgruppen ganze Sätze zu bilden; manche davon hatten mit dem Thema Reinheit zu tun. War das erledigt, sollten sie das ganz offensichtlich unmoralische Verhalten anderer Menschen beurteilen. Das Ergebnis: Wer sich eben noch mit Sauberkeitsbegriffen beschäftigt hatte, urteilte markant milder über das fremde Verhalten. In einem zweiten Durchlauf gingen die Psychologen die Sache direkt an und schickten die Studienteilnehmer zum Händewaschen, mit dem gleichen Ergebnis.

Diese Erkenntnisse sind deshalb besonders interessant, weil sich daraus grundsätzliche Schlüsse ableiten lassen: Wir Menschen entscheiden rein intuitiv über das Verhalten anderer. Oft gehen unseren Urteilen keine langen ethischen Überlegungen voran, vielmehr bilden wir unsere Meinung spontan und unbewusst. Dabei werden wir von Nebensächlichkeiten beeinflusst, die nichts mit der konkreten Situation und der jeweiligen Person zu tun haben. Vielmehr wirkt sich ein – zwar herzuleitender und begründbarer, aber in der Sache irrelevanter – Faktor darauf aus, wie wir die Missetaten anderer sehen. Denn was haben unsere sauberen Hände mit dem Verhalten unserer Mitmenschen zu tun? Eben. Das ist überraschend und beunruhigend zugleich. Denn so kann es passieren, dass uns jemand etwas vorwirft, was er nur deshalb problematisch findet, weil er zu lange auf einem harten Stuhl saß oder keine Lust hatte, sich zu duschen. Das mag im ersten Moment absurd klingen, aber die bisher zitierten Studien weisen alle in dieselbe Richtung. Weshalb es – genau genommen – von großer gesellschaftlicher Bedeutung wäre, die Waschgewohnheiten all jener Menschen zu prüfen, die von Berufs wegen über andere urteilen: die von Lehrern, Polizisten, Professoren, Leitartiklern, Eiskunstlaufpreisrichtern und Sachbuchkritikern.

Wer die bisher zitierten Studien überblickt, wird feststellen, dass sie etwas verbindet: Die allermeisten erwähnen bestimmte Metaphern. Und das aus guten Gründen: Wie wir gesehen haben, sprechen wir nicht nur in Bildern, sondern erklären uns mit ihrer Hilfe auch die Welt, was wiederum dazu führt, dass wir unser Handeln nach diesen Bildern ausrichten. Eine Erklärung für die Macht der Metaphern liegt darin, dass sie in unseren Köpfen bestimmte Konzepte aktivieren (Schemata, Routinen oder wie immer wir sie nennen wollen). So haben wir gesehen, dass es bereits genügt, ein paar Sätze rund ums Thema Sauberkeit zu bilden, um einen Dominoeffekt auszulösen: Wir aktivieren die Vorstellung, dass Reinheit und Moral eng zusammenhängen; wir denken, dass wir uns von Schuld befreien können, wenn wir uns die Hände waschen; wir schätzen die Verfehlungen anderer geringer, wenn wir uns selbst schuldlos fühlen.

Daraus lassen sich zwei einfache, aber weitreichende Ratschläge ableiten. Zum einen: Wir sollten genau darauf achten, welche Metaphern wir im Alltag benutzen und welche konkreten Bilder sie transportieren. Dann merken wir schnell, wie allgegenwärtig diese Bilder sind und wie oft mit unserem Körper verbunden. So sprechen wir davon, dass wir uns *nicht die Hände schmutzig machen* wollen; dass wir nicht in *Schubladen denken* sollten, sondern vielmehr *hochfliegende Gedanken* entwickeln; dass jemand ein *großes Herz* hat und ein anderer einen *kleinen Verstand*; dass wir etwas *mit links machen* und manches nicht *mit rechten Dingen* zugeht; dass der Streit *schwer auf unserem Gewissen* gelastet hat und wir uns nun, nach der Aussprache, sehr *erleichtert* fühlen; dass jemand ein intellektuelles *Schwergewicht* und ein moralisches *Leichtgewicht* ist; dass wir auf jemanden *herabschauen* und zu jemand anderem *aufblicken*; dass uns etwas *sauer* macht und wir einer *süßen Verlockung* nicht widerstehen können undsoweiterundsofort.

Eine jede dieser Formulierungen stößt eine Kette von Assoziationen in uns an, lenkt unsere Gedanken, beeinflusst unsere Urteile, lässt uns auf eine ganz bestimmte Weise handeln. Ob uns eine konkrete Metapher weiterhilft, ob sie den Kern eines Problems verstellt oder trifft, ob sie uns eine sinnvolle Handlungsanweisung nahelegt oder uns in die Irre führt – all das können wir nur von Fall zu Fall entscheiden. Wir sind also aufgerufen, beim nächsten Gespräch mit unserem Lebenspartner darauf zu achten, ob wir mit der Aussage, er müsse nicht *die ganze Last alleine schultern*, unsere Wahrnehmung auf den Punkt bringen, oder ob wir damit bloß *um den heißen Brei herumreden* oder ihm *den Blick vernebeln*. Wer über Metaphern nachdenkt, sollte zwei ihrer wichtigsten Eigenschaften im Gedächtnis behalten.

Erstens: Metaphern vereinfachen komplizierte Sachverhalte zwar, zugleich aber blenden sie andere Sichtweisen und damit Handlungsmöglichkeiten aus. Das Bild etwa, dass wir jemandem den Rücken stärken, mag in bestimmten Situationen hilfreich sein, doch manchmal kommt es darauf an, sich *vor jemanden zu stellen*, um ihm zu helfen. So bildhaft Metaphern sein mögen, so konkret strukturieren sie unser Denken und Handeln. Reden wir davon, jemandem *den Rücken zu stärken*, dann werden wir ihm Mut zusprechen, damit er autonomer wird und seine Aufgabe selbst erledigen kann. Wollen wir uns hingegen *vor jemanden stellen*, dann werden wir ihn abschirmen und seinem Gegner gleich selbst eins auf die Nase geben. Manchmal freilich kommen wir weder mit der einen noch der anderen Metapher weiter. Dann müssen wir uns auf komplexe Debatten einlassen und uns darum bemühen, ohne falsch vereinfachende Sprachbilder auszukommen.

Nun zum zweiten Hinweis: Wir sind den kursierenden Metaphern nicht willenlos ausgeliefert. Vielmehr haben wir die Möglichkeit, eigene zu schaffen. Das Beste daran: Diese entfalten eine ebenso weitreichende Wirkung und sind für unsere Erfahrungen auf dieselbe Weise sinnstiftend wie die allgemein gebräuchlichen. Und nicht nur das: Eigene Redewendungen tragen auch dazu bei, schreiben der Linguist George Lakoff und der Philosoph Mark Johnson, «daß wir unsere Erfahrungen in einem neuen Licht sehen. Folglich können sie unserer Vergangenheit, unseren tagtäglichen Aktivitäten und unseren Wissens- und Glaubenssystemen eine neue Bedeutung geben.»[48] Was für eine wunderbare Perspektive. Alles, was wir dazu benötigen, ist ein wenig Phantasie und ein gewisses Sprachgefühl.

Ein Beispiel für eine selbstgeschaffene Metapher geben die beiden Wissenschaftler auch. Es lautet: «Liebe ist ein gemeinsam geschaffenes Kunstwerk.» In der Folge listen Lakoff und Johnson eine 25 Punkte umfassende Liste mit Ableitungen auf, die diese Metapher in uns hervorrufen könne. Eine jede davon ist geeignet, unsere Beziehung in einem neuen Licht erscheinen zu lassen. Die Liste beginnt mit der Ableitung «Liebe ist Arbeit» und geht weiter mit: Liebe schaffe eine eigene Welt, könne vorübergehend oder dauerhaft sein, brauche ein Fundament und verlange Kompromissbereitschaft. Das Erhellende an dieser Liste: Sie führt uns nicht nur vor Augen, wie viele Assoziationen von einer kurzen Metapher angestoßen werden können; sie verdeutlicht uns zudem, wie lebendig eine Metapher wirkt und wie betulich es klingen würde, wenn wir statt der kurzen Formel den langen Definitionskatalog bemühen würden.

Eine These erscheint mir besonders wichtig: Ein eigenes Sprachbild sei auch deshalb so hilfreich für uns, weil es «Handlungen sanktionieren, Schlußfolgerungen rechtfertigen und uns bei unseren Zielsetzungen unterstützen» könne. Konkret bedeutet das: Wer Liebe als «gemeinsam geschaffenes Kunstwerk» beschreibt, der fordert sich dadurch selbst auf, etwas zu tun (das Kunstwerk muss ja *entstehen*), und zwar mit dem Partner (es ist ja ein *gemeinsames* Kunstwerk) und auf ebenso sorgsame wie kreative Weise (es handelt sich ja um ein *Kunstwerk* und keinen Gartenzaun).

Halten wir es für möglich, dass selbstgeschaffene Sprachbilder uns neue Handlungsoptionen eröffnen, dann besteht kein Grund, es nicht auch mit einzelnen Begriffen zu versuchen. Um einem möglichen Missverständnis vorzubeugen: Es geht dabei *nicht* darum, sich neue Namen für alte Probleme auszudenken in der Hoffnung, sie würden dadurch verschwinden. Mit dem Versuch, neue Begriffe für hartnäckige Probleme zu finden, soll vielmehr etwas anderes erreicht werden: dass wir sie aus einer frischen Perspektive wahrnehmen. Und zwar in der Annahme, dass wir dadurch ebenso frische Lösungsmöglichkeiten entwickeln. Mein Lieblingsbeispiel für diese Strategie ist jene Bezeichnung, die der Arzt und Psychotherapeut Gunther Schmidt für das Phänomen gefunden hat, dass wir die gleichen Fehler immer wieder machen. Er lehnt den abwertenden Begriff des «Rückfalls» ab. Vielmehr sollten wir die Wiederholung eines Fehlers als «Ehrenrunde» bezeichnen und entsprechend bewerten.[49] Gunther Schmidt schlägt also nicht nur einen Begriff vor, der ungleich freundlicher klingt («Rückfall» erinnert an Krankheit), sondern stößt damit auch ganz andere Assoziationen in uns an. Wer Ehrenrunden dreht, der absolviert langsam eine zusätzliche Stadionrunde und wird dabei vom Publikum freudig gefeiert.

Genauso gehen andere Gestalttherapeuten vor. Sie vermeiden negative Begriffe wie «Hemmungen» oder «Abwehrmechanismen» und sprechen stattdessen von «Stützfunktionen».[50] Der Hintergedanke: Es mag ja sein, dass uns bestimmte Gewohnheiten das aktuelle Leben schwermachen und wir sie als «falsch» empfinden. Aber wir haben sie beibehalten, weil sie früher einmal sinnvoll waren, uns gestützt haben. Sinnvollerweise muss es nun darum gehen, diese überholten Gewohnheiten so zu verändern, dass sie uns wieder jene Hilfe leisten, die sie einmal bedeuteten.

Es ist Ihrer Phantasie überlassen, welche Metaphern und Begriffe Sie finden, die ein neues Licht auf bekannte Fragen werfen. Eine kleine Anregung: Mitunter besteht die Lösung bloß darin, einer bekannten Formulierung zwei winzige Wörtchen hinzuzufügen: «noch nicht». Der Psychologe Manfred Prior zeigt das sehr anschaulich, wenn er Menschen beschreibt, die darüber klagen, sie hätten immer so viel zu tun.[51] Klassischerweise bekämen sie darauf zu hören, ihr Job sei auch besonders anspruchsvoll. Das mag tröstlich sein, bleibt aber wirkungslos, weil es an der Wahrnehmung des Belasteten nichts ändert. Ungleich hilfreicher sei eine andere Formulierung, so Prior, die dem ultimativen «immer» ein hoffnungsvolles «noch nicht» folgen lässt: Der Betroffene habe nur «noch nicht genügend Wege gefunden (...), es sich mit der schweren Arbeit etwas leichter zu machen».

Diese Lösung klingt erst mal unspektakulär, hat aber weitreichende Folgen. Denn auf diese Weise verwandelt sich das Bild eines für immer in seinem Job eingesperrten Menschen in die Vorstellung, dass er es zwar gerade schwer hat, sich aber irgendwann aus eigener Kraft daraus befreien wird. Denn: Wer «noch nicht» so weit ist, der wird es eines Tages sein! Genauso wie Sie dieses Kapitel «noch nicht» zu Ende gelesen haben, aber irgendwann eben schon. Vielleicht schneller, als Sie denken.

V. Teil
Deshalb trug Einstein niemals Socken

In dem es um die Frage geht, warum bestimmte Kleidungsstücke uns sorgfältiger denken lassen – was Menschen auf die Frage antworten, ob sie Hitlers Pullover anziehen würden – welchen Grund es hatte, dass Einstein keine Socken trug – und in dem es schließlich darum geht, ungeduldigen Lesern 12 + 1 kompakte Hinweise zu geben.

Von der Macht weißer Kittel und schwarzer Socken

Wir dürfen die Frage, wie wir uns kleiden sollen, nicht den Stilberatern überlassen, denn sie haben keine Ahnung davon, worauf es wirklich ankommt: darauf nämlich, dass bestimmte Kleidungsstücke unser Denken und Handeln positiv beeinflussen. Und zwar auf eine Weise, die verrückt klingt und es auch ein wenig sein mag, was freilich nichts daran ändert, dass wir ihr erliegen.

Kann ein frischgebügeltes weißes Hemd unsere Weltsicht ändern? Ein flauschiger Pullover? Eine löchrige Hose? Blicken wir auf die vielen Beispiele dieses Buchs zurück, dann liegt diese Frage nahe. Denn wenn ein harter Holzstuhl uns klarer argumentieren lässt und Händewaschen von Schuldgefühlen befreit, warum sollte dann unsere Kleidung ganz ohne Wirkung auf uns bleiben? Eben. Das Problem besteht bloß darin, dass sich alle Welt damit beschäftigt, welchen Eindruck unsere Kleidung auf *andere* macht; So gibt es Studien zur Frage, ob schwarze Trikots aggressiv auf andere Sportler wirken (tun sie[1]), es kursieren Listen über «Büro-Kleidung als Karriere-Killer»[2], und es stapeln sich unzählige Tipps der Machart «Rot macht Männer sexy – Weiß steht für Langweiler»[3].

Suchen wir hingegen nach seriösen Untersuchungen, die sich mit der Wirkung bestimmter Kleidungsstücke auf *unseren* Denkstil beschäftigen, sind sie kaum zu finden. Und das, obwohl unsere Anziehsachen uns den lieben langen Tag die unterschiedlichsten haptischen Reize zuspielen. Kleidung kann sich weich anfühlen, kratzig, rau, eng, weit, luftig, sie kann unangenehm auf uns lasten oder uns leicht umhüllen, sie kann dick und schwer sein, duftend, fein, grob, verschlissen oder löchrig. Wie unmittelbar uns das prägen kann, zeigt eine Schilderung des Schriftstellers Stefan Zweig. In seiner Autobiographie erzählt er unter anderem von den im wahrsten Sinne des Wortes *einschnürenden* Konventionen, denen seine Altersgenossinnen unterworfen waren: «Auf den ersten Blick wird man gewahr, daß eine Frau, einmal in eine solche Toilette verpanzert wie ein Ritter in seine Rüstung, nicht mehr frei, schwunghaft und grazil sich bewegen konnte, daß jede Bewegung, jede Geste und in weiterer Auswirkung ihr ganzes Gehabe in solchem Kostüm künstlich, unnatürlich, widernatürlich werden mußte.»[4] Es fällt nicht besonders schwer, sich jene Gefühle vorzustellen, die eine solche Panzerung in den Betroffenen ausgelöst haben muss. Gefühle von Enge, Starre und Fremde, die nicht ohne Wirkung auf deren Art zu denken geblieben sein konnten.

Diesem historischen Schicksal steht die zeitgenössische Anekdote einer Freundin gegenüber, die mir von Frauen erzählte, die edle oder erotische Unterwäsche tragen, und zwar selbst dann, wenn diese niemand sehen könne und werde. Allein die feine Spitze und Seide auf der Haut zu spüren genüge oft schon, um ihnen das Gefühl zu vermitteln, stark und begehrenswert zu sein. Selbstverständlich bleibt ein selbstbewussteres Auftreten nicht wirkungslos auf ihre Umgebung; und selbstverständlich wirkt das auf die Betroffene zurück. All das ändert freilich nichts daran, dass es erst einmal um die eigene Person gehen sollte, wenn wir wieder einmal rätselnd vor dem Kleiderschrank stehen. Genau so argumentiert auch der Maler Markus

Lüpertz, wenn er erklärt, warum es lohnend ist, sich quali-tätsvoll zu kleiden.[5] An der Kleidung eines Mannes (und einer Frau) erkenne man, wie sorgfältig er oder sie mit sich selbst umgehe. Für Lüpertz ist «gute Bekleidung eine Frage der Selbstdisziplin und der Selbstbelohnung». Er begründet das mit einem einfachen, aber weitreichenden Faktum: «Es geht mir besser, wenn ich gut angezogen bin. Warum also sollte ich mich freiwillig hässlich machen? Was das betrifft, bin ich ein äußerlicher Mensch.» Parado-xerweise wird ihm sein feines Gespür für die Macht der Kleidung als Eitelkeit ausgelegt. Das Gegenteil ist der Fall.

Unter unseren Sinneseindrücken kommt jenem der Wärme wohl besonders große Bedeutung zu. Wie wir ge-sehen haben, vermittelt sie uns in den allerersten Phasen unserer Kindheit das Gefühl der Geborgenheit und in un-serem weiteren Leben den Eindruck, von den anderen akzeptiert zu werden (so wie Kälte den Eindruck in uns befördert, verlassen und einsam zu sein). Wenn Kleidung einen wichtigen Zweck hat, dann jenen, uns zu wärmen und vor den Unbilden des Wetters zu schützen. Stecken wir also in Anziehsachen, die uns trocken und unsere Kör-pertemperatur auf dem richtigen Level halten, dann löst das den Eindruck in uns aus, geborgen und aufgehoben zu sein. Das bedeutet: Unserer Kleidung kommt – ähnlich wie der bereits erwähnten warmen Nudelsuppe – eine ganz existenzielle Rolle zu. Sie entscheidet mit darüber, wie heimisch wir uns in unserer Umwelt fühlen oder wie fremd. Wie genau nun diese hilfreichen Kleidungsstücke aussehen sollen, aus welchem Material sie bestehen, von welchem Label sie entworfen wurden – all das kann nur je-der für sich entscheiden. Ich zum Beispiel wickle mir im

Winter weiche Schals um, denn nichts lässt mich unbehaglicher durchs Freie staksen als die Empfindung von kalter Luft am Hals – während eine Bekannte genau das unerträglich findet und selbst bei tiefsten Temperaturen mit offenem Kragen durch die Straßen geht. Selbst der frostigste Winter lässt uns also zu verschiedenen Klamotten greifen.

Unsere Kleidung kann jedoch nicht nur das Gefühl der Wärme und damit der sozialen Akzeptanz in uns auslösen (was schon sehr viel ist); auch ihre symbolische Bedeutung hat einen nachweisbaren Effekt auf uns. Diesem Thema haben sich die beiden Wirtschaftswissenschaftler Adam D. Galinsky und Hajo Adam gewidmet und dabei so überzeugende Thesen formuliert, dass ihre Studie[6] immer wieder gerne zitiert wird. So auch jetzt.

Die Leistung der Wissenschaftler besteht unter anderem darin, einen einprägsamen Begriff für ihre Untersuchung gefunden zu haben: «Clothed Cognition»[7], zu Deutsch in etwa: «wie die eigene Kleidung unser Denken beeinflusst». Um herauszufinden, wie das abläuft, legten sie ihren Versuchsteilnehmern ein Blatt Papier vor und baten sie, die Farbe jener Buchstaben zu nennen, aus denen ein bestimmtes Wort bestand. Klingt einfach, ist es aber nur so lange, wie die Bedeutung des Wortes und die Farbe der Buchstaben zusammenpassen; wenn da also «Rot» steht und das Wort tatsächlich in Rot gedruckt ist. Steht da aber «Blau», obwohl die Buchstaben grün sind, gerät unser Gehirn ins Stolpern. Denn beim Lösen der Aufgabe kommen einander zwei verschiedene Prozesse ins Gehege: der hochautomatisierte des Lesens («Blau») und der besondere Aufmerksamkeit erfordernde des Farberkennens («Das ist grün»). Lösbar, die Aufgabe, klar, aber wir machen gerne Fehler dabei. Wollen Sie es selber ausprobieren, wie schwer es fällt, die rote Schrift des Wortes «Grau» zu benennen, dann geben Sie bitte den Begriff «Stroop-Effekt» in eine beliebige Suchmaschine ein. Schon können Sie zweierlei testen: Ihre Aufmerksamkeit und Ihre Selbstdisziplin, die Sie hoffentlich postwendend zu mir zurückkehren lässt.

Nicht ganz ohne, oder? Aber weiter in der Studie. Bevor die Versuchspersonen mit dem Test loslegen sollten, musste eine Hälfte von ihnen einen Kittel anziehen, von dem es hieß, er werde üblicherweise von Ärzten und Laboranten getragen. Das führte zu höchst interessanten Resultaten. Wer den Arztkittel trug, widmete sich dem Test deutlich sorgfältiger und beging daher auch markant weniger Fehler. Die Kontrollgruppe in Straßenklamotten konnte da nicht mithalten. Weitere Versuche brachten zusätzliche Erkenntnisse, wie und warum sich ein einfacher Kittel auf unsere kognitiven Fähigkeiten auswirken kann. So sollten die Studienteilnehmer zwei Fotos vergleichen, die sich bloß in winzigen Details unterschieden. Die erste Teilnehmergruppe trug wieder den Arztkittel; die zweite einen exakt gleich aussehendes Kleidungsstück, von dem aber gesagt wurde, er würde vor allem von Kunstmalern verwendet; und die dritte Gruppe sollte gar nichts an ihrem Outfit ändern, aber über das Thema «Arztkittel» nachdenken. Das Ergebnis: Wer den Arztkittel trug, schnitt beim Aufmerksamkeitstest wieder sehr gut ab. Die anderen performten weiter nicht erwähnenswert.

Diese Studie ist deshalb so spannend, weil sie zeigt, dass zwischen der vertrauten Form der «Embodied Cognition» und der «Clothed Cognition» viele Gemeinsamkeiten bestehen, aber gleichzeitig auch ein wesentlicher Unterschied. Und der ist für all jene, die einen persönlichen Nutzen aus diesen Erkenntnissen ziehen wollen, von großer Wichtigkeit. Aber alles der Reihe nach. Ganz grundsätzlich, schreiben die beiden Wirtschaftswissenschaftler, funktioniere die Sache mit den Klamotten wie die klassischen Körperempfindungen auch.[8] Auch sie stoßen abstrakte Konzepte in unserem Kopf an und legen uns bestimmte Urteile bzw. Handlungen nahe. So wie wir das am Beispiel des Klemmbretts gesehen haben, in dem der Lebenslauf eines Jobbewerbers steckte: Lag das Brett den Studienteilnehmern schwer in der Hand, hielten sie den Kandidaten für deutlich besser geeignet als jenen mit der «leichten» Biographie.

Damit die Sache mit dem Arztkittel klappt, müssen freilich zwei Voraussetzungen erfüllt sein. Wir müssen erstens eine ganz bestimmte symbolische Bedeutung mit dem Kleidungsstück verbinden. In diesem Fall lautet die Assoziationskette: Ärzte und Chemiker sind von Berufs wegen besonders achtsam und sorgfältig ‣ Ärzte und Chemiker tragen weiße Kittel ‣ wer einen weißen Arztkittel anhat, bekommt etwas von deren Achtsamkeit und Sorgfalt ab. Doch es gibt noch eine zweite Bedingung, damit die Sache mit der «Enclothed Cognition» klappt. Wie am Beispiel des Klemmbretts leicht zu erkennen, wirkt dessen Gewicht unmittelbar auf uns; das schwere Ding in die Hand nehmen und das Konzept von «schwer = wichtig» aktivieren geht miteinander einher. Nicht so beim symbolisch aufgeladenen Arztkittel. Der wirkt nicht sofort und direkt auf uns; das kann man daran erkennen, dass keiner jener Teilnehmer genauer arbeitete, der sich nur theoretisch mit dem Ärztekittel beschäftigt hatte. Daraus leiten Galinsky und Adam «ein Grundprinzip der ‹enclothed cognition› ab». Um seine Wirkung zu entfalten, müsse das entsprechende Kleidungsstück nicht nur symbolisch aufgeladen sein (und wir daran glauben) – wir müssen es auch tatsächlich *tragen*. Dann freilich ergehe es uns wie mit dem Klemmbrett: Streifen wir den Laborkittel über, lösen wir unsere Aufgaben automatisch deutlich sorgfältiger.

Die Psychologin Karen Pine hat sich diese Erkenntnisse zunutze gemacht und in einer eigenen Studie wiederholt. Sie wollte wissen, was geschieht, wenn eine Gruppe von Schülern ein T-Shirt überzieht, auf dem sich das Bild von Superman befindet. Es geschah das Naheliegende[9]: Die Schüler mit T-Shirt empfanden sich selbst nicht nur als liebenswerter und den anderen überlegen, sondern die symbolischen Superkräfte beflügelten auch ihre Leistungen: Die Testteilnehmer hätten, schreibt Pine, bei einem Wissenstest merklich besser abgeschnitten als jene, die im Alltagsoutfit daran teilnahmen.

All diese Studienergebnisse können freilich eine zentrale Frage nicht beantworten: Was *genau* lässt die symbolisch aufgeladenen Kleidungsstücke eine solche Wirkung entfalten? Franz Beckenbauer bringt uns der Antwort ein entscheidendes Stück näher. Der legendäre Fußballer und Ehrenpräsident des FC Bayern München twitterte nämlich am 1. Juni 2013 um 8 Uhr 03: «I hope the red socks will bring luck once again.»[10] Damit meinte er zweierlei: das abendliche Fußball-Pokalfinale, in dem der FC Bayern München gegen den VfB Stuttgart spielen sollte; und jenes paar roter Socken, das er an den Füßen trug und dem Fotografen stolz präsentierte. Wer will, kann sich das Bild im

Internet ansehen. Die roten Glückssocken taten ihren Dienst, und wie! Bayern gewann nicht nur 3:2, sondern sogar das berühmte Triple.[11]

Dass Beckenbauer mit seinem Tweet nicht bloß herumgeblödelt hat, sondern sich auf weitverbreitete Konzepte bezieht, zeigt eine Studie des bekannten Sozialpsychologen Norbert Schwarz. Darin hat er sich mit der Frage beschäftigt, wie wir mit dem eigenen Schicksal umgehen.[12] Und herausgefunden, dass wir uns die abstrakte Idee von Glück oder Unglück auf sehr einfache Weise selbst erklären: als etwas Physisches, genauer, als eine Art Essenz. Auch wenn sie noch so flüchtig sein mag, ist sie doch materiell genug, um sich zum Beispiel in Strümpfen festzusetzen. Dann nämlich, wenn wir an einem Fußballspiel mitwirken und es gewinnen. Von nun an handelt es sich bei besagtem Paar um keine normalen Socken mehr, sondern um «Glückssocken». Und von ihnen geht ab sofort eine ganz besondere Wirkung aus, weil sie gleichsam in Glück getränkt sind. Sportler haben ganz offensichtlich eine besondere Nähe zu diesem Konzept, weshalb es auch ein Buch darüber gibt. Es heißt «Von Glückssocken und Play-Off-Bärten»[13] und widmet sich den «Privatritualen von Eishockeyspielern».

Wer daran glaubt, dass Glück eine Art Essenz ist, handelt auch demgemäß. Er vermeidet es zum Beispiel, jene Kleidungsstücke zu waschen, die er bei sportlichen Erfolgen getragen hat – in der stillschweigenden Annahme, er würde das darin befindliche Glück entfernen, während es ihn doch beim nächsten Mal wieder beflügeln soll.

So betrachtet erscheint der Umstand sehr plausibel, dass ein Arztkittel unseren Denkstil verändert. Wir stellen uns ganz offensichtlich vor, dass er prinzipiell mit Achtsamkeits- und Sorgfaltsessenzen durchtränkt ist. Tragen wir ein solches Kleidungsstück, gehen diese auf uns über. So wird auch verständlich, warum jene Versuchsteilnehmer, die über den symbolträchtigen Ärztekittel nur gesprochen bzw. den vermeintlichen Arbeitsmantel von Künstlern getragen hatten, keine besseren Leistungen erzielten. In erstem Fall konnte es zu keiner körperlichen Übertragung der Sorgfaltsessenzen kommen; und im zweiten wurde zwar eine Essenz vom Mantel auf den Menschen transferiert – nur hatte diese die falsche Wirkung, nämlich kreativitätsfördernde, was in diesem Fall keine Vorteile brachte.

Erscheinen Ihnen diese Thesen zu esoterisch, dann wird Sie das folgende berühmte Gedankenexperiment überzeugen. Es zeigt, dass wir *tatsächlich* daran glauben, dass Kleidungsstücke mit fremden Essenzen getränkt sein können und diese auf uns übergehen, ob wir das nun wollen oder nicht. Das zum Klassiker gewordene Experiment stammt von den beiden Psychologen Carol Nemeroff und Paul Rozin. Sie wollten herausfinden, wie erwachsene US-Amerikaner über Ansteckungen denken und infolgedessen handeln. Dafür fragten sie die Teilnehmer ihrer Studie, unter welchen Bedingungen sie den gereinigten Pullover eines fremden Menschen anziehen würden.[14] Die Antworten variierten je nach konkreter Biographie des Vorbesitzers. Keine Vorbehalte hatten die Befragten, wenn das Kleidungsstück (angeblich) von einem gesunden Unbekannten stammte; schon deutlich schwieriger wurde es für sie, wenn der gereinigte Pullover (angeblich) jemandem gehört hatte, der an Hepatitis erkrankt gewesen war.

Hieß der (angebliche) Vorbesitzer des Pullovers freilich «Adolf Hitler», dann war es für die absolute Mehrheit der Menschen vollkommen undenkbar, den Pullover auch nur anzufassen. «Für die meisten Menschen bekommt man Adolf Hitler aus einem Pullover nicht heraus», stellte Paul Rozin lapidar fest.[15] Und nannte dafür einen Grund, der die These von Norbert Schwarz unterstützt: Besagter Horrorpullover sei für die Menschen ganz offensichtlich von einer «vergeistigten Essenz» («spiritual essence») durchtränkt, die im Falle des Diktators durch nichts zu entfernen sei. Ganz im Gegensatz zu jener Glücksessenz, von der wir weiter oben gehört haben: Von der nehmen wir an, sie sei flüchtig und schon durch einen einfachen Waschgang zu entfernen. Wie schade.

Zusammengefasst bedeutet das: Wir schreiben manchen Kleidungsstücken symbolische Bedeutung zu. In der Folge behandeln wir sie, als seien sie mit (unterschiedlich lang haltbaren und verschiedenartigen) Essenzen durchtränkt. Ziehen wir diese Kleidung an, gehen die Essenzen (in unserer Vorstellung) auf uns über und stoßen unterschiedliche Konzepte in uns an. Seien es nun solche des Glücks, der Gewissenhaftigkeit oder der Erotik. All das geschieht, wie so oft, unbewusst – und während wir standhaft behaupten, an so etwas zu glauben sei irrationaler Firlefanz. Das denken Sie doch, oder? Darf ich Sie kurz an Hitlers Pullover erinnern ...? Wie bitte? Das sei ein extremes Beispiel, sagen Sie, und tauge nicht als Beleg für meine These? Diesen Einwand kann ich leider nicht gelten lassen, denn wer vor Hitlers Pullover zurückzuckt (und wer von uns würde das nicht), der glaubt an die These mit den Essenzen. Das Einzige, was Sie von all jenen unterscheidet, die an die Wirkung von Ärztekitteln und Super-man-T-Shirts glauben, ist Ihre Überzeugung, dass magische Essenzen nur mächtig genug seien müssen, um ernst genommen zu werden. Im Kern freilich haben Sie dem Konzept mit den Essenzen längst zugestimmt.

Nun aber zu jenen Socken, die im Titel dieses Buches zitiert werden. Auch bei ihnen handelt es sich um symbolisch aufgeladene Kleidungsstücke, keine Frage. Wenn die Sache in diesem Fall auch ein wenig anders funktioniert als beim Ärztekittel. Dessen Qualität besteht ja bekanntlich darin, dass er eine positive Essenz namens Aufmerksamkeit speichert und weitergibt. Nur – mit welcher geheimnisvollen Substanz ist die klassische Männersocke getränkt? Was macht sie so außergewöhnlich, abgründig oder gar schrecklich, dass ein Genie wie Einstein glaubte, sie *auszie-hen* zu müssen? Und vor allem: Warum ist diese rätselhafte Eigenschaft bislang niemandem aufgefallen, obwohl wir doch tagtäglich Socken tragen?

Einen entscheidenden Hinweis gibt David Cameron. Als der britische Premierminister 2011 in der Toskana Sommerurlaub machte, wurde er dort von Fotografen aufgestöbert. Ihnen habe sich, berichteten sie später, ein furchtbares Bild geboten. Der konservative Politiker habe nämlich mit seiner Frau in einem Café gesessen und einen Cappuccino getrunken. Bekleidet gewesen sei er mit einem blauen, kurzärmligen Hemd, einer dunklen Hose und schwarzen Lederslippern. Nur Socken habe er keine getragen. In der Folge rollte eine Welle der Empörung und Häme durch Großbritannien, bei der sogar seriöse Tageszeitungen wie der «Independent» mitmachten. Unbeteiligte, die den Auslöser dieser Aufregung nicht kannten, gewannen den Eindruck, Cameron habe eine schlimme Straftat begangen. Hatte er aber nicht. Seine einzige Verfehlung bestand darin, barfuß in seine Schuhe geschlüpft zu sein.

Die Wucht des Skandals korrespondiert auf eine (nur im ersten Moment) irritierende Weise mit dem Faktum, dass es sich bei der Socke um das wohl langweiligste und uninteressanteste Kleidungsstück des Mannes handelt. Ihre wichtigste Eigenschaft besteht darin, um keinen Preis aufzufallen. Das kann man zum Beispiel daran erkennen, dass mit ermüdender Regelmäßigkeit über weiße Sportsocken debattiert wird, die man als Mann keinesfalls tragen dürfe, außer eben beim Sport. Die ideale Socke hingegen ist schwarz, dunkelgrau oder dunkelblau.[16] Trotz wiederkehrender Appelle diverser Modemagazine hat sich an dieser Auffassung bis auf den heutigen Tag nichts geändert. Pointiert könnte man also sagen: Männersocken sind ganz zweifellos mit einer Essenz getränkt, und zwar mit jener der Langeweile, der Konvention und der Anpassung.

So gesehen wird schlagartig verständlich, warum David Cameron solches Aufsehen erregte und weshalb eine außergewöhnliche Persönlichkeit wie Albert Einstein keinen Wert auf Strümpfe legen konnte. Dass er sich weigerte, welche zu tragen, war ganz zweifellos Ausdruck seines freien Geistes. Da das eine mit dem anderen untrennbar zusammenhängt, kann man davon ausgehen, dass der Nobelpreisträger unter anderem auch deshalb so frei dachte, weil er ein unkonventionelles Leben führte, zu dem es eben gehörte, keine Socken zu tragen. Also ein Kleidungsstück abzulegen, das mit der Essenz der angepassten Lebensweise getränkt ist.

Wer nun sein Leben ändern will, aber noch nicht den Mut aufbringt, sich ganz grundsätzlich von seinen Socken zu verabschieden, der hat die Möglichkeit, zumindest einmal im Jahr seine althergebrachten Denkgewohnheiten ein wenig durcheinanderzuschütteln. Dazu muss er nur jenen «No Socks Day» begehen, den jüngst ein US-amerikanisches Ehepaar ausgerufen hat.[17] Der wird jedes Jahr am 8. Mai gefeiert. Das Paar begründete diese Initiative mit dem Hinweis, dass man damit etwas für die Umwelt tun könne: Fielen weniger schmutzige Socken an, könnten wir Energie und Waschmittel sparen. «Außerdem», schreiben die beiden Betreiber eines Kräuterversands, «fühlen wir uns ohne Socken ein wenig freier, zumindest für einen Tag.» Dem ist nichts hinzuzufügen.

12 + 1 Hinweise

Eine kleine Handreichung für ungeduldige Leser, die wissen wollen, ob die Lektüre des Buchs lohnt. Oder eine kurze Zusammenfassung einiger Tipps für all jene, die sich das Gelesene punktuell in Erinnerung rufen wollen.

1. Lächeln Sie, wenn Sie Ihre Stimmung heben wollen – auch wenn Ihnen nicht danach zumute ist

Klingt esoterisch, ist aber wissenschaftlich belegt, unter vielen anderen von Charles Darwin. Zenapprobiert. Andere Methode, derselbe Effekt: Summen Sie leise, aber deutlich «eeeeee» vor sich hin. Warum all das wirkt und welche Schlussfolgerungen sich daraus ergeben, lesen Sie auf Seite 49 f. und Seite 82.

2. Sorgen Sie dafür, dass Ihr Kind in der ersten Reihe sitzt, damit es in der Schule gute Zensuren bekommt

Effekt zweifelsfrei bestätigt, die Gründe noch nicht restlos geklärt. Egal. Sie sollten sich also beim nächsten Elternabend reinhängen und für klare Sitzverhältnisse sorgen. Gilt auch fürs Studium und die Volkshochschule. Warum Vornesitzen hilft, lesen Sie ab Seite 196.

3. Stehen Sie gerade, um sich beim nächsten öffentlichen Auftritt sicherer zu fühlen

Vorher üben. Sonst sind Sie damit beschäftigt, ans Geradestehen zu denken. Doch wenn es Ihnen erst mal in Fleisch und Blut übergegangen ist, bringt es Sie voran. Studien liegen vor (inkl. diverser Fremdwörter), und zwar auf Seite 84 f.

4. Machen Sie die Festbeleuchtung aus, wenn Sie eine gute Idee brauchen ...

... und knipsen Sie das kleine Arbeitslicht an. Dunkle

Zimmer fördern den Mut zu unkonventionellen Gedanken. Wenn Sie in der Dämmerung einnicken, auch gut. Im Schlaf ordnen Sie Ihre Gedanken und werden klüger. Wann Sie es wieder hell machen sollten (und das sollten Sie), lesen Sie auf Seite 226 f.

5. Kochen Sie sich eine Nudelsuppe, um sich nicht mehr einsam zu fühlen

Die Wärme der Suppe aktiviert frühestkindliche Aufgehobenheitsgefühle in Ihnen. Um die Weisheit des Tipps zu erkennen, sollten Sie mehr über dessen Hintergründe lesen, und zwar auf Seite 113.

6. Ziehen Sie sich einen Arztkittel an, um aufmerksamer zu arbeiten

Wie sich Kleidung auf unser Denken auswirkt, ist ein Riesenthema, leider steckt die Forschung in den Anfängen. Erste spannende Thesen zeichnen sich ab. Welche das sind und dass dabei auch sexy Dessous und gutgeschnittene Anzüge eine Rolle spielen, lesen Sie auf Seite 266.

7. Gestikulieren Sie, wenn Sie Ihrem Kind vorlesen – dann lernt es schneller und besser sprechen

Ausgiebig mit den Armen zu rudern ist immer von Vorteil. Hilft vor allem Mädchen bei Mathe. Wie das genau gemeint ist und auf welchem Stand sich die Forschung in Sachen «Die Macht der Gesten» befindet, siehe Seite 172 f.

8. Waschen Sie sich die Hände, wenn etwas schiefgegangen ist

Oder wenn Sie das schlechte Gewissen drückt. Hilft nachweislich. Doch Obacht! Auf diese Weise entfernen Sie auch Ihr Glück. Zwiespältige Sache also. Welche moralischen Verstrickungen Sie sonst noch so wegwaschen können und warum Sie die Finger von den Glückssocken lassen sollten, lesen Sie ab Seite 248.

9. Machen Sie eine abwehrende Handbewegung, um die Lust auf Schokokekse zu besiegen

Universaltipp. Hilft in allen Fällen, in denen Sie etwas nicht wollen bzw. zu vermeiden versuchen. Umarmende Gesten bewirken das genaue Gegenteil. Steigern die Akzeptanz, ob es sich nun um Lateinvokabeln, Steuererklärungen oder Mitmenschen handelt. Die Studie zu den Thesen finden Sie auf Seite 231.

10. Legen Sie anderen Ihre Hand auf den Rücken, um sie zu beruhigen

Voraussetzung, die anderen wollen das. Wenn ja, wirkt es Wunder. Selber erprobt. Details und einschlägige Anekdoten auf Seite 108 f.

11. Kritzeln Sie bei langweiligen Vorträgen sinnlose Kringel aufs Papier, um bei der Sache zu bleiben

Lassen Sie sich aber nicht erwischen dabei. Bis Sie erklärt haben, dass Ihre Malereien laut einer britischen Studie aus dem Jahr 2009 ... ist der Vortragende bereits unrettbar beleidigt. Tipps, wie Sie unentdeckt bleiben: Fehlanzeige. Details zur These gibt es jedoch zuhauf, und zwar auf Seite 121.

12. Essen Sie Karotten, um sich vor dem Einfluss von Werbung zu schützen

Sie formen neue Begriffe mit den Lippen nach, um sie sich zu merken. Unbewusst, klar. Daher ist Ihnen das noch nie aufgefallen. Beschäftigen Sie Ihren Mund hingegen mit anderem ... da Sie diesen Satz mit den Lippen mitgeformt haben, wissen Sie, wie er endet. Der Trick funktioniert auch mit Hilfe von Popcorn, Sonnenblumenkernen und Kaugummi. Siehe Seite 83.

12 + 1. Treiben Sie regelmäßig ein wenig Sport, um sich vorm Doofwerden zu schützen

Klassiker, dieser Tipp, ich weiß. Konsequent von den meisten Menschen ignoriert. Fahrlässigerweise. Eine gigantische Metastudie (also eine Studie über Studien) hat zweifelsfrei bewiesen: Bewegung wirkt! Sie macht uns klüger. Es reicht, wenn Sie dreimal die Woche eine halbe ... halt! ... wo wollen Sie denn hin? ... weg ... Also: Sollten Sie später einmal hier nachschauen, die Begründung für den Segen ausreichender Bewegung lesen Sie auf Seite 169 f.

Anmerkungen

Beipackzettel

1 Siehe dazu eines meiner anderen Bücher: Dr. Ankowitschs kleiner Seelenklempner. Wie Sie sich glücklich durchs Leben improvisieren, 2009.

2 Neue Zürcher Zeitung: Intelligenz braucht einen Körper, 13. März 2003.

I. Grundsätzliches über Kopf und Körper

1 Wahrscheinlich war Thomas Harvey das, obwohl er etwas anderes behauptete. In den vergangenen Jahren sind jedenfalls immer neue Details zur Geschichte rund um die Entnahme von Einsteins Gehirn aufgetaucht.

2 1978 im «New Jersey Monthly» erschienen.

3 Falk, Dean; Lepore, Frederick E.; Noe, Adrianne: The Cerebral Cortex of Albert Einstein: A Description and Preliminary Analysis of Unpublished Photographs, in: Brain, 16. November 2012.

4 Brief vom 26. Juli 1943 von Albert Einstein an seinen Freund Gustav Bucky. http://www.einstein-website.de/z_information/faq.html.

5 Besagter Zeitgenosse war Rudolf Kayser, der Mann von Albert Einsteins Stieftochter Ilse. Kayser verfasste 1930 eine Einstein-Biographie, und zwar unter dem Pseudonym Anton Reiser: Albert Einstein. A Biographical Portrait, 1930, http://www.einstein-website.de/z_biography/tuemmler.html.

6 Steiner, Frank (Hrsg.): Albert Einstein. Genie, Visionär und Legende, S. 179.

7 www.einsteinjahr.de/page_2750.html.

8 Einstein, Albert: How I Created the Theory of Relativity, in: Physics Today 35/8 (1982), S. 47.

9 www.einsteinjahr.de/page_2749.html.

10 Pfeifer forscht und lehrt am «Artificial Intelligence Laboratory» der Universität Zürich. Das Interview führte die Ärztin Dr. Ginger Campbell für ihren Brain Science Podcast, Folge 25, 30. November 2007, http://brainsciencepodcast.com/bsp/embodied-intelligence-with-rolf-pfeifer-bsp-25.html.

11   Rohrer, Tim: The Body in Space: Dimensions of Embodiment, in: Frank, Roslyn M. u. a. (Hg.): Body, Language and Mind. Volume 2: Sociocultural Situatedness, 2008, S. 339 ff. Rohrer wiederum verweist auf den amerikanischen Psychologen und Philosophen William James.

12   Buchholz, Thomas u. a.: Der Körper: eine unförmige Masse. Wege zur Habituationsprophylaxe, in: Die Schwester Der Pfleger, 37/7 (1998), S. 568–572.

13   So geschehen in Guantánamo, dem US-amerikanischen Strafgefangenenlager auf Kuba, wo mutmaßliche Terroristen festgehalten werden.

14   In der Hörspielreihe «Per Anhalter durch die Galaxis» von Douglas Adams (1979 ff.), aus der diese Formulierung stammt, wird diese Frage bekanntlich mit «42» beantwortet – eine mittlerweile legendäre Formulierung, zu der jetzt nur mehr die richtige Frage gesucht werden muss, um einen Sinn zu ergeben.

15   Noë, Alva: Du bist nicht Dein Gehirn. Eine radikale Philosophie des Bewusstseins, 2010.

16   Darauf hat Andreas Wehowsky hingewiesen, in seinem Beitrag: Wirkprinzipien der Körperpsychotherapie, in: Marlock, Gustl; Weiss, Halko (Hg.): Handbuch der Körperpsychotherapie, 2006, S. 190.

17   Tschacher, Wolfgang; Storch, Maja: Die Bedeutung von Embodiment für Psychologie und Psychotherapie, in: Psychotherapie 17/2 (2012), S. 259–267.

18   Nietzsche, Friedrich: Also sprach Zarathustra, zuerst 1883.

19   Und zwar mit ihrem Buch, das einen – im Vergleich zu seiner breiten Wirkung – sehr langweiligen Titel trägt. Es heißt: Leben in Metaphern. Konstruktion und Gebrauch von Sprachbildern. Erstmals erschienen ist das Buch des Linguisten und des Philosophen 1980, seit 1997 liegt es auch auf Deutsch vor.

20   Konkret schreiben sie, dass wir durch Metaphern «eine Sache oder einen Vorgang in Begriffen einer anderen Sache bzw. eines anderen Vorgangs verstehen und erfahren können». Lakoff, George; Johnson, Mark: Leben in Metaphern. Konstruktion und Gebrauch von Sprachbildern, 1997, S. 13.

21   Lakoff; Johnson: Leben in Metaphern, S. 57

22   Miles, Lynden K.; Nind, Louise K.; Macrae, C. Neil: Moving Through Time. Thinking of the Past or Future Causes Us to Sway Backward or Forward, in: Psychological Science 21/2 (2010), S. 22 f.

23 Angier, Natalie: Abstract Thoughts? The Body Takes Them Literally, in: New York Times, 2. Februar 2010, D2.

24 Wie es im Vorwort eines kürzlich erschienenen Sammelbandes heißt: Leuzinger-Bohleber, Marianne; Emde, Robert N.; Pfeifer, Rolf (Hrsg.): Embodiment. Ein innovatives Konzept für Entwicklungsforschung und Psychoanalyse, 2013.

25 Krauss-Kogan, Wiltrud: Die Bedeutung des Körpers in der Gestalttherapie, in: Marlock; Weiss: Handbuch der Körperpsychotherapie, S. 903.

26 In dem bereits erwähnten Interview der Ärztin Dr. Ginger Campbell.

27 Hebb, Donald O.: The Organization of Behavior. A Neuropsychological Theory, 1949.

28 Erneut Rolf Pfeifer im Brain Science Podcast.

29 Ebd.

30 Kurze Anmerkung: Um die wunderbare Vernetzung des menschlichen Denkens, Fühlens und Handelns zu zeigen, müsste ich sie auch genau so beschreiben: Wie ein kunstvoll gewobenes, geschlossenes Netz, in dem alles mit allem verbunden ist und in dem jede Aktion im Moment, da sie sich ereignet, eine andere Aktion auslöst. Leider ist das in einem Text fast unmöglich. So ein Text muss, um verständlich zu bleiben, ineinander verwobene Dinge auseinandernehmen und in ihre beschreibbaren Details zerlegen. Das führt zwangsläufig dazu, dass jede Beschreibung das vernetzte Ganze seiner Schönheit beraubt. Tut mir leid. Anders geht es aber nicht. Ende der kurzen Anmerkung.

31 Schrauth, Norbert: Körperpsychotherapie und das vegetative Nervensystem, in: Marlock; Weiss: Handbuch der Körperpsychotherapie, S. 659.

32 Damit will man ausdrücken, dass man sich so sehr über etwas ärgert, dass einem die – vor vielen Jahrzehnten verheilte – Pockenimpfnarbe wieder aufplatzt. Eine weitere Metapher, die sehr schön zeigt, dass wir uns die Welt aufgrund von Körpererfahrungen erklären.

33 Schrauth: Körperpsychotherapie und das vegetative Nervensystem, S. 659 f.

34 Johanson, Gregory J.: Die Organisation unserer Erfahrungen – ein systemorientierter Blick auf die Körperpsychotherapie, in: Marlock; Weiss: Handbuch der Körperpsychotherapie, S. 182.

35 On the Origin of Species, 1859; The Descent of Man, and Selection in Relation to Sex, 1871.

36 Ekman, Paul: An Argument for Basic Emotions, in: Cognition and Emotion 6/3,4 (1992), S. 169–200.

37 Darwin, Charles: Der Ausdruck der Gemüthsbewegungen bei dem Menschen und den Thieren, 1872, S. 335 f.

38 Ebd., S. 336.

39 Stepper, Sabine; Strack, Fritz; Martin, Leonard L.: Inhibiting and Facilitating Conditions of the Human Smile: A Nonobstrusive Test of the Facial Feedback Hypothesis, in: Journal of Personality and Social Psychology 54/5 (1988), S. 768–777.

40 Förster, Jens: The Influence of Approach and Avoidance Motor Actions on Food Intake, in: European Journal of Social Psychology 33 (2003), S. 339–350.

41 Haas, Michaela: Mir entgeht kein Gesichtsausdruck, in: Süddeutsche Zeitung Magazin, 17. Mai 2010.

42 Gallese, Vittorio: Den Körper im Gehirn finden. Konzeptuelle Überlegungen zu den Spiegelneuronen, in: Leuzinger-Bohleber; Emde; Pfeifer: Embodiment, S. 93.

43 Sänger, Johanna; Müller, Viktor; Lindenberger, Ulman: Intra- and Interbrain Synchronization and Network Properties When Playing Guitar in Duets, in: Frontiers in Human Neuroscience 6/312 (2012).

44 Lenzen, Manuela: Alle mal mitdenken! Die Kognitionswissenschaft entdeckt, dass es ein soziales Erkennen gibt, in: Frankfurter Allgemeine Zeitung, 13. Oktober 2010.

45 De Jaegher, Hanne; Di Paolo, Ezequiel; Gallagher, Shaun: Can Social Interaction Constitute Social Cognition?, in: Trends in Cognitive Sciences 14/10 (2010).

46 Grand, Ian J.: Körper, Kultur und Körperorientierte Psychotherapien, in: Marlock; Weiss: Handbuch der Körperpsychotherapie, S. 290–298.

47 Ebd.

48 Weiss, Halko: Der erfahrene Körper, in: Marlock; Weiss: Handbuch der Körperpsychotherapie, S. 420.

49 Ebd.

50 Rispoli, Luciano: Funktionalismus und Körperpsychotherapie, in: Marlock; Weiss: Handbuch der Körperpsychotherapie, S. 640.

51 Painter, Jack W.: Leben in der Vertikalen, in: Marlock; Weiss: Handbuch der Körperpsychotherapie, S. 910.

52 Hüther, Gerald: Wie Embodiment neurologisch erklärt werden kann,

in: Storch, Maja u. a.: Embodiment. Die Wechselwirkung von Körper und Psyche verstehen und nutzen, 2. Aufl., 2011, S. 92.

53 Storch, Maja: Wie Embodiment in der Psychologie erforscht wurde, in: Storch u. a.: Embodiment, S. 67.

54 Johanson: Die Organisation unserer Erfahrungen, S. 182.

55 Ebd., S. 174.

56 Weiss, Halko: Der Körper und die Wahrheit, in: Marlock; Weiss: Handbuch der Körperpsychotherapie, S. 277.

57 Johanson: Die Organisation unserer Erfahrungen, S. 174.

58 Gottwald: Bewusstseinszentrierte Körperpsychotherapie, S. 112.

59 100 Milliarden, also 100 000 000 000 (10 hoch 11)

60 1000 Billionen, also 1 000 000 000 000 000 (10 hoch 15)

61 Gottwald, Christian: Bewusstseinszentrierte Körperpsychotherapie – angewandte Neurobiologie?, in: Schrenker, Leonhard; Schricker, Christoph; Sulz, Serge K. (Hrsg.): Die Psychotherapie entdeckt den Körper, 2005, S. 114.

62 Rutherford, Helena J. V.; Mayes, Linda C.: Wie Beziehungen unser Gehirn prägen. Die Neurobiologie elterlichen Verhaltens, in: Leuzinger-Bohleber; Emde; Pfeifer: Embodiment, S. 138 f.

63 http://www.mediadesk.uzh.ch/articles/2012/arm-im-gips-veraendert-hirn-in-16-tagen.html.

II. Fühlen

1 Damasio, Antonio: Ich fühle, also bin ich. Die Entschlüsselung des Bewusstseins, 2002; Descartes' Irrtum. Fühlen, Denken und das menschliche Gehirn, 2002; Der Spinoza-Effekt. Wie Gefühle unser Leben bestimmen, 2004.

2 Roth, Gerhard: Fühlen, Denken, Handeln. Wie das Gehirn unser Verhalten steuert, 2003, S. 321.

3 Darwin: Der Ausdruck der Gemüthsbewegungen, S. 335 f.

4 Storch, Maja: Wie Embodiment in der Psychologie erforscht wurde, S. 45.

5 Marlock, Gustl: Körperpsychotherapie als Wiederbelebung des Selbst – eine tiefenpsychologische und phänomenologisch-existenzielle Perspektive, in: Marlock; Weiss: Handbuch der Körperpsychotherapie, S. 145 f.

6 Vgl.: Gottwald: Bewusstseinszentrierte Körperpsychotherapie, S. 182.

7 Ebd.

8 Ankowitsch, Christian: Mach's falsch, und du machst es richtig. Die Kunst der paradoxen Lebensführung, 2011, S. 10 ff.

9 Gottwald, Christian: Neurobiologische Perspektiven zur Körperpsychotherapie, in: Marlock; Weiss: Handbuch der Körperpsychotherapie, S. 126.

10 Vermittelt hatte es mir Thomas Bärnthaler, Redakteur des Magazins der «Süddeutschen Zeitung», wo es im Heft 17/2014 erschien. Titel: «Ich will, dass man mich liebt.» Malerfürst, Geck, Genie, Poseur – all das wurde Markus Lüpertz schon genannt. Wer ist er wirklich? Ein Gespräch über Eitelkeit, Stil und andere Missverständnisse.

11 McIntosh, Daniel N. u. a.: Facial Movement, Breathing, Temperature, and Affect: Implications of the Vascular Theory of Emotional Efference, in: Cognition and Emotion 11/2 (1997), S. 171–195.

12 Wollmer, M. Axel u.a: Facing Depression with Botulinum Toxin: A Randomized Controlled Trial, in: Journal of Psychiatric Research 46/5 (2012), S. 574–581.

13 Hennenlotter, Andreas u. a.: The Link between Facial Feedback and Neural Activity within Central Circuitries of Emotion – New Insights from Botulinum Toxin-Induced Denervation of Frown Muscles, in: Cerebral Cortex 19/3 (2009), S. 537–542.

14 Oberman, Lindsay M.; Winkielman, Piotr; Ramachandran, Vilayanur S.: Face to Face: Blocking Facial Mimicry Can Selectively Impair Recognition of Emotional Expressions, in: Social Neuroscience 2/3,4 (2007), S. 167–178.

15 Rispoli: Funktionalismus und Körperpsychotherapie, S. 643 f.

16 Kosinár, Julia: Körperhaltung – eine unterschätzte Ressource der Selbstregulation? Erste Ergebnisse zum bewussten Einsatz von Körperhaltung aus Selbstbeobachtungen von Lehramtsstudierenden, in: Esslinger-Hinz, Ilona; Hahn, Heike: Kompetenzen entwickeln – Unterrichtsqualität in der Grundschule steigern. Entwicklungslinien und Forschungsbefunde, 2008, S. 56–63.

17 Die zitierten Aussagen fassen Rückmeldungen zusammen, die Julia Kosinár in fünfzehn Seminaren in den Jahren 1998 bis 2002 sammelte.

18 Stepper, Sabine; Strack, Fritz: Proprioceptive Determinants of Emotional and Nonemotional Feelings, in: Journal of Personality and Social Psychology 64/2 (1993), S. 218.

19 Darwin: Der Ausdruck der Gemüthsbewegungen, S. 241.

20   Döring-Seipel, Elke: Stimmung und Körperhaltung. Eine experimen-
     telle Studie, 1996.

21   Wie Julia Kosinár die Ergebnisse der Studie zusammenfasst: Kosinár:
     Körperhaltung – eine unterschätzte Ressource, S. 57.

22   Janssen, Daniel; Schöllhorn, Wolfgang I.; Lubienetzki, Jessica: Diagnose
     emotionaler Zustände beim Gang mittels neuronaler Netze, in: Edel-
     mann-Nusser, Jürgen; Witte, Kerstin (Hrsg.): Sport und Informatik.
     IX. Bericht zum 6. Workshop Sportinformatik der dvs-Sektion Sport-
     informatik, 2006, S. 55–60.

23   Michalak, Johannes u. a.: Embodiment of Sadness and Depression – Gait
     Patterns Associated with Dysphoric Mood, in: Psychosomatic Medi-
     cine 71/5 (2009), S. 580–587.

24   Zit. nach: Hauschild, Jana; Wüstenhagen, Claudia: Körper und Seele –
     nur gemeinsam stark, in: ZEIT Wissen 3 (2013).

25   Beckers, Dominiek; Deckers, Jos: Ganganalyse und Gangschulung. The-
     rapeutische Strategien für die Praxis, 1997, S. 1

26   Vgl.: Hauschild; Wüstenhagen: Körper und Seele – nur gemeinsam stark.

27   Grand, Ian J.: Das verkörperte Unbewusste, in: Marlock; Weiss: Hand-
     buch der Körperpsychotherapie, S. 227.

28   So etwa in ihrer Habilitationsschrift: Embodiment. Der Einfluss von
     Eigenbewegung auf Affekt, Einstellung und Kognition. Grundlagen
     und therapeutische Anwendung, Ruprecht-Karls-Universität Heidel-
     berg, Fakultät für Empirische Kultur- und Verhaltenswissenschaften,
     2009. Den Hinweis auf die Arbeit von Sabine Koch verdanke ich dem be-
     reits zitierten Artikel: Hauschild; Wüstenhagen: Körper und Seele – nur
     gemeinsam stark.

29   Koch, Sabine; Morlinghaus, Katharina; Fuchs, Thomas: The Joy Dance.
     Specific Effects of a Single Dance Intervention on Psychiatric Patients
     with Depression, in: The Arts in Psychotherapy 34 (2007), S. 340–349.

30   Ebd.

31   Hauschild; Wüstenhagen: Körper und Seele – nur gemeinsam stark.

32   Ebd.

33   Zit. nach: Ebd.

34   Gottwald: Bewusstseinszentrierte Körperpsychotherapie, S. 136.

35   Durchgeführt wurde sie u. a. von Henning Budde, Professor für Sport-
     wissenschaft und Forschungsmethodik an der Medical School Ham-
     burg: Budde, H.; Helmich, I.; Wegner, M.: Effects of Exercise on Anxiety

and Depression Disorders: Review of Meta-analyses and Neurobiological Mechanisms, in: CNS & Neurolical Disorders – Drug Targets 13/6 (2014), S. 1002–1014.

36 Grand: Das verkörperte Unbewusste, S. 229.

37 Scott, Brent A.; Barnes, Christopher M.: A Multilevel Field Investigation of Emotional Labor, Affect, Work Withdrawal, and Gender, in: Academy of Management Journal 54/1 (2011).

38 Storch, Maja: Embodiment im Zürcher Ressourcen Modell (ZRM), in: Storch u. a.: Embodiment, S. 127–142.

39 Die Überschrift ist eine Anspielung auf den berühmten Song der Band Fehlfarben «Ein Jahr (Es geht voran)». Er stammt aus dem Jahr 1980.

40 Schwab, Gustav: Sagen des klassischen Altertums, Dritter Teil, 1986, S. 784.

41 Zit. nach: Geuter, Ulfried: Die Rolle des Körpers bei seelischen Abwehrprozessen – Körperpsychotherapie und Emotionstheorie, in: Marlock; Weiss: Handbuch der Körperpsychotherapie, S. 556.

42 Ebd.

43 Tonella, Guy: Die orale Depression, in: Marlock; Weiss: Handbuch der Körperpsychotherapie, S. 770.

44 Grand: Das verkörperte Unbewusste, S. 227.

45 Rispoli: Funktionalismus und Körperpsychotherapie, S. 641

46 Geuter: Die Rolle des Körpers bei seelischen Abwehrprozessen, S. 557.

47 Schmidt-Zimmermann, Ilse: Das Spektrum körperpsychotherapeutischer Übungen und Interventionen, in: Marlock; Weiss: Handbuch der Körperpsychotherapie, S. 571.

48 Vickhoff, Björn u. a.: Music Structure Determines Heart Rate Variability of Singers, in: Frontiers in Psychology 4/334 (2013).

49 Krauss-Kogan: Die Bedeutung des Körpers in der Gestalttherapie, S. 903.

50 Marcher, Lisbeth; Jarlnaes, Erik; Münster, Kristine: Die somatischen Grundlagen der Berührung, in: Marlock; Weiss: Handbuch der Körperpsychotherapie, S. 530–540.

51 Vgl. ebd. S. 533.

52 Vgl. Petzold, Hilarion G.: Der «informierte Leib» (embodied and embedded) – ein Metakonzept für die Leibtherapie, in: Marlock; Weiss: Handbuch der Körperpsychotherapie, S. 113.

53 Hahn, Amanda C. u. a.: Hot or not? Thermal Reactions to Social Contact, in: Biology Letters 8 (2012).

54 Zhong, Chen-Bo; Leonardelli, Geoffrey J.: Cold and Lonely. Does Social Exclusion Literally Feel Cold?, in: Psychological Science 19/9 (2008), S. 838–842.

55 Troisi, Jordan D.; Gabriel, Shira: Chicken Soup Really Is Good for the Soul: «Comfort Food» Fulfills the Need to Belong, in: Psychological Science 22/6 (2011), S. 747–753.

56 Vgl. Zhong; Leonardelli: Cold and Lonely.

III. Wahrnehmen, lernen und verstehen

1 Und zwar in seinem wunderbaren Buch «Die Erben der Tante Jolesch», dem Nachfolgeband der noch viel wunderbareren «Die Tante Jolesch oder Der Untergang des Abendlandes in Anekdoten».

2 Torberg, Friedrich: Die Erben der Tante Jolesch, 1994, S. 105.

3 Vgl. Roth: Fühlen, Denken, Handeln, S. 246 f.

4 Darüber hat der Architekt Georg Franck einen mittlerweile berühmt gewordenen Aufsatz geschrieben. Er heißt «Ökonomie der Aufmerksamkeit: Ein Entwurf», erstmals erschienen ist er 1998.

5 Weiss, Halko: Bewusstsein, Gewahrsein und Achtsamkeit, in: Marlock; Weiss: Handbuch der Körperpsychotherapie, S. 408.

6 Andrade, Jackie: What Does Doodling do?, in: Applied Cognitive Psychology 24/1 (2010), 100–106.

7 So weist zum Beispiel der Kaugummihersteller Wrigley auf einschlägige, positive Studien hin.

8 Allen, A. P.; Smith, A. P.: A Review of the Evidence that Chewing Gum Affects Stress, Alertness and Cognition, in: Journal of Behavioral and Neuroscience Research 9/1 (2011), S. 7–23.

9 Tucha, Lara; Koerts, Janneke: Gum Chewing and Cognition: An Overview, in: Neuroscience & Medicine 3 (2012), S. 243–250.

10 Onyper, Serge V. u. a.: Cognitive Advantages of Chewing Gum. Now You See Them, Now You Don't, in: Appetite 57/2 (2011), S. 321–328.

11 Kozlov, Michail D.; Hughes, Robert W.; Jones, Dylan M.: Gummed-up Memory: Chewing Gum Impairs Short-term Recall, in: The Quarterly Journal of Experimental Psychology 65/3 (2012), S. 501–513.

12 Zit. nach: Angier: Abstract Thoughts.

13 Kinder schaffen auf diese Weise Ordnung in der chaotischen Welt und bewegen bevorzugte Objekte in ihren Gesichtskreis. Dadurch steuern sie ihre Wahrnehmung. Yu, Chen u. a.: Active Information Selection:

Visual Attention Through the Hands, in: IEEE Transactions on Autonomous Mental Development 1/2 (2009), S. 141–151.

14 Zit. nach: Hubert, Martin: Körper im Kopf. Wissenschaftler erforschen die leibhaftigen Wurzeln des Geistes, auf: Deutschlandfunk, 20. Januar 2008.

15 Banakou, Domna; Groten, Raphaela; Slater, Mel: Illusory Ownership of a Virtual Child Body Causes Overestimation of Object Sizes and Implicit Attitude Changes, in: Proceedings of the National Academy of Science 110/31 (2013).

16 Proffitt, Dennis R.: Embodied Perception and the Economy of Action, in: Perspectives on Psychological Science 1/2 (2006), S. 110–122.

17 Vgl. ebd.

18 Neuhoff, John G.; Long, Katherine L.; Worthington, Rebecca C.: Strength and Physical Fitness Predict the Perception of Looming Sounds, in: Evolution and Human Behavior 33/4 (2011), S. 318–322.

19 Eerland, Anita; Guadalupe, Tulio M.; Zwaan, Rolf A.: Leaning to the Left Makes the Eiffel Tower Seem Smaller: Posture-Modulated Estimation, in: Psychological Science 22/1511 (2011).

20 Loetscher, Tobias u. a.: Head Turns Bias the Brain's Internal Random Generator, in: Current Biology 18/2 (2008), Seite R60–R62.

21 Pettigrew, John D.: Laughter Abolishes Binocular Rivalry, in: Clinical and Experimental Optometry 88/1 (2005), S. 39–45.

22 Dutton, Donald G.; Aron, Arthur P.: Some Evidence for Heightened Sexual Attraction under Conditions of High Anxiety, in: Journal of Personality and Social Psychology 30/4 (1974), S. 510–517.

23 http://www.spiegel.de/netzwelt/web/kaese-weg-28-000-dollar-fuer-das-heilige-sandwich-a-329231.html.

24 Lakoff; Johnson: Leben in Metaphern, S. 70

25 Vgl. ebd., S. 35 f.

26 Ebd., S. 35 f.

27 IWF Jahrestagung. Die Weltwirschaft schwächelt extrem, wiwo.de, 23. September, 2011; IWF-Wirtschaftsausblick: Die Weltwirtschaft kommt in Schwung, faz.net, 25. Januar 2012; Börsen-Roundtable. Was Zulauf, Faber, Gross und Co. jetzt raten, wiwo.de, 17. Februar 2014.

28 Folgende Beispiele führen Lakoff und Johnson u. a. an: «Er *brach* unter dem Kreuzverhör *zusammen*./Sie ist schnell *niedergeschmettert*./Sein Nervenkostüm war *sehr dünn* geworden.» Lakoff; Johnson: Leben in Metaphern, S. 38.

29 Ebd., S. 39.

30 Briñol, Pablov u. a.: Treating Thoughts as Material Objects Can Increase or Decrease Their Impact on Evaluation, in: Psychological Science 24/1 (2013).

31 Storch: Wie Embodiment in der Psychologie erforscht wurde, S. 26.

32 Ebd., S. 30.

33 Wer sich eingehender mit diesem Thema beschäftigen will, der findet in dem von Maja Storch mit herausgegebenen Sammelband eine erhellende Lektüre.

34 Vgl. Marlock: Körperpsychotherapie als Wiederbelebung des Selbst, S. 148.

35 Gottwald: Neurobiologische Perspektiven, S. 123.

36 Glenberg, Arthur M.; Gallese, Vittorio: Action-based Language: A Theory of Language Acquisition, Comprehension, and Production, in: Cortex 48/7 (2012).

37 Gottwald: Neurobiologische Perspektiven, S. 117.

38 Lakoff; Johnson: Leben in Metaphern, S. 35 f.

39 Marianne Leuzinger-Bohleber und Rolf Pfeifer verweisen auf das Forschungsergebnis von Henry L. Roediger, «dass 75 % der 32 Metaphern, die er in der Literatur zum Gedächtnis gefunden hat, Varianten dieser ‹store-house-Metapher› sind. Daran hat sich bis heute kaum etwas verändert.» Leuzinger-Bohleber, Marianne; Pfeifer, Rolf: Embodiment: Den Körper in der Seele entdecken – Ein altes Problem und ein revolutionäres Konzept, in: Leuzinger-Bohleber; Emde; Pfeifer: Embodiment, S. 16; siehe auch: Roediger, Henry L.: Memory Metaphors in Cognitive Psychology, in: Memory & Cognition 8 (1980), S. 231–246.

40 Gottwald: Neurobiologische Perspektiven, S. 123.

41 Welcherin, Peter: Hildesheimer Grüße an die NSA, in: Frankfurter Allgemeine Zeitung, 6. Mai 2014, S. T4.

42 Leuzinger-Bohleber, Marianne; Pfeifer, Rolf: Psychoanalyse und Embodied Cognitive Science in Zeiten revolutionären Umdenkens, in: Leuzinger-Bohleber; Emde; Pfeifer: Embodiment, S. 51.

43 Gottwald: Bewusstseinszentrierte Körperpsychotherapie, S. 112.

44 Vgl. Pesso, Albert: Dramaturgie des Unbewussten und korrigierende Erfahrungen: Wann ereignen sie sich? Bei wem? Und wo?, in: Marlock; Weiss: Handbuch der Körperpsychotherapie, S. 459.

45 Gallese: Den Körper im Gehirn finden, S. 75.

46 Gottwald: Neurobiologische Perspektiven, S. 123.

47 Gottwald: Bewusstseinszentrierte Körperpsychotherapie, S. 109 f.

48 Gottwald: Neurobiologische Perspektiven, S. 123.

49 Fuchs, Thomas: Das Gedächtnis unseres Körpers, in: Psychologie Heute 33/6 (2006).

50 Zweig, Stefan: Die Welt von gestern, 2014, zuerst 1944, S. 22.

51 Vgl. Emde, Robert N.: Die Präventionswissenschaft der frühkindlichen Entwicklung und die herausfordernden Möglichkeiten für die Psychoanalyse, in: Leuzinger-Bohleber; Emde; Pfeifer: Embodiment, S. 184.

52 Leuzinger-Bohleber; Pfeifer: Embodiment: Den Körper in der Seele entdecken, S. 20.

53 Fuchs: Das Gedächtnis unseres Körpers, S. 4.

54 Wehowsky, Andreas: Wirkprinzipien der Körperpsychotherapie, in: Marlock; Weiss: Handbuch der Körperpsychotherapie, S. 351.

55 Canetti, Elias: Die Stimmen von Marrakesch. Aufzeichnungen nach einer Reise, 1989, zuerst 1967.

56 Vgl. Gottwald: Bewusstseinszentrierte Körperpsychotherapie, S. 122.

57 Hüther: Wie Embodiment neurologisch erklärt werden kann, S. 93.

58 Gottfried, Jay A. u. a.: Remembrance of Odors Past: Human Olfactory Cortex in Cross-Modal Recognition Memory, in: Neuron 42/4 (2004), S. 687–695.

59 http://sciencev1.orf.at/science/news/114279.

60 Gick, Bryan; Derrick, Donald: Aero-tactile Integration in Speech Perception, Nature 462 (2009), S. 502–504.

61 Friederici, Angela: Lebenslanges Lernen ist wie eine Muskelübung, in: Frankfurter Allgemeine Zeitung, 17. März 2008.

62 Gottwald: Bewusstseinszentrierte Körperpsychotherapie, S. 131.

63 Chowdhury, Rumana u. a.: Dopamine Modulates Episodic Memory Persistence in Old Age, in: The Journal of Neuroscience 32/41 (2012), S. 193–204.

64 Storch: Wie Embodiment in der Psychologie erforscht wurde, S. 67.

65 Dordel, Sigrid; Breithecker, Dieter: Bewegte Schule als Chance einer Förderung der Lern- und Leistungsfähigkeit, in: Haltung und Bewegung 23 (2003), S. 6.

66 Booth, J. N. u. a.: Associations Between Objectively Measured Physical Activity and Academic Attainment in Adolescents From a UK Cohort, in: British Journal of Sports Medicine 48 (2013).

67 Vgl. Goldin-Meadow, Susan: How Gesture Works to Change Our Minds, in: Trends in Neuroscience and Education 3/1 (2014), S. 4–6.

68 Ebd.

69 Rowe, Meredith L.; Goldin-Meadow, Susan: Differences in Early Gesture Explain SES Disparities in Child Vocabulary Size at School Entry, in: Science 323/5916 (2009), S. 951–953.

70 Sassenberg, Uta: Mit den Händen denken, faz.net, 18. März 2011, http://www.faz.net/aktuell/wissen/atomium-culture/gestik-und-intelligenz-mit-den-haenden-denken-1610336.html.

71 Miller, Patricia; O'Neill, Gina: A Show of Hands: Relations between Young Children's Gesturing and Executive Function, in: Developmental Psychology 49/8 (2013), S. 1517–1528.

72 Sassenberg: Mit den Händen denken.

73 Ehrlich, Stacy B.; Levine, Susan C.; Goldin-Meadow, Susan: The Importance of Gesture in Children's Spatial Reasoning, in: Developmental Psychology 42/6 (2006), S. 1259–1268.

74 Mit der Ärztin Dr. Ginger Campbell für deren «Brain Science Podcast», Folge 73, 25. März 2011, http://brainsciencepodcast.com/bsp/embodied-cognition-with-lawrence-shapiro-bsp-73.html.

75 Goldin-Meadow: How Gesture Works to Change Our Minds, S. 4–6.

76 Vgl. ebd.

77 Lenzen, Manuela: Bohnenexperiment: Denkende Hand im kognitionswissenschaftlichen Versuchslabor, Frankfurter Allgemeine Zeitung, 2. Dezember 2009, Seite N4.

78 Neumann, Roland; Strack, Fritz: Approach and Avoidance: The Influence of Proprioceptive and Exteroceptive Cues on Encoding of Affective Information, Journal of Personality and Social Psychology 79/1 (2000), S. 39–48.

79 Propper, Ruth E.; McGraw, Sean E.; Brunye, Tad T.; Weiss, Michael: Getting a Grip on Memory: Unilateral Hand Clenching, PloS ONE (2013).

80 Ebd.

81 Bender, Andrea; Beller, Sieghard: Fingers as a Tool for Counting – Naturally Fixed or Culturally Flexible?, in: Frontiers in Psychology 2/256 (2011).

82 Snyder, Kristy M. u. a.: What Skilled Typists Don't Know About the QWERTY Keyboard, in: Attention, Perception, & Psychophysics 76/1 (2014), S. 162–171.

83 http://news.vanderbilt.edu/2013/12/automatic-typing.

84 Gute Intuitionen müssen Informationen ignorieren, Interview mit
    Gerd Gigerenzer, in: Uniprisma, Januar 2009, S. 15.

85 Casasanto, Daniel; Dijkstra, Katinka: Motor Action and Emotional
    Memory, in: Cognition 115 (2010), S. 179-185.

86 Noice, Helga; Noice, Tony; Kennedy, Cara: Effects of Enactment by Pro-
    fessional Actors at Encoding and Retrieval, in: Memory 8/6 (2000),
    S. 353-363.

87 Wagner Cook, Susan; Yip, Terina Kuangyi; Goldin-Meadow, Susan:
    Gesturing Makes Memories That Last, in: Journal of Memory and
    Language 63/4 (2010), S. 465-475.

88 Schmidt-Kassow u. a.: Physical Exercise During Encoding Improves
    Vocabulary Learning in Young Female Adults: A Neuroendocrinological
    Study, PLoS ONE (2013).

89 Vgl. Förster, Jens; Strack, Fritz: Motor Actions in Retrieval of Valenced
    Information: A Motor Congruence Effect, in: Perceptual and Motor
    Skills 85/3 (1997), S. 1419-1427.

90 Radvansky, Gabriel A.; Copeland, David E.: Walking Through Door-
    ways Causes Forgetting: Situation Models and Experienced Space, in:
    Memory & Cognition 34/5 (2006), S. 1150-1156; Radvansky, Gabriel A.;
    Krawietz, Sabine A.; Tamplin, Andrea K.: Walking Through Doorways
    Causes Forgetting: Further Explorations, in: The Quarterly Journal of
    Experimental Psychology 64/8 (2011), S. 1632-1645.

91 Fuchs: Das Gedächtnis unseres Körpers, S. 2.

92 Fuchs: Leibgedächtnis und Unbewusstes, S. 38.

93 Gendlin, Eugene T.; Hendricks-Gendlin, Marion N.: Das körperliche
    Empfinden als Grundlage von Körperpsychotherapien, in: Marlock;
    Weiss: Handbuch der Körperpsychotherapie, S. 266 f.

94 Weiss; Harrer: Der Körper und die Wahrheit, S. 278.

95 Thaler, Richard H.; Sunstein, Cass R.: Nudge. Wie man kluge Entschei-
    dungen anstößt, 2009.

96 Wells, Nancy M.: At Home With Nature. Effects of «Greenness» on Chil-
    dren's Cognitive Functioning, in: Environment and Behavior 32/6
    (2000), S. 775-795.

97 Vandewalle, Gilles u. a.: Blue Light Stimulates Cognitive Brain Activity in
    Visually Blind Individuals, in: Journal of Cognitive Neuroscience 25/12
    (2013), S. 2072-2085.

98   Czernotta, Annegret: Erleuchtung im Klassenzimmer. Licht beeinflusst unser Denken – und die Leseleistung von Schülern, in: Neue Zürcher Zeitung, 21. November 2010.

99   Giles, R. M. u. a.: Recall of Lecture Information: A Question of What, When, and Where, in: Medical Education 16/5 (1982), S. 264–268.

100 Rennels, Max R.; Chaudhari, Ramesh B.: Eye-contact and Grade Distribution, in: Perceptual and Motor Skills 67 (1988), S. 627–632.

101 Benedict, Mary Ellen; Hoag, John: Seating Location in Large Lectures: Are Seating Preferences or Location Related to Course Performance?, in: The Journal of Economic Education 35/3 (2004), S. 215–231.

102 Meusburger, Peter: Wissen und Raum – ein subtiles Beziehungsgeflecht, in: Kempter, Klaus; Meusburger, Peter (Hrsg.): Bildung und Wissensgesellschaft, 2006, S. 274.

103 Gispert, Laura; Grau, Benjamin: Zeit hat hier keine Bedeutung mehr, in: Frankfurter Allgemeine Zeitung, 10. Mai 2012.

104 http://www.archdaily.com/184725/can-design-influence-memory.

105 Fuchs: Das Gedächtnis unseres Körpers, S. 2.

106 Ebd.

107 Ebd.

108 Simon, Fritz B.: Die Kunst, nicht zu lernen. Und andere Paradoxien in Psychotherapie, Management, Politik ..., 2002, S. 154.

109 Ebd., S. 156.

110 Parker, Elizabeth S.; Cagill, Larry; McGaugh, James L.: A Case of Unusual Autobiographical Remembering, in: Neurocase 12 (2006), S. 35–49.

IV. Neue Ideen entwickeln, urteilen und handeln

1   Liessmann, Konrad Paul: Rennräder sind Reflexionsmaschinen. Im Gespräch mit Lukas Wieselberg, 31. Mai 2013, http://science.orf.at/stories/1718831; ders.: Die letzte Kehre. Hommage an das Rennrad, in: Das Universum der Dinge. Zur Ästhetik des Alltäglichen, 2010, S. 145 ff.

2   Andreasen, Nancy C.: Secrets of the Creative Brain, in: The Atlantic, 25. Juni 2014.

3   Andreasen, Nancy C.: A Journey into Chaos: Creativity and the Unconscious, 2011, S. 42–53.

4   Andreasen: Secrets of the Creative Brain.

5   Ebd.

6 Einstein, Albert: How I Created the Theory of Relativity, in: Physics Today 35/8 (1982), S. 47.

7 Liessmann: Rennräder sind Reflexionsmaschinen.

8 Leung, Angela Ka-yee u. a.: Embodied Metaphors and Creative «Acts», in: Psychological Science 23/5 (2012).

9 Bernhard, Thomas: Gehen, 1971, S. 7.

10 Ebd., Seite 85 f.

11 Johnson, Steven: Wo gute Ideen herkommen. Eine kurze Geschichte der Innovation, 2013, S. 124.

12 Ebd., S. 126.

13 http://www.jkrowling.com/de_DE/#/zeitlinie/es-begann-am-bahn steig.

14 Bodmer, Thomas: Die Herrin von Hogwarts, in: stern.de, 20. Juli 2007, http://www.stern.de/kultur/film/2-joanne-k-rowling-die-herrin-von-hogwarts-592935.html.

15 Aitkenhead, Decca: JK Rowling: ‹The worst that can happen is that everyone says, That's shockingly bad›, in: The Guardian, 22. September 2012.

16 Bodmer: Die Herrin von Hogwarts.

17 Akinola, Modupe; Mendes, Wendy Berry: The Dark Side of Creativity: Biological Vulnerability and Negative Emotions Lead to Greater Artistic Creativity, in: Personality and Social Psychology Bulletin 34/12 (2008), S. 1677–1686.

18 Leung u. a.: Embodied Metaphors and Creative «Acts».

19 Meyers-Levy, Joan; Zhu, Rui (Juliet): The Influence of Ceiling Height: The Effect of Priming on the Type of Processing That People Use, in: Journal of Consumer Research 34/2 (2007).

20 Mehta, Ravi; Zhu, Rui (Juliet): Blue or Red? Exploring the Effect of Color on Cognitive Task Performances, in: Science 323/5918 (2009), S. 1226–1229.

21 Steidle, Anna; Werth, Lioba: Freedom from Constraints: Darkness and Dim Illumination Promote Creativity, in: Journal of Environmental Psychology 35 (2013), S. 67–80.

22 Jacobs, Tom: Dim Lighting Sparks Creativity, in: Pacific Standard, 18. Juni 2013.

23 «Das Große Wiener Kaffeehaus-Experiment» lief bis August 2011 im Wiener Museum für angewandte Kunst. Gregor Eichinger war daran als

«Forschungsregisseur», wie er das nennt, beteiligt und koordinierte Designer aus Berlin, New York und Mailand, die Entwürfe für das Kaffeehaus der Zukunft entwarfen.

24 Mehta, Ravi; Zhu, Rui (Juliet); Scheema, Amar: Is Noise Always Bad? Exploring the Effects of Ambient Noise on Creative Cognition, in: Journal of Consumer Research 39/4, S. 784–799.

25 Unter vielen anderen gemeinsam mit seinem Kollegen Fritz Strack in: Förster; Strack: Motor Actions in Retrieval of Valenced Information.

26 Förster: The Influence of Approach and Avoidance Motor Actions on Food Intake.

27 Storch: Wie Embodiment in der Psychologie erforscht wurde, S. 59 f.

28 Förster, Jens; Werth, Lioba: Zur Wechselwirkung von Medien und Motorik, in: Zeitschrift für Sozialpsychologie 32/4 (2011).

29 Casasanto, Daniel: Embodiment of Abstract Concepts: Good and Bad in Right- and Left-Handers, in: Journal of Experimental Psychology: General 138/3 (2009), S. 351–367.

30 Casasanto, Daniel; Chrysikou, Evangelina G.: When Left is «Right»: Motor Fluency Shapes Abstract Concepts, in: Psychological Science 22/4 (2011), S. 419–422.

31 Jandl, Ernst: Laut und Luise, 1976, S. 135.

32 Briñol, Pablo; Petty, Richard E.: Overt Head Movements and Persuasion: A Self-Validation Analysis, in: Journal of Personality and Social Psychology 84/6 (2003), S. 1123–1139.

33 Grabmeier, Jeff: Nodding Or Shaking Your Head May Even Influence Your Own Thoughts, Study Finds, http://news.osu.edu/news/2003/07/03/headmvmt.

34 Ebd.

35 Harmon-Jones, Eddie; Gable, Philip A.; Price, Tom F.: Leaning Embodies Desire: Evidence That Leaning Forward Increases Relative Left Frontal Cortical Activation to Appetitive Stimuli, in: Biological Psychology 87/2 (2011), S. 311–313.

36 Tschacher; Storch: Die Bedeutung von Embodiment für Psychologie und Psychotherapie.

37 Ackerman, Joshua M.; Nocera, Christopher C.; Bargh, John A.: Incidental Haptic Sensations Influence Social Judgments and Decisions, in: Science 328 (2010), S. 1712–1715.

38 Kouchaki, Maryam; Gino, Francesca; Jami, Ata: The Burden of Guilt: Heavy Backpacks, Light Snacks, and Enhanced Morality, in: Journal of Experimental Psychology: General 143/1 (2014), S. 414–424.

39 Ackerman; Nocera; Bargh: Incidental Haptic Sensations Influence Social Judgments and Decisions.

40 Bradt, Steve: How Touch Can Influence Judgments, in: Harvard Gazette, 24. Juni 2010.

41 Ebd.

42 Zhong; Liljenquist: Washing Away Your Sins, S. 1451–1452.

43 Ebd.

44 Liljenquist, Katie; Zhong, Chen-Bo; Galinsky, Adam D.: The Smell of Virtue: Clean Scents Promote Reciprocity and Charity, in: Psychological Science 21/3 (2010), S. 381–383.

45 Lee, Spike W. S.; Schwarz, Norbert: Wiping the Slate Clean: Psychological Consequences of Physical Cleansing, in: Current Directions in Psychological Science 20/5 (2011), S. 307–311.

46 Lee, Spike W. S.; Schwarz, Norbert: Dirty Hands and Dirty Mouths: Embodiment of the Moral-Purity Metaphor Is Specific to the Motor Modality Involved in Moral Transgression, in: Psychological Science 21/10 (2010), S. 1423–1425.

47 Schnall, Simone; Benton, Jennifer; Harvey, Sophie: With a Clean Conscience: Cleanliness Reduces the Severity of Moral Judgments, in: Psychological Science 19/12 (2008), S. 1219–1222.

48 Lakoff; Johnson: Leben in Metaphern, S. 161.

49 Das Kapitel seines Buchs heißt daher auch «Vom so genannten Rückfall zur Nutzung von ‹Ehrenrunden› als wertvoller Informationsquelle», in: Schmidt, Gunther: Liebesaffären zwischen Problem und Lösung. Hypnosystemisches Arbeiten in schwierigen Kontexten, 2004, S. 361 ff.

50 Krauss-Kogan: Die Bedeutung des Körpers in der Gestalttherapie, S. 899 f.

51 Prior, Manfred: MiniMax-Interventionen. 15 minimale Interventionen mit maximaler Wirkung, 2009, S. 44.

V. Deshalb trug Einstein niemals Socken

1 Wie Mark G. Frank und Thomas Gilovich in einer Studie gezeigt haben: The Dark Side of Self- and Social Perception: Black Uniforms and Aggression in Professional Sports, in: Journal of Personality and Social Psychology 54/1 (1988), S. 74–85.

2   http://www.huffingtonpost.de/2014/04/15/kleidung-im-buero_
    n_5153369.html.

3   http://www.welt.de/wissenschaft/article8820092/Rot-macht-Maen-
    ner-sexy-Weiss-steht-fuer-Langweiler.html.

4   Zweig: Die Welt von Gestern, S. 94.

5   Und zwar in einem Interview, das ich mit ihm für das Magazin der «Süd-
    deutschen Zeitung» geführt habe, wo es im Heft 17/2014 erschienen ist.
    Titel: «Ich will, dass man mich liebt».

6   Adam, Hajo; Galinsky, Adam D.: Enclothed Cognition, in: Journal of
    Experimental Social Psychology 48/4 (2012), S. 918–925.

7   In Anlehnung an «Embodied Cognition», also jener These vom «verkör-
    perlichten Denken», von der dieses Buch ausgeht.

8   Adam; Galinsky: Enclothed Cognition.

9   Pine, Karen J.: Mind What You Wear. The Psychology of Fashion, 2014.

10 https://twitter.com/beckenbauer/status/340846078846988288.

11 Also die Deutsche Bundesliga, die Champions League und den DFB-Pokal.

12 Xu, Alison Jing; Zwick, Rami; Schwarz, Norbert: Washing Away Your
    (Good or Bad) Luck: Physical Cleansing Affects Risk-Taking Behavior, in:
    Journal of Experimental Psychology: General 141/1 (2012).

13 Autor ist Guntram Lukas, und erschienen ist das Buch 2010.

14 Nemeroff, Carol; Rozin, Paul: The Contagion Concept in Adult Think-
    ing in the United States: Transmission of Germs and of Interpersonal
    Influence, in: Ethos 22/2 (1994), S. 158–186.

15 Rozin, Paul; Haidt, Jonathan; McCauley, Clark: Disgust: The Body and
    Soul Emotion in the 21st Century, in: McKay, Dean; Olatunji, Bunmi O.
    (Hrsg.): Disgust and Its Disorders, 2008, S. 11.

16 Diese eherne Regel wird von der Ausnahme bestätigt, dass rote Socken
    in England durchaus schicklich sind.

17 http://www.wellcat.com/may/no_socks_day.htm.

Eine zentrale These dieses Buchs lautet bekanntlich, dass alles mit allem zusammenhängt. Der Kopf mit dem Körper, das Denken mit der Bewegung, das Kaugummikauen mit dem Vokabelnlernen. Das trifft natürlich auch auf den Autor dieses Textes zu. Also auf mich. Dass dieses Buch entstehen konnte, hat nicht nur mit mir zu tun, sondern mit einer Vielzahl von Menschen, Umständen und Zufällen. Bis dieses Buch seine Leserinnen und Leser gefunden haben wird, kommen noch weitere hinzu, von denen ich nur andeutungsweise weiß oder nie erfahren werde. Ich will dennoch versuchen, alle zu würdigen. Wem ich also aus ganzem Herzen danken will:

- Bettina und den Jungs für ihre monatelange Geduld und die Bereitschaft, viele meiner Familienjobs zu übernehmen sowie einen phasenweise geistig abwesenden Mann/Vater zu ertragen.
- Elisabeth Gronau für ihre beharrliche und verlässliche Hilfe bei der Recherche sowie für die jahrelange Zusammenarbeit.
- Gunnar Schmidt für das neuerliche Vertrauen in mich, seinen Autor.
- Hanna Schuler für ihr sorgfältiges Lektorat und die letztlich gar nicht *so* schmerzlichen Kürzungen, ohne dass diesen freilich irgendwelche Präzedenzwirkung fürs (möglicherweise) nächste Mal zukäme.
- Rolf Pfeifer, der mir ein wenig seiner kostbaren Zeit geschenkt hat und dessen wunderbares Interview leider den Platzbeschränkungen zum Opfer gefallen ist.

- Heikko Deutschmann für eine wunderbare Anekdote, die ebenfalls Kürzungen zum Opfer fiel.
- Sharon Nuni, der Gestalterin unserer Literatursendung «les.art» im ORF, der es durch ihre Gespräche immer wieder gelingt, mich an Wichtiges zu erinnern.
- Den Gestaltern des Buchs und seines Covers.
- Den Korrektoren fürs Fehlerfinden.
- Den Buchhändlerinnen und Buchhändlern, die das Buch bestellt haben, bestellen werden und es ganz vorne ins Schaufenster bzw. gleich neben die Kasse gelegt haben werden.
- Den Rezensenten, die sich die Mühe gemacht haben werden, mehr als den Waschzettel zu lesen, um ihre Besprechungen zu schreiben, bzw. jenen Rezensenten, die einen Hinweis geschrieben haben, nachdem sie wenigstens den Waschzettel gelesen haben.
- Dem einen, mir ewig unbekannt bleibenden Multiplikator unbekannten Geschlechts, der in einem beiläufigen Augenblick dieses Buch irgendwo, irgendwann, irgendwem weiterempfohlen und damit für eine kleine Welle des Zuspruchs gesorgt haben wird.
- Und am Schluss natürlich Ihnen, der Käuferin/dem Käufer, der Verschenkerin/dem Verschenker und der Leserin/dem Leser dieses Buchs, die/den ich während der vielen Monate des Schreibens (vor allem in den düsteren Phasen) genau vor mir gesehen habe und die/der Sie mich bei der Stange gehalten haben.

Euch und Ihnen allen – danke!

Ihr Dr. Ankowitsch

Berlin, im Oktober 2014

PS: Ich habe mich nach bestem Wissen und Gewissen darum bemüht, fehlerfrei zu arbeiten. Ich hoffe, es ist mir gelungen. Wenn nicht, tut mir das (erstens) leid und würde ich mich (zweitens) freuen, wenn Sie es mich wissen ließen. Am besten über meine Homepage: www.ankowitsch.de. Auch dafür besten Dank im Voraus.

Christian Ankowitsch bei Rowohlt · Berlin
und rororo

Dr. Ankowitschs Kleiner Seelenklempner
(nur als E-Book erhältlich)

Mach's falsch, und du machst es richtig